诚信为本
坚持准则

操守为重
不做假账

——与学习会计的同学共勉

"十三五"职业教育
国家规划教材

国家级精品资源共享课
配套教材

 ICVE
智慧职教　高等职业教育在线开放课程新形态一体化教材

# 税务会计习题与实训

## （第二版）

▶主　编　王碧秀
▶副主编　蔡梦颖　雷春香

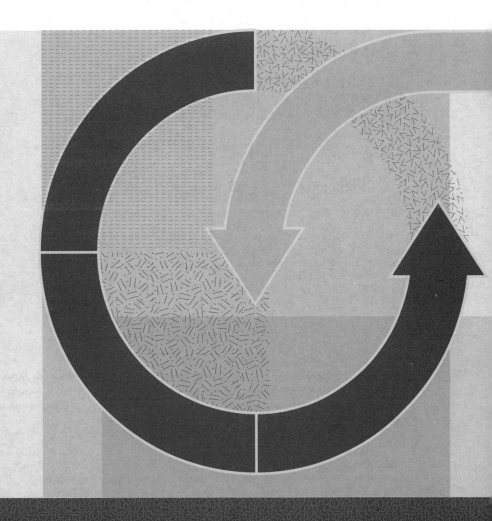

高等教育出版社·北京

"十三五"职业教育
国家规划教材

国家级精品资源共享课
配套教材

内容简介

本书是"十三五"职业教育国家规划教材,也是国家级精品资源共享课配套教材《税务会计》(第二版)(王碧秀主编)的配套辅助用书。

本书以 2020 年 10 月 1 日止的相关税收法规及财务会计制度为编写依据,各项目设计与学习任务与主教材衔接,每一学习任务均设计了学习目标、重点与难点、知识点回顾、典型题例分析及职业能力训练五部分内容。其中,职业能力训练部分,围绕职业能力培养所应掌握的知识点和技能点设计训练项目,以达到职业能力培养要求掌握税额计算、税收申报的基本技能。

本书适用于高等职业院校财会类专业和经济管理类相关专业的"纳税实务""税法""税费计算与申报"等课程的教学,也可作为相关在职财会人员业务学习、岗位培训的参考书。

本书配有习题答案及与课程配套的多种资源,具体获取方式请见书后"郑重声明"页的资源服务提示。

**图书在版编目(CIP)数据**

税务会计习题与实训 / 王碧秀主编. -- 2版. -- 北京:高等教育出版社,2021.2
ISBN 978-7-04-055514-1

Ⅰ. ①税… Ⅱ. ①王… Ⅲ. ①税务会计-高等职业教育-教学参考资料 Ⅳ. ①F810.62

中国版本图书馆CIP数据核字(2021)第024952号

税务会计习题与实训
SHUIWU KUAIJI XITI YU SHIXUN

| 策划编辑 | 贾玉婷 | 责任编辑 | 贾玉婷 | 封面设计 | 赵 阳 | 版式设计 | 马 云 |
| 责任校对 | 王 雨 | 责任印制 | 存 怡 | | | | |

| 出版发行 | 高等教育出版社 | 网 址 | http://www.hep.edu.cn |
| 社 址 | 北京市西城区德外大街4号 | | http://www.hep.com.cn |
| 邮政编码 | 100120 | 网上订购 | http://www.hepmall.com.cn |
| 印 刷 | 三河市潮河印业有限公司 | | http://www.hepmall.com |
| 开 本 | 787mm×1092mm 1/16 | | http://www.hepmall.cn |
| 印 张 | 15.5 | | |
| 字 数 | 340 千字 | 版 次 | 2017 年 8 月第 1 版 |
| 插 页 | 1 | | 2021 年 2 月第 2 版 |
| 购书热线 | 010-58581118 | 印 次 | 2021 年 11 月第 2 次印刷 |
| 咨询电话 | 400-810-0598 | 定 价 | 34.80 元 |

# 主编简介

　　王碧秀，教授，中国商业会计学会高职高专部秘书长，浙江省丽水职业技术学院会计学院党总支书记，"税务会计"国家级精品资源共享课、国家级精品课程负责人，省级教学成果一等奖获得者，"基础会计"省级精品在线开放课程负责人，会计专业省级教学团队成员，市高级专家库成员。从事会计教学工作近30年，以税务会计教学和研究见长。

　　主持国家级项目2项，主持省级项目4项；在省级以上期刊发表学术论文30篇，其中核心期刊12篇；主编教材10部，其中"十一五"规划教材1部、"十二五"规划教材2部。

# 第二版前言

本书是"十三五"职业教育国家规划教材,也是国家级精品资源共享课配套教材《税务会计》(第二版)的配套辅助用书。

本书以 2020 年 10 月 1 日止的相关税收法规及财务会计制度为编写依据,全书每个学习任务均包括学习目标、重点与难点、知识点回顾、典型题例分析、职业能力训练五大部分。本书对主教材的重点与难点进行了系统的归纳和翔实讲解,对难点内容以针对性的案例进行深入、细致的讲解分析;以知识点和技能点为切入点,编制职业能力训练题,保证每一个知识点和技能点均有训练题目与之对应,覆盖面广。与本书配套的国家级精品资源共享课"税务会计"和智慧职教在线开放课程"税务会计",提供了教、学、做所需的丰富的立体化教学资源,既方便学生边学边做边练,也适应了在线开放课程教学需要,为教师开展课堂教学创新、实施翻转课堂或混合教学提供方便。本书可与主教材配套使用,也可单独作为会计职业资格考试用书。

本书由丽水职业技术学院教学团队老师集体编写,其中王碧秀教授任主编,蔡梦颖、雷春香任副主编。本书在编写过程中参考了一些专著和教材,得到了有关专家学者、院校领导的大力支持,在此一并表示感谢!

由于编者水平有限,书中疏漏之处在所难免,敬请读者批评指正。

编者

2020 年 5 月

# 第一版前言

本书是国家级精品资源共享课配套教材《税务会计》的配套辅助用书。

全书每个学习任务均包括学习目标、重点与难点、知识点回顾、典型题例分析、职业能力训练五个大部分。本书对主教材的重点与难点进行了系统的归纳和翔实讲解，对难点内容以针对性的案例进行深入、细致的讲解分析；以知识点和技能点为切入点，编制职业能力训练题，保证每一个知识点和技能点均有训练题目与之对应，覆盖面广。与本教材配套的国家级精品资源共享课"税务会计"和智慧职教在线开放课程"税务会计"，提供了教、学、做所需的丰富的立体化教学资源，既方便学生边学边做边练，也适应了在线开放课程教学需要，为教师开展课堂教学创新、实施翻转课堂或混合教学提供方便。本书可与主教材配套使用，也可单独作为职业资格考试用书。

本书由丽水职业技术学院教学团队老师集体编写，其中王碧秀教授任主编，舒岳、蔡梦颖任副主编，蔡梦颖、舒岳、李邦帅制作并提供了相关教学资源。本书在编写过程中参考了一些专著和教材，得到了有关专家学者、院校领导的大力支持，在此一并表示感谢！

由于编者水平有限，书中疏漏之处在所难免，敬请读者批评指正。

编者

2017 年 5 月

# 目 录

# 学习任务 1.1　税务会计基础

## 【学习目标】

（1）掌握税收的概念，税收"三性"的本质内容。

（2）掌握税制构成要素，并能分析运用。

（3）熟悉我国现行税收法律制度体系及税收的分类。

## 【重点与难点】

重点：税收"三性"特征　税收分类　税制构成要素

难点：税制构成要素

## 【知识点回顾】

税务会计基础知识见表 1-1。

表 1-1　税务会计基础知识

| 项目 | 内容 |
| --- | --- |
| 税收概念 | 税收是国家为了履行其职能，凭借政治权力，按照法律规定，强制地、无偿地参与社会剩余产品分配，以取得财政收入的一种规范形式 |
| 税收三性 | 强制性：指国家以社会管理者身份，用法律法规等形式对征收捐税加以规定，并依法强制征收 |

| 项目 | 内容 | | | |
|---|---|---|---|---|
| 税收三性 | 无偿性：指国家征税后，税款成为国家的财政收入，但国家不直接向具体的纳税人支付任何报酬 | | | |
| | 固定性：指国家在征税之前，应预先对征税对象、征收标准、征收方法等加以规定，征纳双方必须遵守，不得随意变动 | | | |
| 税收法律制度体系 | 税收程序法。如《中华人民共和国税收征收管理法》《中华人民共和国海关法》及《中华人民共和国进出口关税条例》等 | | | |
| | 税收实体法。已开征的共 18 种 | | | |
| 税收分类 | 按征税对象 | 流转税、所得税、财产税、行为税、资源税和烟叶税 | | |
| | 按税负能否转嫁 | 直接税、间接税 | | |
| | 按计税依据 | 从量税、从价税、复合税 | | |
| | 按税收管理与使用权限 | 中央税、地方税、中央地方共享税 | | |
| | 按税收与价格关系 | 价内税、价外税 | | |
| | 按会计核算中使用的会计科目 | 销售税金、资本性税金、所得税、增值税 | | |
| 税制构成要素 | 纳税人 | 即纳税义务人，指税法规定的直接负有纳税义务的单位和个人，包括法人和自然人 | | |
| | | 相关概念：扣缴义务人、负税人 | | |
| | 征税对象 | 指征税的目的物 | | |
| | | 相关概念：税目、税基 | | |
| | 税率 | 指应纳税额与计税依据之间的法定比例，是衡量税负轻重的重要标志，是税制的核心 | | |
| | | 基本形式 | 比例税率 | 指对同一征税对象，不分数额大小，规定相同的征收比例 |
| | | | 累进税率 | 全额累进税率，是指将计税依据按绝对额划分为若干个等级，从低到高每一个等级规定一个适用税率，当计税依据由低一级升到高一级时，全部计税依据均按高一级税率计算应纳税额 |
| | | | | 超额累进税率，是指将计税依据按绝对额划分为若干个等级，从低到高每一个等级规定一个适用税率，一定数额的计税依据可以同时适用几个等级的税率，每超过一级，超过部分按高一级税率计税，各等级应纳税额之和为纳税人应纳税总额 |
| | | | | 超率累进税率，是指将计税依据按相对率划分为若干个等级，从低到高每一个等级规定一个适用税率，各个等级的计税依据分别按照本级的适用税率计算，各等级应纳税额之和为纳税人应纳税总额 |
| | | | 定额税率 | 指按征税对象确定的计算单位直接规定一个固定税额 |

续表

| 项目 | | | 内容 |
|------|------|------|------|
| 税制构成要素 | 纳税地点 | | 指纳税人缴纳税款的地点 |
| | 纳税期限 | | 指纳税人缴纳税款的期限，包括税款的计算期和税款的缴纳期 |
| | 税收减免 | | 税基式减免：通过直接缩小计税依据的方式来实现的税收减免，如起征点、免征额 |
| | | | 税率式减免：通过直接降低税率的方式实现的税收减免，包括重新确定税率、选用其他税率、零税率等形式 |
| | | | 税额式减免：通过直接减少应纳税额的方式实现的税收减免，包括全部免征、减半征收、核定减免率等形式 |
| | 税收加征 | | 地方附加：地方政府按国家规定的比例随同正税一起征收的列入地方预算外收入的一种款项 |
| | | | 加成征收：在应纳税额基础上额外征收一定比例的税额 |
| 税务会计性质 | 概念 | | 指以税收法律为依据，运用会计理论和方法，对会计主体发生的涉税事项进行核算与监督的一门专业会计 |
| | 对象 | | 指纳税人的各种涉税事项所引起的资金运动。即与税收资金运动相关的应税收入、计税成本费用、应税所得、应交税金、税收减免、税款退还、税收滞纳金等 |
| | 任务 | | 反映和监督纳税人对国家税收法规的贯彻执行情况；充分利用税收法规所赋予纳税人的各种权力，积极进行税务筹划，实现税收利益最大化 |
| | 目标 | | 向各信息使用者提供有关纳税人税务活动的会计信息 |
| | 与财务会计的联系与区别 | 联系 | 税务会计是企业财务会计的一个特殊领域，企业只需要设置一套完整的会计账表，平时按会计准则、会计制度进行会计处理，需要时按现行税法进行调整 |
| | | 区别 | 目标不同 |
| | | | 对象不同 |
| | | | 核算原则不同 |
| | | | 法律依据不同 |
| | | | 计算损益程序不同 |

## 【典型题例分析】

【多项选择题】某税种征税对象为应税收入，采用累进税率，应税收入 1 500 元以下的，适用税率为 3%；应税收入 1 500 元至 4 500 元的，适用税率为 10%；应税收入 4 500 元至

9 000 元的，适用税率为 20%。已知某纳税人的应税收入为 5 000 元，则超额累进税率下应纳税额为（　　　）元；全额累进税率下应纳税额为（　　　）元。

　　A. 150　　　　　　　B. 500　　　　　　　C. 445　　　　　　　D. 1 000

【答案】CD

【解析】超额累进税率下应纳税额 = 1 500×3% + 3 000×10% + 500×20% = 445（元）；全额累进税率下应纳税额 = 5 000×20% = 1 000（元）。

## 【职业能力训练】

### 一、单项选择题

1. 税收的"三性"是一个完整的统一体，（　　　）是税收的核心特征。（知识点：税收性质）

　　A. 合法性　　　　　B. 固定性　　　　　C. 无偿性　　　　　D. 强制性

2. "纳税人必须依法纳税，征税机关必须依法征税"，这是税收（　　　）的要求。（知识点：税收性质）

　　A. 合法性　　　　　B. 固定性　　　　　C. 无偿性　　　　　D. 强制性

3. 以商品或服务的流转额为征税对象征收的一类税叫（　　　）。（知识点：税收分类）

　　A. 所得税　　　　　B. 流转税　　　　　C. 间接税　　　　　D. 增值税

4. 以下税种中，主要对生产经营者的利润和个人纯收入发挥调节作用的税种有（　　　）。（知识点：税收分类）

　　A. 所得税　　　　　B. 流转税　　　　　C. 行为税　　　　　D. 资源税

5. 按（　　　）的不同，税收可分为从量税、从价税和复合税。（知识点：税收分类）

　　A. 征税对象　　　B. 税负能否转嫁　　C. 计税依据　　　D. 税收管理与使用权限

6. 税法规定的纳税义务人是指（　　　）的单位和个人。（知识点：税制构成要素）

　　A. 直接负有纳税义务　　　　　　　　　B. 最终负担税款

　　C. 代收代缴税款　　　　　　　　　　　D. 承担纳税担保

7. 下列关于纳税人的说法不正确的是（　　　）。（知识点：税制构成要素）

　　A. 纳税人可以是法人，也可以是自然人

　　B. 纳税人是由税法直接规定的

　　C. 扣缴义务人是纳税人的一种特殊形式

　　D. 当存在税负转嫁时，纳税人与负税人就不一致

8. 税制构成要素中，用以区分不同税种的标志是（　　　）。（知识点：税制构成要素）

　　A. 税率　　　　　B. 征税对象　　　　C. 纳税人　　　　D. 税目

9. 在税制构成要素中，（　　　）是税收制度的核心，体现纳税人的税收负担。（知识点：税制构成要素）

　　A. 征税对象　　　B. 纳税期限　　　　C. 税率　　　　　D. 税目

10. 税收收入不受价格影响，只与征税对象实物量有关的税率形式是（　　　）。（知识点：税制构成要素）

A. 定额税率　　　　B. 比例税率　　　　C. 累进税率　　　　D. 约定税率

11. 根据我国税法规定，下列税种中采用超率累进税率的税种是（　　）。（知识点：税制构成要素）

A. 城镇土地使用税　　　　　　　　B. 土地增值税

C. 个人所得税　　　　　　　　　　D. 资源税

12. 某纳税人某月取得收入 250 元，税率为 10%，假定起征点和免征额均为 240 元，则按起征点和免征额办法计算，应纳税额分别为（　　）。（知识点：税制构成要素）

A. 25 元和 1 元　　B. 25 元和 24 元　　C. 24 元和 1 元　　D. 1 元和 0 元

13. "国家需要重点扶持的高新技术企业所得税适用税率为 15%"这一规定体现的税收优惠政策属于（　　）。（知识点：税制构成要素）

A. 税基式减免　　B. 税率式减免　　C. 税额式减免　　D. 以上均不是

## 二、多项选择题

1. 税收区别于其他财政收入取得方式的独有特征，即税收的"三性"是指（　　）。（知识点：税收性质）

A. 合法性　　　　B. 固定性　　　　C. 无偿性　　　　D. 强制性

2. 下列税种中，由海关负责征收的有（　　）。（知识点：税收法律体系）

A. 关税　　　　　　　　　　　　　B. 船舶吨税

C. 进口环节的增值税和消费税　　　　D. 房产税

3. 根据企业会计准则，下列税种应在"税金及附加"账户核算的有（　　）。（知识点：税收分类）

A. 增值税　　　B. 企业所得税　　C. 消费税　　　D. 资源税

4. 下列各项中具有间接税特征的有（　　）。（知识点：税收分类）

A. 增值税　　　B. 企业所得税　　C. 消费税　　　D. 关税

5. 下列税种中，属于行为税的有（　　）。（知识点：税收分类）

A. 印花税　　　　　　　　　　　　B. 城市维护建设税

C. 车辆购置税　　　　　　　　　　D. 船舶吨税

6. 下列税种中，属于中央税的有（　　）。（知识点：税收分类）

A. 关税　　　B. 消费税　　C. 车辆购置税　　D. 增值税

7. 下列关于负税人的说法正确的有（　　）。（知识点：税制构成要素）

A. 负税人是指最终承担税款的单位和个人

B. 间接税的纳税人与负税人为不同人

C. 直接税的纳税人与负税人为同一人

D. 负税人由税法直接规定

8. 比例税率是指对同一征税对象不分数额大小规定相同的征收比例。以下有关比例税率的说法正确的有（　　）。（知识点：税制构成要素）

A. 计算简便，符合税收效率原则

B. 对同一征税对象的不同纳税人税负相同

C. 不分纳税人实际环境差异按同一税率征税与纳税人的实际负担能力不完全相符

D. 难以体现税收的公平原则

9. 下列有关超额累进税率的说法，正确的有（          ）。（知识点：税制构成要素）

A. 与比例税率比较，计算过程比较繁琐

B. 与比例税率比较，考虑了纳税人的不同负担能力

C. 与比例税率比较，更能体现税收的公平原则

D. 我国综合所得个人所得税税率为超额累进税率

10. 假设某税种的税率为 10%，张三的应税收入为 999 元，李四的应税收入为 1 001 元。当起征点为 1 000 元时，下列说法正确的有（          ）。（知识点：税制构成要素）

A. 张三应纳税额为 0 元                    B. 李四应纳税额为 100.1 元

C. 李四应纳税额为 0.1 元                  D. 张三应纳税额为 99.9 元

11. 税务会计对象是纳税人的各种涉税事项所引起的税收资金运动，具体有应税收入（          ）等。（知识点：税务会计）

A. 计税成本费用       B. 应税所得        C. 应交税费        D. 税收减免与退还

12. 税务会计与财务会计的区别主要表现在（          ）及计算损益的程序不同。（知识点：税务会计）

A. 目标              B. 对象            C. 核算原则         D. 法律依据

13. 以下关于税务会计与财务会计的区别的说法正确的有（          ）。（知识点：税务会计）

A. 财务会计的目标是向信息使用者提供企业财务状况、经营成果的会计信息，而税务会计的目标是向信息使用者提供企业税务活动会计信息

B. 财务会计核算与监督的对象是企业能以货币计量的全部经济事项，而税务会计核算与监督的对象仅限于与纳税人纳税有关的资金运动

C. 财务会计强调提供信息的真实性和可靠性，会计核算应以权责发生制为基础，而税务会计不仅要求所提供信息的真实性，更强调纳税人"支付能力""征管方便"和"足额、及时纳税"的要求，会计核算以修正的权责发生制为基础

D. 财务会计遵循会计制度，注重会计信息的客观、公允，而税务会计注重税务信息的合法性，不仅要遵循与税法不相矛盾的财务会计一般原则，更要严格按税法的要求进行会计处理

### 三、判断题

1. 政府通过发行国债方式取得的财政收入是税收的一种特殊方式。（知识点：税收性质）                                                                （   ）

2. 根据税收固定性的要求，具体税种的征税对象、征收标准等一经确定不得变更。（知识点：税收性质）                                                        （   ）

3. 税收无偿性本质是指国家征税后，不以任何形式向纳税人支付报酬。（知识点：税收性质）                                                                （   ）

4. 关税和船舶吨税由海关征收，进出口环节增值税和消费税由海关代征。（知识点：税收法律体系）                                                          （   ）

5. 所得税以所得额为征税对象，主要对生产经营者的利润和个人的纯收入发挥调节作用。（知识点：税收分类）　　　　　　　　　　　　　　　　　　　　　（　　　）

6. 扣缴义务人是纳税人的一种特殊形式。（知识点：税制构成要素）　　　（　　　）

7. 纳税人是税法规定的实际负担税款的单位和个人。（知识点：税制构成要素）
　　　　　　　　　　　　　　　　　　　　　　　　　　　　　　　　　（　　　）

8. 为了明确征税对象的具体范围，任何一个实体税种均需设置具体税目。（知识点：税制构成要素）　　　　　　　　　　　　　　　　　　　　　　　　（　　　）

9. 税目是区分不同税种的主要标志。（知识点：税制构成要素）　　　　（　　　）

10. 税目是征税对象的具体化，为了更加充分反映各税种的具体征税范围，每个税种均应设置税目。（税制构成要素）　　　　　　　　　　　　　　　　　　　（　　　）

11. 定额税率的最大特点是税率与征税对象的价值量无关，不受征税对象价值量变化的影响。（知识点：税制构成要素）　　　　　　　　　　　　　　　　　　（　　　）

12. 通过直接减少应纳税额的方式实现的减免税形式叫税基式减免。（知识点：税制构成要素）　　　　　　　　　　　　　　　　　　　　　　　　　　　　（　　　）

13. 为加强税务会计核算，企业必须在财务会计的凭证、账簿、报表之外再设一套专门的税务会计账表，方便税务管理与检查。（知识点：税务会计）　　　　　　（　　　）

# 学习任务 1.2　税务登记与发票管理

## 【学习目标】

（1）掌握"五证合一"登记制度的具体内容，以及在该登记制度下新设税务登记、变更税务登记及注销税务登记的流程。

（2）掌握增值税发票领购、发放与退回、开具、认证、验旧、代开等基本规定和技能。

## 【重点与难点】

重点："五证合一、一照一码"登记制度的内容　新设、变更、注销税务登记流程　增值税发票管理的各个具体环节

难点：结合各地实际"五证合一"登记制度的实施及税务登记的应用　增值税发票的使用与开具

## 【知识点回顾】

### 一、"五证合一、一照一码"登记制度及税务登记流程

"五证合一、一照一码"登记制度及税务登记流程见表 1-2。

表1-2　"五证合一、一照一码"登记制度及税务登记流程

| 项目 | | 内容 |
|---|---|---|
| "五证合一"登记制度改革 | 含义 | 将原来企业、农民专业合作社登记时依次申请，分别由工商管理部门核发工商营业执照、质监部门核发组织机构代码证、税务部门核发税务登记证，改为一次申请、由工商管理部门核发一个加载统一社会信用代码的营业执照的登记制度。"五证合一"是在"三证"基础上增加社会保险登记证、统计登记证 |
| | 内容 | "五个一"：一窗受理、一表申请、一照一码、一网互联、一照通用 |
| | 适用市场主体 | 依法由工商行政管理部门登记的除个体工商户以外的所有市场主体，包括各类企业、农民专业合作社及其分支机构 |
| 税务登记 | 新设 | 自2015年10月1日起，新设企业、农民专业合作社领取载有18位的"统一社会信用代码"营业执照后，无须再进行税务登记，也不再领取税务登记证。企业发生应税行为需办理涉税事项时，可以持"一照"在其住所地任一税务局办税服务厅办理信息补录、核定税种等业务；当企业无应税行为，无须办理涉税事项时，可暂不办理国税报到事宜。除企业、农民专业合作社外，其他税务登记按照原有法律制度执行 |
| | 变更 | 除生产经营地、财务负责人、核算方式三项信息外的其他在登记机关新设时采集信息发生变更的，均由企业向工商登记部门申请变更。生产经营地、财务负责人、核算方式及其他由税务机关后续管理中采集的信息发生变更的，直接向税务机关申请变更 |
| | 注销 | 已实行"五证合一"登记模式的企业办理注销登记，应向主管税务机关申请清税，填写"清税申报表"，待清税完毕后，受理税务机关根据清税结果向纳税人出具统一"清税证明"，纳税人持"清税证明"办理后续工商注销事宜 |

## 二、发票管理

发票管理见表1-3。

表1-3　发票管理（以增值税发票为例）

| 项目 | | 内容 |
|---|---|---|
| 增值税发票领购使用 | 发票核定 | 初次申请领取增值税专用发票、增值税普通发票及机动车销售统一发票的纳税人，税务机关核定其使用增值税税控系统开具的发票种类、单次（月）领用数量及增值税普通发票、机动车销售统一发票的最高开票限额 |
| | 最高开票限额审批 | 税务机关依据增值税一般纳税人提供的"税务行政许可申请表"和"增值税专用发票最高开票限额申请单"，审批其开具增值税专用发票最高限额 |
| | 发票核定调整 | 税务机关依据纳税人申请，根据其生产经营变化情况，对其使用税控系统开具的增值税专用发票、增值税普通发票和机动车销售统一发票单次（月）领用量、离线开具时限、离线开具总金额进行调整，对机动车销售统一发票、增值税普通发票最高开票限额予以变更 |
| | 专用设备初始发行、变更发行及注销发行 | 适用对象：增值税一般纳税人，以及销售货物、提供加工修理修配劳务月销售额超过3万元（按季纳税9万元），或者销售服务、无形资产月销售额超过3万元（按季纳税9万元）的小规模纳税人<br>初始发行：税务机关依据纳税人的申请，在增值税税控系统中将税务登记信息、资格认定信息、税种税目认定信息、票种核定信息、增值税发票系统升级版离线开票时限和离线开具总金额等信息载入金税盘（税控盘）；变更发行：纳税人税控系统信息发生变更后所作的系统变更手续；注销发生：在增值税税控系统中注销纳税人发行信息档案，收缴金税卡、IC卡或金税盘（税控盘）、报税盘 |

续表

| 项目 | | 内容 |
|---|---|---|
| 增值税发票领购使用 | 发票发放 | 对已办理发票核定的纳税人，税务机关依据其申请，在核定范围内发放发票 |
| | 发票退回 | 因发票印制质量、发票发放错误、发票发放信息登记错误、纳税人领票信息电子数据丢失、税控设备故障等原因，税务机关应为纳税人办理退票 |
| 发票开具 | 基本要求 | 项目齐全，与实际交易相符；字迹清楚，不得压线、错格；发票联和抵扣联加盖发票专用章；按照增值税纳税义务的发生时间开具。对不符合上列要求的专用发票，购买方有权拒收 |
| | 具体要求 | （1）"购买方"栏：开具增值税专用发票的，必须将购买方的 4 项信息全部填写；开具增值税普通发票的，如购买方为企业、非企业性单位（有纳税人识别号）和个体工商户，购买方栏的"名称""纳税人识别号"为必填项，其他项目可根据实际需要填写；购买方为非企业性单位（无纳税人识别号）和消费者个人的，"名称"为必填项，其他项目可根据实际需要填写。<br>（2）"货物或应税劳务、服务名称"栏自 2016 年 5 月 1 日起，纳入新系统推行范围试点纳税人及新办增值税纳税人，应使用新系统选择相应的编码开具增值税发票。<br>（3）"金额"和"价税合计"栏：纳税人开具增值税发票时"金额"栏应填写不含税金额。<br>（4）其他栏次："规格型号""单位""数量""单价"栏可按实际业务填写，无此项目可不填。"收款人""复核"栏可按实际需要填写，"开票人"栏为必填项，"销售方（章）"栏应加盖发票专用章 |
| | 不得开具增值税专用发票的特定行为 | （1）商业企业一般纳税人零售的烟、酒、食品、服装、鞋帽（不包括劳保专用部分）、化妆品等消费品。<br>（2）发生应税行为适用免税规定。<br>（3）销售报关出口的货物、在境外销售应税劳务。<br>（4）将货物用于集体福利或个人消费。<br>（5）将货物无偿赠送他人（如果受赠者为一般纳税人，可根据受赠人的要求开具增值税专用发票）。<br>（6）向小规模纳税人销售应税项目，可以不开具增值税专用发票。<br>（7）应税销售行为的购买方为消费者个人。<br>（8）城镇公共供水企业缴纳的水资源税对应的水费收入，不计征增值税，按"不征税自来水"项目开具增值税普通发票 |

## 【典型题例分析】

【判断题】对纳税信用 A 级增值税一般纳税人可以通过增值税发票税控开票软件登录本省增值税发票查询平台，查询、选择用于申报抵扣或者出口退税的增值税发票信息，不再需要办理扫描认证。（　　）

【答案】错

【解析】对纳税信用 A 级增值税一般纳税人取得销售方使用增值税发票系统升级版开具的增值税发票，可以由纳税人通过增值税发票税控开票软件登录本省增值税发票查询平台，查询、选择用于申报抵扣或者出口退税的增值税发票信息。纳税人通过增值税发票查询平台未能查询到对应发票信息的，仍可进行扫描认证。

## 【职业能力训练】

### 一、单项选择题

1. 我国"五证合一、一照一码"登记模式的商事改革自（    ）在全国范围内推行。（知识点：税务登记）

    A. 2015 年 10 月 1 日               B. 2012 年 1 月 1 日

    C. 2016 年 5 月 1 日               D. 2016 年 10 月 1 日

2. "五证合一"登记制度改革是指将原来企业、农民专业合作社登记时依次申请，分别由工商行政管理部门核发工商营业执照、质量技术监督部门核发组织机构代码证、税务部门核发税务登记证、人力资源和社会保障部门核发社会保险登记证、统计部门核发统计登记证，改为一次申请，由（    ）核发一个加载统一社会信用代码的营业执照的登记制度。（知识点：税务登记）

    A. 工商行政管理部门               B. 质量技术监督部门

    C. 税务部门                      D. 统计部门

3. 对实行纳税辅导期管理的增值税一般纳税人，每次核定发放的增值税专用发票数量不超过（    ）份。（知识点：发票管理）

    A. 15           B. 20           C. 25           D. 30

4.（    ）以及由市级税务局确定的纳税信用好、税收风险等级低的其他类型纳税人可一次领取不超过 3 个月的增值税发票用量。（知识点：发票管理）

    A. 纳税信用为 A 级的纳税人

    B. 纳税信用为 B 级以上的纳税人

    C. 实行纳税辅导期管理的增值税一般纳税人

    D. 商贸企业纳税人

5. 以下行为可以开具增值税专用发票的是（    ）。（知识点：发票管理）

    A. 实行增值税退（免）税办法的增值税零税率应税服务

    B. 将货物用于集体福利或个人消费

    C. 应税销售行为的购买方为消费者个人

    D. 增值税一般纳税人购进货物

### 二、多项选择题

1. 以下市场主体纳入"五证合一、一照一码"管理范围的有（        ）。（知识点：税务登记）

    A. 企业

    B. 农民专业合作社

    C. 个体工商户

    D. 其他机关（编办、民政、司法等部门）批准设立的主体

2. 企业领取"一照一码"营业执照后在经营过程中（        ）信息发生变化应向主管税务机关申请变更，不向工商登记部门申请变更。（知识点：税务登记）

A. 生产经营地　　　B. 财务负责人　　　C. 核算方式　　　D. 注册资本

3. 增值税专用发票开具的基本要求内容包括（　　　　　）。（知识点：发票管理）

A. 项目齐全，与实际交易相符

B. 字迹清楚，不得压线、错格

C. 发票联和抵扣联加盖财务专用章或发票专用章

D. 按照增值税纳税义务的发生时间开具

4. 以下行为中，不得开具增值税专用发票的有（　　　　　）。（知识点：发票管理）

A. 一般纳税人会计核算不健全，或者不能够提供准确税务资料的

B. 向消费者个人销售货物、劳务、服务、无形资产或者不动产

C. 适用免征增值税规定的应税行为

D. 应当办理一般纳税人资格认证而未办理的

5. 以下纳税人应推行增值税发票税控装置的有（　　　　　）。（知识点：发票管理）

A. 增值税一般纳税人

B. 销售货物、提供加工修理修配劳务月销售额超过 3 万元（按季纳税 9 万元）的小规模纳税人

C. 销售服务、无形资产月销售额超过 3 万元（按季纳税 9 万元）的小规模纳税人

D. 小规模纳税人

6. 增值税一般纳税人发生的以下行为中需要办理增值税税控系统专用设备变更发行的有（　　　　　）。（知识点：发票管理）

A. 纳税人名称变更

B. 纳税人开票机数量变化而进行发行变更

C. 增值税税控系统升级版离线开票时限和离线开票总金额变更

D. 纳税人发行授权信息变更

7. 以下属于不得开具增值税专用发票特定行为的有（　　　　　）。（知识点：发票管理）

A. 向消费者个人销售劳务、服务、无形资产或者不动产行为

B. 适用免征增值税规定的应税行为

C. 金融商品转让

D. 提供旅游服务，从全部价款和价外费用中扣除的对外支付旅游费用

## 三、判断题

1. "统一社会信用代码"是每一个法人和其他组织在全国范围内唯一的终身不变的法定身份识别码。（知识点：税务登记）　　　　　　　　　　　　　　　（　　　）

2. "一照一码"执照在全国通用，相关各部门均要予以认可。（知识点：税务登记）
　　　　　　　　　　　　　　　　　　　　　　　　　　　　　　（　　　）

3. "五证合一"登记制度改革适用于依法由工商行政管理部门登记的除个体工商户以外所有市场主体。（知识点：税务登记）　　　　　　　　　　　　　　（　　　）

4. 企业办理"一照一码"执照后，无论是否发生应税行为事先均需到税务部门办理税务登记。（知识点：税务登记）　　　　　　　　　　　　　　　　　（　　　）

5. 已实行"一照一码"登记模式的企业办理注销登记，必须先向主管税务机关申报清税，纳税人持"清税证明"办理后续工商注销事宜。（知识点：税务登记）                （    ）

6. 对纳税信用 A 级增值税一般纳税人取得销售方使用增值税发票系统升级版开具的增值税发票，可以由纳税人通过增值税发票税控开票软件登录本省增值税发票查询平台，查询、选择用于申报抵扣或者出口退税的增值税发票信息，无须进行扫描认证。但在平台上无法查询到对应发票信息的，仍需进行扫描认证。（知识点：发票管理）                （    ）

7. 建筑分包项目，总包方应就承包项目向总包方开票，总包方应按规定全额开具增值税发票。（知识点：发票管理）                （    ）

8. 接受货物运输服务，使用增值税专用发票和增值税普通发票，开具发票时应将起运地、到达地、车种车号以及运输货物信息等内容填写在发票备注栏中，如内容较多可另附清单。（知识点：发票管理）                （    ）

# 学习任务 1.3　纳税申报与税款缴纳

## 【学习目标】

（1）熟悉纳税申报与税款缴纳相关制度，能选择纳税申报方式和税款缴纳方式，在规定期限完成纳税申报。

（2）了解税款征收保障措施和税款结算措施，正确履行纳税义务。

## 【重点与难点】

重点：纳税申报与税款缴纳相关制度

难点：税款征收保障措施的正确运用

## 【知识点回顾】

### 一、纳税申报

纳税申报内容及申报方式见表 1-4。

表 1-4　纳税申报内容及申报方式

| 项目 | 内容 |
|---|---|
| 申报内容 | 纳税申报表、代扣代缴或代收代缴税款报告表、财务会计报表以及税务机关根据实际需要要求纳税人或扣缴义务人报送的其他资料 |
| 申报方式 | 直接申报、电子申报、邮寄申报、简易申报、简并征期 |

## 二、税款缴纳

税款缴纳相关内容见表 1-5。

表 1-5　税款缴纳相关内容

| 项目 | 内容 |
|---|---|
| 税额确定方式 | 查账确定：适用于经营规模较大、财务会计制度健全、能够如实核算和提供生产经营情况、正确计算应纳税款的纳税人 |
| | 查实确定：适用于生产规模小，账册不健全，但能够控制原材料或进销货的纳税人 |
| | 查验确定：适用于经营品种比较单一，经营地点、时间和商品来源不固定的纳税单位 |
| | 定期核定：适用于无完整考核依据的小型纳税单位 |
| | 不定期核定：适用于依照法律、行政法规的规定可以不设置账簿的纳税人；依照法律、行政法规的规定应当设置账簿但未设置的纳税人；擅自销毁账簿或拒不提供纳税资料的纳税人；虽设置账簿，但账目混乱或成本资料、收入凭证、费用凭证残缺不全，难以查账的纳税人；发生纳税义务，未按照规定的期限办理纳税申报，经税务机关责令限期申报，逾期仍不申报的纳税人；申报的计税依据明显偏低，又无正当理由的纳税人 |
| 税款缴纳方式 | 纳税人直接向国库经收处缴纳、税务机关自收税款、代收代缴、代扣代缴、委托代征 |
| 税款缴纳期限 | 如期缴纳 |
| | 延期缴纳：因不可抗力，导致纳税人发生较大损失，正常生产经营受到较大影响的；当期货币资金在扣除应付职工工资、社会保险费后，不足以缴纳税款的，可以延期缴纳税款，但最长不得超过 3 个月 |
| | 限期缴纳：责令限期缴纳的最长期限不得超过 15 日 |
| 税款补缴、追征与退还 | 因税务机关责任，致使纳税人、扣缴义务人未缴或少缴税款的，税务机关在 3 年内可要求纳税人、扣缴义务人补缴税款，但不得加收滞纳金 |
| | 纳税人超过应纳税额缴纳的税款，税务机关发现后应当立即退还；纳税人自结算缴纳税款之日起 3 年内发现的，可以向税务机关要求退还多缴的税款，并加算银行同期存款利息 |
| 税款征收措施 | 纳税担保：适用情形包括以下几方面。<br>（1）税务机关有根据认为从事生产经营的纳税人有逃避纳税义务行为，在规定的纳税期之前经责令其限期缴纳应纳税款，在限期内发现纳税人有明显转移、隐匿其应纳税的商品、货物，以及其他财产或应纳税收入的迹象，责成纳税人提供纳税担保的。<br>（2）欠缴税款、滞纳金的纳税人或其他法定代表人需要出境的。<br>（3）纳税人同税务机关在纳税上发生争议而未缴清税款，需要申请行政复议的。<br>（4）税收法律、行政法规规定可以提供纳税担保的其他情形 |
| 税款征收措施 | 税收保全：书面通知纳税人开户银行或其他金融机构冻结纳税人的金额相当于应纳税款的存款；扣押、查封纳税人价值相当于应纳税款的商品、货物或其他财产 |
| | 税收强制执行：书面通知其开户银行或其他金融机构从其存款中扣缴税款；扣押、查封、依法拍卖或变卖其价值相当于应纳税款的商品、货物或其他财产，以拍卖或变卖所得抵缴税款 |
| | 税务检查：根据税务检查对象的来源和税务检查的目的，税务检查的形式有日常检查、专项检查与专案检查 |

## 【典型题例分析】

【判断题】税务机关开展的增值税专用发票检查属于税务日常检查。（    ）

【答案】错

【解析】税务专项检查是指税务机关对根据特定目的选取的稽查对象进行的专门稽查。增值税专用发票检查属于专项检查。

## 【职业能力训练】

### 一、单项选择题

1.（    ）是指纳税人按照税务机关核定的税额，采取将纳税期合并为按季、半年或年的方式缴纳税款的纳税申报方式。（知识点：纳税申报）

A. 简并征期    B. 电子申报    C. 邮寄申报    D. 简易申报

2. 经税务机关批准延期缴纳的税款，在批准的延期内（    ）。（知识点：税款缴纳）

A. 加收滞纳金    B. 减半征收滞纳金

C. 加倍征收滞纳金    D. 不加收滞纳金

3. 税务机关确认应纳税额时，对于生产规模小，账册不健全，但能够控制原材料或进销货的纳税人，可采用（    ）方式确定应纳税额。（知识点：税款缴纳）

A. 查账确定    B. 查实确定    C. 查验确定    D. 定期核定

4. 下列各项中，属于税收保全措施的是（    ）。（知识点：税款缴纳）

A. 暂扣纳税人营业执照

B. 书面通知纳税人开户银行从其存款中扣缴税款

C. 拍卖纳税人价值相当于应纳税款的货物，以拍卖所得抵缴税款

D. 查封纳税人价值相当于应纳税款的货物

5. 下列关于税收强制执行措施的说法错误的是（    ）。（知识点：税款缴纳）

A. 税收强制执行措施经县以上税务局（分局）局长批准

B. 税收强制执行措施的权力，不得由法定的税务机关以外的单位和个人行使

C. "书面通知其开户银行或其他金融机构从其存款中扣缴税款"属于税收强制执行措施之一

D. 从事生产经营的纳税人、扣缴义务人未按规定的期限缴纳税款或解缴税款就可采用税收强制执行措施

6. 对偷税、抗税、骗税的，税务机关的税款追征期为（    ）。（知识点：税款缴纳）

A. 3 年    B. 5 年    C. 10 年    D. 无期限

### 二、多项选择题

1. 纳税申报方式主要有（    ）。（知识点：纳税申报）

A. 直接申报    B. 电子申报    C. 邮寄申报    D. 简易申报与简并征期

2. 根据税收征收管理制度规定，下列情形中，税务机关有权核定纳税人应纳税额的有

（　　　　　）。（知识点：税款缴纳）

A. 依照法律、行政法规的规定可以不设置账簿的纳税人，或应当设置账簿但未设置的纳税人

B. 擅自销毁账簿或拒不提供纳税资料的纳税人

C. 虽设置账簿，但账目混乱或成本资料、收入凭证、费用凭证残缺不全，难以查账的纳税人

D. 发生纳税义务，未按照规定的期限办理纳税申报，经税务机关责令限期申报，逾期仍不申报的纳税人

3. 纳税人有下列（　　　　　）特殊困难，不能按期缴纳税款的，经省、自治区、直辖市的税务机关批准，可以延期缴纳税款，但最长不得超过3个月。（知识点：税款缴纳）

A. 因不可抗力，导致纳税人发生较大损失，正常生产经营受到较大影响的

B. 当期货币资金在扣除应付职工工资、社会保险费后，不足以缴纳税款的

C. 出现网络故障无法申报缴纳的

D. 因企业法定代表人、财务人员外出，不能按期缴纳税款的

4. 根据税收征收管理法律制度规定，税务机关在实施税务检查时，可以采取的措施有（　　　　　）。（知识点：税款缴纳）

A. 检查纳税人会计资料及货物存放地的应纳税商品

B. 检查纳税人托运、邮寄应纳税商品的单据、凭证

C. 经法定程序批准，查询纳税人在银行的存款账户

D. 税务机关调查税务违法案件时，对与案件有关的情况和资料，可以记录、录音、录像、照相和复制

5. 关于税款补缴、追征与退还，下列说法正确的有（　　　　　）。（知识点：税款缴纳）

A. 因税务机关责任，致使纳税人未缴或少缴税款的，税务机关在3年内可要求纳税人补缴税款，但不得加收滞纳金

B. 因纳税人计算等失误，未缴或少缴税款的，税务机关在3年内可以追征税款、滞纳金

C. 纳税人因计算失误，未缴或少缴、未扣或少收税款，累计数额在10万元以上的，追征期可以延长到5年

D. 纳税人因偷税、抗税而被税务机关追征其未缴或少缴的税款、滞纳金的，不受追征期的限制

**三、判断题**

1. 纳税人在纳税申报期内若有应税收入，应按规定的期限办理纳税申报；若无应税收入或在减免税期间，可以不办理纳税申报。（知识点：纳税申报）　　　　　　（　　　）

2. 纳税人采用电子申报方式办理纳税申报的，无须再报送相关纸质的申报资料。（知识点：纳税申报）　　　　　　（　　　）

3. 邮寄申报应使用统一的纳税申报专用信封，以邮政部门的收据作为申报凭据，以寄出的邮戳日期为实际申报日期。（知识点：纳税申报）　　　　　　（　　　）

4. 对于经营品种比较单一，经营地点、时间和商品来源不固定的纳税单位可以采用查验征收方式确定应纳税额。（知识点：纳税申报）                              （    ）

5. 纳税人自结算缴纳税款之日起 3 年内发现的多缴税款，可以向税务机关要求退还并加算银行同期存款利息。（知识点：税款缴纳）                              （    ）

项目二
# 增值税会计

## 学习任务 2.1　增值税纳税人、征税范围和税率确定

### 【学习目标】

能确定增值税纳税人、征税范围和税率。

### 【重点与难点】

重点：纳税人认定　征税范围确定　税率选择

难点：纳税人认定　征税范围确定　税率选择

### 【知识点回顾】

#### 一、增值税纳税人

1. 增值税基本类型（见表 2-1）

表 2-1　增值税基本类型

| 类型 | 特点 | 优点 | 缺点 |
|---|---|---|---|
| 生产型增值税 | 确定法定增值额时不允许扣除任何外购固定资产价款；法定增值额 > 理论增值额 | 保证财政收入 | 不利于鼓励投资 |
| 收入型增值税 | 对外购固定资产只允许扣除当期计入产品价值的折旧费部分；法定增值额 = 理论增值额 | 完全避免重复征税 | 不利于以票扣税的操作 |

续表

| 类型 | 特点 | 优点 | 缺点 |
|---|---|---|---|
| 消费型增值税 | 当期购入固定资产价款一次全部扣除；法定增值额＜理论增值额 | 完全避免重复征税，且便于以票扣税操作 | — |

## 2. 增值税纳税人（见表2-2）

表2-2 增值税纳税人

| 类别 | 含义 | 注意 |
|---|---|---|
| 纳税人 | 指在我国境内销售货物、劳务、服务、无形资产或者不动产以及进口货物的单位和个人 | 单位以承包、承租、挂靠方式经营的，承包人以发包人名义对外经营并由发包人承担相关法律责任的，以该发包人为纳税人；反之，以承包人为纳税人 |
| 扣缴义务人 | 境外单位或个人在境内发生应税行为，在境内未设经营机构的，以购买方为扣缴义务人 | |

## 3. 增值税纳税人分类管理（见表2-3）

表2-3 增值税纳税人分类管理

| 类别 | 含义 | "年应税销售额"标准 | |
|---|---|---|---|
| 一般纳税人 | 指年应税销售额超过财政部、国家税务总局规定的小规模纳税人标准的增值税纳税人 | 500万元（含）以上 | 是指纳税人在连续不超过12个月或四个季度的经营期内累计应征增值税的销售额，包括纳税申报销售额、稽查查补销售额、纳税评估销售额、税务机关代开发票销售额、免税销售额以及差额计税已从销售额中扣除的部分 |
| 小规模纳税人 | 指年应税销售额在规定以下，并且会计核算不健全，不能按规定要求报送税务资料的增值税纳税人 | 500万元以下 | |

特例：① 年应税销售额超过小规模纳税人标准的其他个人按小规模纳税人纳税；② 不经常发生应税行为的非企业性单位、企业和个体工商户可选择按照小规模纳税人纳税；③ 从事成品油销售的加油站，无论是否达到一般纳税人标准，一律按一般纳税人纳税

## 二、增值税征税范围

### 1. 一般规定（见表2-4）

表2-4 增值税征税范围一般规定

| 项目 | 应税行为具体内容 |
|---|---|
| 销售货物 | 是指有偿转让货物所有权。货物是指有形动产（包括电力、热力和气体） |
| 销售劳务 | 是指提供加工和修理修配劳务，即委托方提供原料主料、对货物加工修理。单位或个体工商户聘用的员工为本单位或雇主提供加工、修理修配劳务则不包括在内 |

续表

| 项目 | | | 应税行为具体内容 |
|---|---|---|---|
| 销售服务 | 交通运输服务 | 陆路运输 | 铁路、公路、缆车、索道、地铁、城市轻轨等 |
| | | 水路运输 | 包括程租、期租业务 |
| | | 航空运输 | 包括湿租业务、航天运输服务 |
| | | 管道运输 | 通过管道输送气体、液体、固体物质的运输服务 |
| | | 无运输工具承运业务，按照交通运输服务缴纳增值税 | |
| | 邮政服务 | 邮政普遍 | 函件、包裹等邮件寄递，邮票发行、报刊发行和邮政汇兑等 |
| | | 邮政特殊 | 义务兵平常信函、机要通信、盲人读物和革命烈士遗物寄递等 |
| | | 其他邮政 | 邮册等邮品销售、邮政代理等 |
| | 电信服务 | 基础电信 | 利用固网、移动网、卫星、互联网，提供语音通话服务的业务活动，及出租或者出售带宽、波长等网络元素的业务活动 |
| | | 增值电信 | 利用固网、移动网、卫星、互联网、有线电视网络，提供短信和彩信服务、电子数据和信息传输及应用服务、互联网接入服务等 |
| | | 卫星电视信号落地转接服务，按照增值电信服务缴纳增值税 | |
| | 建筑服务 | 工程 | 新建、改建各种建筑物、构筑物的工程作业 |
| | | 安装 | 固定电话、有线电视、宽带、水、电、燃气、暖气等经营者向用户收取的安装费、初装费、开户费、扩容费以及类似收费，按照安装服务缴纳增值税 |
| | | 修缮 | 对建筑物、构筑物进行修补、加固、养护、改善，使之恢复原来的使用价值或者延长其使用期限的工程作业 |
| | | 装饰 | 对建筑物、构筑物进行修饰装修，使之美观或者具有特定用途的工程作业 |
| | | 其他建筑 | 如钻井（打井）、拆除建筑物或者构筑物、平整土地、园林绿化、疏浚（不包括航道疏浚）、建筑物平移、搭脚手架、爆破、矿山穿孔、表面附着物（包括岩层、土层、沙层等）剥离和清理等工程作业 |
| | 金融服务 | 贷款 | 各种占用、拆借资金取得的收入，包括金融商品持有期间（含到期）利息（保本收益、报酬、资金占用费、补偿金等）收入、信用卡透支利息收入、买入返售金融商品利息收入、融资融券收取的利息收入，以及融资性售后回租、押汇、罚息、票据贴现、转贷等业务取得的利息及利息性质的收入，以货币资金投资收取的固定利润或者保底利润，按照贷款服务缴纳增值税 |
| | | 直接收费金融 | 提供货币兑换、账户管理、电子银行、信用卡、信用证、财务担保、资产管理、信托管理、基金管理、金融交易场所（平台）管理、资金结算、资金清算、金融支付等服务 |
| | | 保险 | 包括人身保险服务和财产保险服务 |
| | | 金融商品转让 | 转让外汇、有价证券、非货物期货和其他金融商品所有权的业务活动 |

续表

| 项目 | 应税行为具体内容 | | |
|---|---|---|---|
| 销售服务 | 现代服务 | 研发和技术 | 研发服务、合同能源管理服务、工程勘察勘探服务、专业技术服务 |
| | | 信息技术 | 软件服务、电路设计及测试服务、信息系统服务、业务流程管理服务和信息系统增值服务 |
| | | 文化创意 | 设计服务、知识产权服务、广告服务和会议展览服务 |
| | | 物流辅助 | 航空服务、港口码头服务、货运客运场站服务、打捞救助服务、装卸搬运服务、仓储服务和收派服务 |
| | | 租赁 | 融资租赁服务和经营租赁服务<br>将建筑物、构筑物等不动产或者飞机、车辆等有形动产的广告位出租给其他单位或者个人用于发布广告，水路运输的光租业务、航空运输的干租业务属于经营租赁。车辆停放服务、道路通行服务（包括过路费、过桥费、过闸费等）等属于不动产经营租赁服务 |
| | | 鉴证咨询 | 认证服务、鉴证服务和咨询服务 |
| | | 广播影视 | 广播影视节目（作品）的制作服务、发行服务和播映（含放映，下同）服务 |
| | | 商务辅助 | 企业管理服务、经纪代理服务、人力资源服务、安全保护服务 |
| | | 其他现代服务 | 除研发和技术服务、信息技术服务、文化创意服务、物流辅助服务、租赁服务、鉴证咨询服务、广播影视服务和商务辅助服务以外的现代服务 |
| | 生活服务 | 文化体育 | |
| | | 教育医疗 | |
| | | 旅游娱乐 | |
| | | 餐饮住宿 | |
| | | 居民日常服务 | 市容市政管理、家政、婚庆、养老、殡葬、照料和护理、救助救济、美容美发、按摩、桑拿、氧吧、足疗、沐浴、洗染、摄影扩印等服务 |
| | | 其他生活服务 | |
| 销售不动产 | 指转让不动产所有权的业务活动。转让建筑物有限产权或者永久使用权的，转让在建的建筑物或者构筑物所有权的，以及在转让建筑物或者构筑物时一并转让其所占土地的使用权的，按照销售不动产缴纳增值税 | | |
| 销售无形资产 | 指转让无形资产所有权或者使用权的业务活动。包括技术、商标、著作权、商誉、自然资源使用权和其他权益性无形资产 | | |
| 进口货物 | 指申报进入我国海关境内的货物 | | |

2. 特殊规定

增值税征税范围特殊规定包括视同销售行为、混合销售行为和兼营行为。增值税征税范围特殊规定见表 2-5。

表 2-5 增值税征税范围特殊规定

| 行为类别 | 具体内容 | |
|---|---|---|
| 视同销售行为 | 是指对不完全具备一般意义上的销售行为，税法规定应当视同销售征收增值税的行为 | |
| | （1）将货物交付其他单位或个人代销 | |
| | （2）销售代销货物。销售货物与收取的手续费（属于销售服务）应分别适用不同税目缴纳增值税 | |
| | （3）设有两个以上机构并实行统一核算的纳税人，将货物从一个机构移送至其他机构用于销售，但相关机构设在同一县（市）的除外 | |
| | （4）将自产或者委托加工的货物用于不征税项目、免税项目、简易计税项目 | 共性：均没有货款结算，计税销额额必须按规定的顺序确定；涉及的购进货物的进项税额，符合规定可以抵扣。 差异：购买的货物用途不同，处理也不同。自产用于（4）至（8），视同销售；购进用于（4）（5），属于不得抵扣进项税额，用于（6）（7）（8），属于视同销售 |
| | （5）将自产、委托加工的货物用于集体福利或个人消费 | |
| | （6）将自产、委托加工或购进的货物作为投资，提供给其他单位或个体工商户 | |
| | （7）将自产、委托加工或购进的货物分配给股东或投资者 | |
| | （8）将自产、委托加工或购进的货物无偿赠送给其他单位或个人 | |
| | （9）单位或者个体工商户向其他单位或者个人无偿提供服务、转让无形资产或者不动产，但用于公益事业或者以社会公众为对象的除外 | |
| 混合销售行为 | 一项销售行为如果既涉及货物又涉及服务，为混合销售行为。强调在同一项销售行为中存在着两类经营项目的混合，有从属关系 | 按"经营主业"缴纳增值税 |
| 兼营行为 | 兼营是指纳税人兼营不同税率或征收率的销售货物、劳务、服务、无形资产、不动产的行为。强调同一纳税人存在两类经营项目，但不是发生在同一销售行为中，无从属关系 | 按"能否分别核算"缴纳增值税，能分别核算的，分别按适用税率计税，否则一律从高征税 |

## 三、增值税税率与征收率

1. 增值税税率（见表 2-6）

表 2-6 增值税税率

| 税率类型 | 税率 | 适用范围 |
|---|---|---|
| 基本税率 | 13% | 销售或进口货物；提供加工修理修配劳务；提供有形动产租赁服务 |
| 低税率 | 9% | 一般纳税人提供交通运输服务、邮政服务、建筑服务、基础电信服务、不动产租赁服务，销售不动产，转让土地使用权，以及销售或者进口下列货物，税率为 9%：农产品（含粮食）、自来水、暖气、石油液化气、天然气、食用植物油、冷气、热水、煤气、居民用煤炭制品、食用盐、农机、饲料、农药、农膜、化肥、沼气、二甲醚、图书、报纸、杂志、音像制品、电子出版物 |
| | 6% | 提供现代服务（租赁除外）、增值电信服务、金融服务、生活服务、销售无形资产（转让土地使用权除外） |

续表

| 税率类型 | 税率 | 适用范围 |
|---|---|---|
| 零税率 | 0 | 出口货物和劳务 |
| | | 境内单位和个人发生的跨境应税行为。包括：境内单位和个人提供的国际运输服务；航天运输服务；向境外单位提供完全在境外消费的下列服务：研发服务；合同能源管理服务；设计服务；广播影视节目（作品）的制作和发行服务；软件服务；电路设计及测试服务；信息系统服务；业务流程管理服务；离岸服务外包业务；转让技术 |
| | | 境内单位和个人发生的与香港、澳门、台湾有关的应税行为，除另有规定外，参照上述零税率 |

2. 增值税征收率（见表2-7）

表2-7　增值税征收率

| 纳税人 | 征收率 | 适用范围 |
|---|---|---|
| 小规模纳税人 | 3% | 除下面列举情形外，小规模纳税人发生应税行为适用 |
| | 3%减按2% | 个体工商户销售自己使用过的固定资产，按3%征收率减按2%征收增值税；销售自己使用过的除固定资产以外物品，按3%的征收率征收增值税 |
| | 5% | 销售不动产、房地产开发企业中的小规模纳税人销售自行开发的房地产项目 |
| | | 出租不动产。个人出租住房，按照5%的征收率减按1.5%征收增值税 |
| 一般纳税人 | 3% | （1）县级及县级以下小型水力发电单位生产的电力。<br>（2）建筑用和生产建筑材料所用砂、土、石料或其他矿物连续生产的砖、瓦、石灰。<br>（3）用微生物、微生物代谢产物、动物毒素、人或动物的血液或组织制造的生物制品。<br>（4）商品混凝土。<br>（5）自来水。<br>（6）公共交通运输服务。包括轮客渡、公交客运、地铁、城市轻轨、出租车、长途客运、班车。<br>（7）经认定的动漫企业为开发动漫产品提供的动漫脚本编撰、形象设计、背景设计、动画设计、分镜、动画制作、摄制、描线、上色、画面合成、配音、配乐、音效合成、剪辑、字幕制作、压缩转码（面向网络动漫、手机动漫格式适配）服务，以及在境内转让动漫版权（包括动漫品牌、形象或者内容的授权及再授权）。<br>（8）电影放映服务、仓储服务、装卸搬运服务、收派服务和文化体育服务。<br>（9）以清包工方式提供的建筑服务。"以清包工方式提供建筑服务"是指施工方不采购建筑工程所需的材料或只采购辅助材料，并收取人工费、管理费或者其他费用的建筑服务。<br>（10）为甲供工程提供的建筑服务。"甲供工程"是指全部或部分设备、材料、动力由工程发包方自行采购的建筑工程。<br>（11）一般纳税人跨县（市）提供建筑服务，选择适用简易计税方法计税的，以取得的全部价款和价外费用扣除支付的分包款后的余额为销售额，按照3%的征收率计算应纳税额 |

续表

| 纳税人 | 征收率 | 适用范围 |
|---|---|---|
| 一般纳税人 | 3% 减按 2% | 销售自己使用过的属于《增值税暂行条例》规定不得抵扣且未抵扣进项税额的固定资产 |
| | | 销售旧货 |
| | 5% | 销售、出租其 2016 年 4 月 30 日前取得（含自建）的不动产，可以选择适用简易计税方法，按照 5% 的征收率计算应纳税额 |
| | | 房地产开发企业中的一般纳税人，销售自行开发的房地产老项目，可以选择适用简易计税方法按照 5% 的征收率计税 |

## 【典型题例分析】

### 一、纳税人认定

【多项选择题】年应税销售额超过小规模纳税人标准，但可不办理一般纳税人资格登记的情形有（　　　　）。

A. 个体工商户

B. 个体工商户以外的其他个人

C. 选择按小规模纳税人纳税的非企业性单位

D. 选择按小规模纳税人纳税的不经常发生应税行为的企业

【答案】BCD

【解析】我国现行增值税纳税人实行登记制度，年应税销售额超过财政部、国家税务总局规定的小规模纳税人标准的企业应向主管税务机关办理一般纳税人资格登记（个体工商户以外的其他个人、选择按小规模纳税人纳税的非企业性单位和选择按小规模纳税人纳税的不经常发生应税行为的企业除外）。

### 二、增值税征税范围确定

1.【单项选择题】根据增值税法律相关规定，下列单位提供的服务中，属于应税服务应纳增值税的是（　　）。

A. 某动漫设计公司为其他单位提供动漫设计服务

B. 某广告公司聘用广告制作人为本公司设计广告

C. 某运输企业为洪水灾区无偿提供汽车运输服务

D. 某电影放映单位为希望小学无偿提供电影"暖春"的放映服务

【答案】A

【解析】根据规定，单位或者个体工商户聘用的员工为本单位或者雇主提供应税服务，属于非营业活动，不属于应税服务，因此选项 B 不属于应税服务；单位和个体工商户向其他单位或者个人无偿提供交通运输业和部分现代服务业服务，视同提供应税服务，但以公益活动为目的或者以社会公众为对象的除外，选项 C、D 属于以公益活动为目的的无偿提供，因此不属于应税服务；选项 A 属于现代服务业应税范围中的文化创意服务。

2.【单项选择题】根据现行增值税制度规定，下列行为属于增值税兼营行为的是（    ）。

A. 建筑公司为承建的某项工程既提供建筑材料又承担建筑安装业务

B. 照相馆在提供照相业务的同时销售相框

C. 饭店开设客房、餐厅从事服务业务并附设商场销售货物

D. 饭店在提供餐饮服务的同时销售酒水饮料

【答案】C

【解析】选项 ABD 属于增值税混合销售行为。

### 三、增值税税率选择

【单项选择题】下列关于增值税适用税率的表述，正确的是（    ）。

A. 单位和个人提供的国际运输服务，税率为零

B. 提供的交通运输业服务，税率为 5%

C. 单位和个人向境外单位提供的研发服务，税率为 6%

D. 提供有形动产租赁服务，税率为 6%

【答案】A

【解析】选项 B，提供的交通运输业服务，税率为 9%；选项 C，单位和个人向境外单位提供的研发服务和设计服务，适用增值税零税率；选项 D，提供有形动产租赁，税率为 13%。

## 【职业能力训练】

### 一、单项选择题

1. 在计算增值税时，允许将外购固定资产价值中所含的税款在购置当期一次全部扣除的增值税类型，属于（    ）。（知识点：增值税概念与类型）

A. 生产型增值税                     B. 收入型增值税

C. 消费型增值税                     D. 法定型增值税

2. 下列不符合增值税纳税人资格管理规定的有（    ）。（知识点：纳税人）

A. 个体经营者不得认定为一般纳税人

B. 年应税销售额未超过规定的小规模纳税人标准以及新开业的纳税人，可以申请一般纳税人资格认定

C. 非企业性单位可选择按小规模纳税人纳税

D. 除另有规定外，纳税人一经正式认定为一般纳税人，不得再转为小规模纳税人

3. 下列纳税人，其年应税销售额超过增值税一般纳税人认定标准，必须办理一般纳税人登记的有（    ）。（知识点：纳税人）

A. 事业单位                         B. 个体工商户

C. 行政单位                         D. 不经常发生应税行为的企业

4. 以下行为属于增值税境内销售服务行为的有（　　　）。（知识点：征税范围）

A. 境内单位向境外单位购买的咨询服务

B. 境外单位向境内单位提供完全发生在境外的会展服务

C. 境外单位向境内单位或个人销售完全在境外使用的专利和非专利技术

D. 境外单位向境内单位或者个人出租完全在境外使用的有形动产

5. 下列有关增值税应税服务范围的表述不正确的是（　　　）。（知识点：征税范围）

A. 出租车公司向使用本公司自有出租车的出租车司机收取的管理费用，属于陆路运输服务

B. 航空运输的湿租业务，属于航空运输服务

C. 远洋运输的程租、期租业务，属于水路运输服务

D. 航空地面服务属于航空运输服务

6. 下列有关有形动产租赁服务的说法正确的是（　　　）。（知识点：征税范围）

A. 有形动产租赁是指有形动产经营租赁，不包括有形动产融资租赁

B. 远洋运输的光租业务不属于有形动产经营性租赁

C. 有形动产租赁服务，税率为 13%

D. 航空运输的湿租业务，属于有形动产租赁

7. 下列有关应税服务范围的表述中不正确的是（　　　）。（知识点：征税范围）

A. 航天运输服务按照交通运输业缴纳增值税

B. 广告代理服务按文化创意服务缴纳增值税

C. 港口设施经营人收取的港口设施保安费按物流辅助服务缴纳增值税

D. 期租业务按有形动产租赁缴纳增值税

8. 增值税征税范围中关于"销售服务"内容说法正确的是（　　　）。（知识点：征税范围）

A. 销售服务包括交通运输服务、邮政服务、电信服务、建筑服务、金融服务、现代服务和生活服务

B. 销售服务包括交通运输服务、邮政服务、电信服务、建筑服务、金融服务、现代服务和加工修理修配

C. 销售服务包括交通运输服务、邮政服务、电信服务、建筑服务、金融服务、生活服务和无形资产

D. 销售服务包括交通运输服务、邮政服务、电信服务、建筑服务、现代服务、生活服务和固定资产

9. 根据现行增值税政策规定，纳税人的程租或期租业务应按（　　　）缴纳增值税。（知识点：征税范围）

A. 水路运输服务　　　　　　　　　　B. 租赁服务

C. 物流辅助服务　　　　　　　　　　D. 代理服务

10. 根据现行增值税政策规定，纳税人的湿租业务应按（　　　）缴纳增值税。（知识点：征税范围）

A. 租赁服务　　　　　　　　　　　　B. 航空运输服务

C. 物流辅助服务                           D. 现代服务

11. 根据现行增值税政策规定，不属于增值税应税服务项目的是（        ）。（知识点：征税范围）

A. 加工修理修配服务                   B. 交通运输服务

C. 邮政服务                               D. 电信服务

12. 根据现行增值税政策规定，下列各项中，不属于金融服务项目的是（        ）。（知识点：征税范围）

A. 贷款服务                               B. 直接收费金融服务

C. 保险服务                               D. 融资租赁服务

13. 根据现行税收政策规定，下列各项中，不属于物流辅助服务项目的是（        ）。（知识点：征税范围）

A. 航空运输的干租业务               B. 港口码头服务

C. 装卸搬运服务                         D. 收派服务

14. 根据现行税收政策规定，下列各项中，应按生活服务项目缴纳增值税的是（        ）。（知识点：征税范围）

A. 家政服务          B. 铁路运输          C. 房屋租赁          D. 土地租赁

15. 以货币资金投资收取的固定利润或者保底利润按照（        ）缴纳增值税。（知识点：征税范围）

A. 直接收费金融服务                   B. 贷款服务

C. 保险服务                               D. 租赁服务

16. 甲市的 M、N 两店为实行统一核算的连锁店。根据增值税法律制度的规定，M 店的下列经营活动中，不属于视同销售货物行为的是（        ）。（知识点：征税范围）

A. 将货物交付给位于乙市的某商场代销

B. 销售丙市某企业委托代销的货物

C. 将货物移送到 N 店用于销售

D. 为促销将本店货物无偿赠送给消费者

17. 甲汽车美容店为增值税一般纳税人，提供汽车打蜡服务（适用生活服务 6% 税率），伴随车蜡的销售（适用 13% 税率），则甲汽车美容店计征增值税的适用税率为（        ）。（知识点：税率）

A. 6%                 B. 13%                 C. 3%                 D. 9%

18. 根据现行税收政策的规定，一般纳税人下列应税行为，适用 13% 的增值税税率的有（        ）。（知识点：税率）

A. 提供有形动产租赁服务             B. 提供基础电信服务

C. 提供增值电信服务                   D. 提供不动产租赁服务

19. 下列关于增值税适用税率的表述，正确的是（        ）。（知识点：税率）

A. 单位和个人提供的国际运输服务，税率为零

B. 提供的交通运输业服务，税率为 7%

C. 单位和个人向境外单位提供的研发服务，税率为 6%

D. 提供有形动产租赁服务，税率为 6%

20. 下列关于增值税征收率的表述，不正确的是（　　　）。（知识点：税率）

A. 对于一般纳税人生产销售的特定货物和应税服务，可以选择适用简易计税方法计税，增值税征收率为 3%

B. 一般纳税人销售不动产，选择适用简易计税方法，征收率为 5%

C. 小规模纳税人销售不动产，适用 3% 征收率

D. 个人出租住房，按照 5% 的征收率减按 1.5% 计算纳税

## 二、多项选择题

1. 以下关于增值税纳税人的说法表述正确的有（　　　　）。（知识点：纳税人）

A. 单位以承包方式经营，承包人以发包人名义对外经营并由发包人承担相关法律责任的，以该发包人为纳税人

B. 单位以承包方式经营，承包人以发包人名义对外经营并由发包人承担相关法律责任的，以该承包人为纳税人

C. 单位以承包方式经营，承包人以自己名义对外经营并由承包人承担相关法律责任的，以发包人为纳税人

D. 单位以承包方式经营，承包人以自己名义对外经营并由承包人承担相关法律责任的，以承包人为纳税人

2. 判定一般纳税人与小规模纳税人的"年应税销售额"标准是指纳税人在连续不超过 12 个月的经营期内（含未取得收入的月份）累计应征增值税销售额，具体包括（　　　　）。（知识点：纳税人）

A. 纳税申报销售额

B. 稽查查补销售额

C. 纳税评估调整销售额

D. 税务机关代开发票销售额和免税销售额

3. 符合以下条件之一的增值税纳税人，可以确定为小规模纳税人（　　　　）。（知识点：纳税人）

A. 对从事货物生产或提供加工修理修配劳务的纳税人，以及以从事货物生产或提供加工修理修配劳务为主，并兼营货物批发或零售的纳税人，年应税销售额在 500 万元（含）以下的

B. 从事货物批发或零售的纳税人，年应税销售额在 500 万元（含）以下的

C. 销售服务、无形资产或者不动产的纳税人，年应税销售额在 500 万元（含）以下的

D. 年应税销售额超过小规模纳税人标准的其他个人按小规模纳税人纳税

4. 下列有关增值税纳税人的说法正确的有（　　　　）。（知识点：纳税人）

A. 年应税销售额未超过财政部、国家税务总局规定的小规模纳税人标准以及新开业的纳税人，能够按国家统一的会计制度设置账簿，根据合法、有效凭证核算，能够提供准确税务资料的，只要其提出办理一般纳税人资格登记申请，主管税务机关应确认其为增值税一般纳税人

B. 符合增值税一般纳税人标准应办理而未办理的资格登记的增值税纳税人，只能按销售额依照增值税税率计算应纳税额，不得抵扣进项税额，不得使用增值税专用发票

C. 对年应税销售额超过小规模纳税人标准的其他个人，税务机关将自动确认其按小规模纳税人纳税，无须其提供书面证明

D. 对不经常发生应税行为的非企业性单位、企业和个体工商户，选择按照小规模纳税人纳税的，纳税人应提供"选择按小规模纳税人纳税的情况说明"

5. 根据增值税法律制度规定，下列纳税人不属于一般纳税人的是（　　　　　）。（知识点：纳税人）

A. 年应税销售额未超过小规模纳税人标准的企业

B. 除个体经营者以外的其他个人

C. 非企业性单位

D. 不经常发生增值税应税行为的企业

6. 根据增值税法律规定，除另有规定外，属于增值税征税对象的应税行为应同时符合下列条件（　　　　　）。（知识点：征税范围）

A. 应税行为发生在中华人民共和国境内

B. 应税行为属于《销售服务、无形资产、不动产注释》范围内的业务活动

C. 应税服务是为他人提供的

D. 应税行为是有偿的

7. 以下行为属于增值税境内销售服务行为的有（　　　　　）。（知识点：征税范围）

A. 境内单位或者个人作为销售方发生的除不动产租赁和自然资源使用权外的销售服务和无形资产行为

B. 境外单位或者个人作为购买方在境内发生的除不动产租赁和自然资源使用权外的销售服务和无形资产行为

C. 境内或境外单位或者个人发生的境内不动产销售或租赁行为

D. 境内或境外单位或者个人发生的境内自然资源使用权销售或租赁行为

8. 下列各项服务项目中，应按"交通运输服务"征收增值税的有（　　　　　）。（知识点：征税范围）

A. 远洋运输的程租、期租业务　　　　B. 远洋运输的光租业务
C. 航空运输的湿租业务　　　　　　　D. 航空运输的干租业务

9. 根据增值税政策规定，下列行为应视同销售征收增值税的有（　　　　　）。（知识点：征税范围）

A. 将外购的服装作为春节福利发给企业员工

B. 将委托加工收回的卷烟用于赠送客户

C. 将新研发的玩具交付某商场代为销售

D. 开发商以开发项目的一部分抵偿建筑工程款

10. 下列关于混合销售行为的说法正确的有（　　　　　）。（知识点：征税范围）

A. 物业公司在提供物业管理中向用户收取水费和电费等属于混合销售行为，一并按物业管理服务计征增值税

B. 有线电视经营者向用户收取初装费的同时向用户收取提供广播电视节目播映费属于混合销售行为，一并按播映业务计征增值税

C. 有线电视经营者向用户收取初装费的同时向用户收取提供广播电视节目播映费属于兼营行为，能分别核算的，初装费按安装服务计征增值税，播映收费按广播影视服务计征增值税

D. 餐饮企业提供餐食的同时售卖酒属于混合销售行为，按生活服务计征增值税

11. 某酒店为增值税一般纳税人，提供住宿餐饮服务（适用生活服务 6% 税率），内设商店销售货物（适用 13% 税率），同时还经营停车场收费业务（适用不动产经营租赁 9% 税率）。下列说法正确的有（        ）。（知识点：征税范围）

A. 酒店同时经营上述业务的行为属于兼营行为

B. 若酒店对上述业务能够分别核算销售额，则分别适用不同税率计征增值税

C. 若酒店对上述业务不能分别核算销售额，则应从高适用 13% 税率计征增值税

D. 酒店可以根据自己的需要任意选择适用税率计征增值税，与核算状况无关

12. 根据增值税税收政策规定，下列各项中，应按邮政普遍服务缴纳增值税的有（        ）。（知识点：征税范围）

A. 函件、包裹等邮件寄递

B. 邮票发行、报刊发行和邮政汇兑业务

C. 邮政代理业务

D. 义务兵平常信函、机要通信、盲人读物和革命烈士遗物的寄递

13. 根据增值税税收政策规定，下列各项中，应按基础电信服务缴纳增值税的有（        ）。（知识点：征税范围）

A. 利用固网、移动网、卫星、互联网，提供语音通话服务的业务活动

B. 出租或者出售带宽、波长等网络元素的业务活动

C. 利用固网、移动网、卫星、互联网、有线电视网络，提供短信和彩信服务、电子数据和信息的传输及应用服务、互联网接入服务等业务活动

D. 卫星电视信号落地转接服务

14. 根据增值税税收政策规定，下列各项中，应按建筑服务缴纳增值税的有（        ）。（知识点：征税范围）

A. 固定电话、有线电视、宽带、水、电、燃气、暖气等经营者向用户收取的安装费、初装费、开户费、扩容费

B. 新建、改建各种建筑物、构筑物的工程作业

C. 生产设备、动力设备、起重设备、运输设备、传动设备、医疗实验设备以及其他各种设备、设施的装配、安置工程作业

D. 对建筑物、构筑物进行修补、加固、养护、改善，使之恢复原来的使用价值或者延长其使用期限的工程作业

15. 根据增值税税收政策规定，下列各项中，应按现代服务缴纳增值税的有（        ）。（知识点：征税范围）

A. 研发和技术服务              B. 信息技术服务

C. 文化创意服务　　　　　　　　　　　D. 物流辅助服务

16. 根据增值税税收政策规定，下列各项中，应按租赁服务缴纳增值税的有（　　　　　）。（知识点：征税范围）

A. 航空运输的干租业务

B. 将建筑物、构筑物等不动产或者飞机、车辆等有形动产的广告位出租给其他单位或者个人用于发布广告

C. 融资性售后回租

D. 水路运输的光租业务

17. 下列货物适用 9% 增值税税率的有（　　　　　）。（知识点：税率）

A. 食用植物油　　　B. 煤炭制品　　　C. 农机　　　D. 电子出版物

18. 根据增值税法律制度规定，一般纳税人销售的下列货物中，适用 9% 的增值税税率的有（　　　　　）。（知识点：税率）

A. 化肥　　　　B. 天然气　　　　C. 杂志　　　　D. 淀粉

19. 根据增值税法律制度规定，以下各项中，适用 9% 增值税税率的有（　　　　　）。（知识点：税率）

A. 提供增值电信服务　　　　　　　　B. 提供交通运输业服务

C. 提供邮政业服务　　　　　　　　　D. 提供基础电信服务

## 三、判断题

1. 增值税纳税人年应税销售额超过规定标准的，除符合有关规定选择按小规模纳税人纳税的之外，在申报期结束后 15 个工作日内按照规定向主管税务机关办理一般纳税人登记手续。（知识点：纳税人）　　　　　　　　　　　　　　　　　　　　　　（　　　）

2. 增值税一般纳税人的资格在登记完成之日起生效。（知识点：纳税人）　　　（　　　）

3. 某美籍个人在中国境内提供增值税应税服务不需要缴纳增值税。（知识点：纳税人）
　　　　　　　　　　　　　　　　　　　　　　　　　　　　　　　　　　（　　　）

4. 某运输企业甲以挂靠方式经营，应以被挂靠人作为增值税纳税人。（知识点：纳税人）
　　　　　　　　　　　　　　　　　　　　　　　　　　　　　　　　　　（　　　）

5. 年应征增值税销售额超过财政部和国家税务总局规定标准的纳税人一定是一般纳税人。（知识点：纳税人）　　　　　　　　　　　　　　　　　　　　　　　　（　　　）

6. 出租车公司向使用本公司自有出租车的出租车司机收取的管理费用，按照陆路运输服务缴纳增值税。（知识点：征税范围）　　　　　　　　　　　　　　　　　（　　　）

7. 水路运输的程租、期租业务，属于水路运输服务，应按照水路运输服务缴纳增值税。（知识点：征税范围）　　　　　　　　　　　　　　　　　　　　　　　（　　　）

8. 航空运输的湿租业务，属于航空运输服务，应按照航空运输服务缴纳增值税。（知识点：征税范围）　　　　　　　　　　　　　　　　　　　　　　　　　　（　　　）

9. 纳税人提供航天运输服务应按照航空运输服务缴纳增值税。（知识点：征税范围）
　　　　　　　　　　　　　　　　　　　　　　　　　　　　　　　　　　（　　　）

10. 无运输工具承运业务应按照交通运输服务缴纳增值税。（知识点：征税范围）（　　　）

11. 融资性售后回租业务取得的利息收入，按照贷款服务缴纳增值税。（知识点：征税范围）                                                              （    ）

12. 以货币资金投资收取的固定利润或者保底利润，按照贷款服务缴纳增值税。（知识点：征税范围）                                                          （    ）

13. 车辆停放服务、道路通行服务（包括过路费、过桥费、过闸费）等按照不动产经营租赁服务缴纳增值税。（知识点：征税范围）                                （    ）

14. 纳税人转让土地使用权适用增值税税率为6%。（知识点：税率）          （    ）

# 学习任务 2.2　增值税税额计算

## 【学习目标】

掌握一般计税方法和简易计税方法增值税应纳税额的计算。

## 【重点与难点】

重点：一般计税方法和简易计税方法的应用

难点：销项税额、进项税额、进项税额转出、销项税额抵减的计算　差额计税的应用　一般纳税人简易计税方法的选用

## 【知识点回顾】

### 一、增值税优惠政策

增值税优惠政策见表2-8。

表2-8　增值税优惠政策

| 优惠类型 | 具体内容 |
| --- | --- |
| 《增值税暂行条例》规定免税项目 | （1）农业生产者销售的自产农产品;（【注】① 农业生产者包括单位和个人；② 农产品仅指初级农产品，包括"公司＋农户"经营模式的畜禽饲养。）<br>（2）避孕药品和用具；<br>（3）古旧图书，即向社会收购的古书和旧书；<br>（4）直接用于科学研究、科学试验和教学的进口仪器和设备；<br>（5）外国政府、国际组织无偿援助的进口物资和设备；<br>（6）由残疾人组织直接进口供残疾人专用的物品；<br>（7）销售个人（不包括个体工商户）自己使用过的物品 |
| 起征点 | 适用于个人的起征点标准（一般纳税人的个体工商户不适用）：<br>（1）销售货物、劳务、服务、无形资产和不动产，为月销售额5 000~20 000元；<br>（2）按次纳税，为每次（日）销售额300~500元 |

续表

| 优惠类型 | | 具体内容 |
|---|---|---|
| 起征点 | | 2019 年 1 月 1 日至 2021 年 12 月 31 日，小规模纳税人发生增值税应税行为，合计月销售额未超过 10 万元（以 1 个季度为 1 个纳税期的，季度销售额未超过 30 万元）的，免征增值税 |
| 应税服务、无形税收、不动产税收优惠规定政策的规定 | 免税 | （1）托儿所、幼儿园提供的保育和教育服务；<br>（2）养老机构提供的养老服务；<br>（3）残疾人福利机构提供的育养服务；<br>（4）婚姻介绍服务；<br>（5）殡葬服务；<br>（6）残疾人员本人为社会提供的服务；<br>（7）医疗机构提供的医疗服务；<br>（8）从事学历教育的学校提供的教育服务；<br>（9）学生勤工俭学提供的服务；<br>（10）农业机耕、排灌、病虫害防治、植物保护、农牧保险以及相关技术培训业务，家禽、牲畜、水生动物的配种和疾病防治；<br>（11）纪念馆、博物馆、文化馆、文物保护单位管理机构、美术馆、展览馆、书画院、图书馆在自己的场所提供文化体育服务取得的第一道门票收入；<br>（12）寺院、宫观、清真寺和教堂举办文化、宗教活动的门票收入等共 40 项 |
| | 即征即退 | 一般纳税人提供管道运输服务，对其增值税实际税负超过 3% 的部分实行增值税即征即退政策 |
| | 扣减增值税 | 退役士兵创业就业，在 3 年内按每户每年 12 000 元为限额依次扣减其当年实际应缴纳的增值税、城市维护建设税、教育费附加、地方教育附加和个人所得税。限额标准最高可上浮 20% |
| | 其他 | （1）金融企业发放贷款后，自结息日起 90 天内发生的应收未收利息按现行规定缴纳增值税，自结息日起 90 天后发生的应收未收利息暂不缴纳增值税，待实际收到利息时按规定缴纳增值税<br>（2）北京市、上海市、广州市和深圳市之外的地区个人将购买不足 2 年的住房对外销售的，按照 5% 的征收率全额缴纳增值税；个人将购买 2 年以上（含 2 年）的住房对外销售的，免征增值税。北京市、上海市、广州市和深圳市个人将购买不足 2 年的住房对外销售的，按照 5% 的征收率全额缴纳增值税；个人将购买 2 年以上（含 2 年）的非普通住房对外销售的，以销售收入减去购买住房价款后的差额按照 5% 的征收率缴纳增值税；个人将购买 2 年以上（含 2 年）的普通住房对外销售的，免征增值税 |
| 税控专用设备及技术维护费 | | 增值税纳税人初次购买增值税税控系统专用设备支付的费用，可凭购买增值税税控系统专用设备取得的增值税专用发票，在增值税应纳税额中全额抵减 |
| | | 增值税纳税人缴纳的技术维护费，可凭技术维护服务单位开具的技术维护费发票，在增值税应纳税额中全额抵减 |

## 二、一般计税方法增值税应纳税额计算

### （一）一般纳税人计算当月应纳增值税思维导图

思维导图见图 2-1。

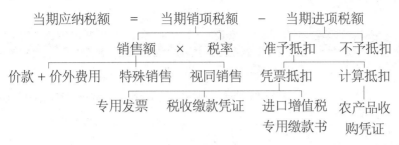

图 2-1

### （二）销项税额计算

销项税额是指纳税人发生应税行为按照销售额和增值税税率计算并收取的增值税税额。公式表示为：

$$销项税额 = 销售额 \times 税率$$

1. 一般销售方式下的销售额（见表 2-9）

表 2-9　一般销售方式下的销售额

| 方式 | 销售额含义 | 不属于价外费用的具体项目 |
|---|---|---|
| 一般销售 | 销售额为纳税人销售货物、劳务、服务、无形资产或者不动产，向购买方收取的全部价款和价外费用 | （1）向购买方收取的销项税额。若实行价税合一定价，计税销售额应按下列公式换算：<br>　　　　销售额 = 含税销售额 ÷（1+ 税率）<br>（2）受托加工应征消费税的货物，由受托方代收代缴的消费税。<br>（3）符合条件的代垫运费：承运部门的运费发票开具给购买方，并且由纳税人将该项发票转交给购买方。<br>（4）销售货物的同时代办保险等而向购买方收取的保险费，以及向购买方收取的代购买方缴纳的车辆购置税、车辆牌照费。<br>（5）同时满足以下条件的政府性基金或者行政事业性收费：由国务院或者财政部批准设立的政府性基金，由国务院或者省级人民政府及其财政、价格主管部门批准设立的行政事业性收费；收取时开具省级以上（含省级）财政部门监（印）制的财政票据；所收款项全额上缴财政 |

2. 特殊销售方式下的销售额（见表 2-10）

表 2-10　特殊销售方式下的销售额

| 方式 | 具体类型 | 不含税销售额确定具体规定 |
|---|---|---|
| 折扣折让 | 折扣销售（商业折扣） | 折扣额在同一张发票上"金额"栏分别注明的，可以按折扣后的金额为销售额 |
| | 销售折扣（现金折扣） | 折扣额不得从销售额中扣除 |
| | 销售折让 | 折让额可从折让当期销售额中扣除 |
| 以旧换新 | 金银首饰 | 按销售方实际收取的不含税价确认计税销售额 |
| | 一般货物 | 按新货物的同期销售价格确定销售额，不得扣减旧货物的收购价格 |

续表

| 方式 | 具体类型 | 不含税销售额确定具体规定 |
|---|---|---|
| 还本销售 | 以所售货物的销售价格确定销售额，不得扣除还本支出 | |
| 以物易物 | 双方均应作正常的购销业务处理，以各自收到或发出的货物核算销售额并计算应纳或应扣的增值税税额 | |

### 3. 包装物押金的税务处理（见表 2-11）

#### 表 2-11  包装物押金的税务处理

| 包装类型 | 不含税销售额确定具体规定 | |
|---|---|---|
| 一般货物 | 单独记账核算，时间在 1 年以内，又未逾期的，不并入销售额征税；因逾期未收回包装物不再退还的押金，应并入销售额征税 | 押金为含税收入，需换算成不含税价再并入销售额；税率为所包装货物适用税率 |
| 酒类产品（黄酒、啤酒除外） | 无论是否返还以及会计上如何核算，均应并入当期销售额征税 | |

### 4. 视同销售销售额的确定（见表 2-12）

#### 表 2-12  视同销售销售额的确定

| 序号 | 不含税销售额确定顺序 | | |
|---|---|---|---|
| 1 | 按纳税人最近时期销售同类货物、劳务、服务、无形资产或不动产的平均价格确定 | | |
| 2 | 按其他纳税人最近时期销售同类货物、劳务、服务、无形资产或不动产的平均价格确定 | | |
| 3 | 按组成计税价格确定 | 只征增值税的：组价 = 成本 ×（1+ 成本利润率） | |
| | | 既征增值税，又征消费税的 | （1）从量定额征收消费税的：组价 = 成本 ×（1+ 成本利润率）+ 消费税 |
| | | | （2）从价定率征收消费税的：组价 = 成本 ×（1+ 成本利润率）÷（1- 消费税比例税率） |
| | | | （3）复合计征消费税的：组价 =（成本利润 + 从量税额）÷（1- 消费税比例税率） |

### 5. 增值税差额计税项目销售额确定（见表 2-13）

#### 表 2-13  增值税差额计税项目销售额确定

| 方式 | 销售额确定 |
|---|---|
| 金融商品转让 | 按照卖出价扣除买入价后的余额为销售额。转让金融商品出现的正负差，按盈亏相抵后的余额为销售额。若相抵后出现负差，可结转下一纳税期与下期转让金融商品销售额相抵，但年末时仍出现负差的，不得转入下一个会计年度 |
| 经纪代理服务 | 以取得的全部价款和价外费用扣除向委托方收取并代为支付的政府性基金或者行政事业性收费后的余额为销售额 |

续表

| 方式 | 销售额确定 |
|------|-----------|
| 融资租赁 | 经中国人民银行、银保监会或者商务部批准从事融资租赁业务的纳税人，提供融资租赁服务，以取得的全部价款和价外费用，扣除支付的借款利息（包括外汇借款和人民币借款利息）、发行债券利息和车辆购置税后的余额为销售额 |
| 融资性售后回租 | 经中国人民银行、银保监会或者商务部批准从事融资租赁业务的纳税人，提供融资性售后回租服务，以取得的全部价款和价外费用（不含本金），扣除对外支付的借款利息（包括外汇借款和人民币借款利息）、发行债券利息后的余额作为销售额 |
| 航空运输服务 | 以取得的全部价款和价外费用扣除代收的机场建设费和代售转付给其他航空运输企业客票款后的余额为销售额 |
| 客运场站服务 | 取得的全部价款和价外费用扣除支付给承运方运费后的余额 |
| 旅游服务 | 取得的全部价款和价外费用，扣除向旅游服务购买方收取并支付给其他单位或者个人的住宿费、餐饮费、交通费、签证费、门票费和支付给其他接团旅游企业的旅游费用后的余额为销售额 |
| 房地产开发企业销售房地产 | 房地产开发企业中的一般纳税人销售其开发的房地产项目（选择简易计税方法的房地产老项目除外），以取得的全部价款和价外费用，扣除受让土地时向政府部门支付的土地价款后的余额为销售额。<br>【注】房地产开发企业中的一般纳税人销售其开发的房地产老项目，以及一般纳税人出租其 2016 年 4 月 30 日前取得的不动产，适用一般计税方法的，以取得的全部价款和价外费用为销售额 |
| 非房地产企业销售不动产 | 一般纳税人销售其 2016 年 5 月 1 日后取得（含自建）的不动产，以取得的全部价款和价外费用为销售额 |
| | 一般纳税人销售其 2016 年 4 月 30 日以前取得（含自建）的不动产，适用一般计税方法的，以取得的全部价款和价外费用为销售额 |
| 建筑服务 | 纳税人提供建筑服务适用简易计税方法的，以取得的全部价款和价外费用扣除支付的分包款后的余额为销售额 |

### （三）进项税额计算

进项税额是指纳税人购进货物、加工修理修配劳务、服务、无形资产或者不动产，支付或者负担的增值税税额。

1. 准予抵扣的进项税额（见表 2-14）

表 2-14　准予抵扣的进项税额

| 类型 | 具体规定 |
|------|---------|
| 以票抵扣 | （1）从销售方取得的增值税专用发票（含税控机动车销售统一发票）上注明的增值税税额 |
| | （2）从海关取得的海关进口增值税专用缴款书上注明的增值税税额 |
| | （3）从境外单位或者个人购进货物、服务、无形资产或者不动产，自税务机关或者扣缴义务人取得的解缴税款的完税凭证上注明的增值税税额 |

续表

| 类型 | 具体规定 | | |
|---|---|---|---|
| 计算抵扣 | 免税农产品 | （1）从农业生产者处购买，以取得或开具的免税农产品销售或收购发票上注明的买价，按9%扣除率计算抵扣进项税额 | 计算抵扣：进项税额＝买价×9%【注】购进农产品用于生产或者委托加工13%税率货物的，上述扣除率为10% |
| | | （2）从小规模纳税人的非农业生产者处购买，且取得3%征收率的增值税专用发票，按发票上注明的金额，依9%的扣除率计算抵扣进项税额 | |
| | | （3）从一般纳税人的非农业生产者处购买，且取得9%税率的增值税专用发票的，按专用发票注明的税额抵扣 | 凭票抵扣 |
| | | 购进免税农产品取得有税率的增值税普通发票的，不适用计算抵扣政策 | |
| | 国内旅客运输服务 | 增值税电子普通发票的，为发票上注明的税额 | 取得非实名制票据，一律不得抵扣 |
| | | 注明旅客身份信息的航空运输电子客票行程单的，进项税额＝（票价＋燃油附加费）÷（1＋9%）×9% | |
| | | 注明旅客身份信息的铁路车票的：进项税额＝票面金额÷（1＋9%）×9% | |
| | | 注明旅客身份信息的公路、水路等其他客票的：公路、水路等其他旅客运输进项税额＝票面金额÷（1＋3%）×3% | |
| | 道路、桥、闸通行费 | （1）自2018年1月1日起，纳税人支付的道路通行费，按照收费公路通行费增值税电子普通发票上注明的增值税额抵扣进项税额 | |
| | | （2）纳税人支付的桥、闸通行费，暂凭取得的通行费发票上注明的收费金额计算可抵扣的进项税额：进项税额＝桥、闸通行费发票上注明的金额÷（1＋5%）×5% | |

2. 增值税加计抵减（见表2–15）

表2–15    增值税加计抵减

| 项目 | 内容 |
|---|---|
| 政策描述 | 自2019年4月1日至2021年12月31日，允许生产、生活性服务业纳税人按照当期可抵扣进项税额加计10%，抵减应纳税额。【注】2019年10月1日生活性服务业纳税人加计比例提高到15% |
| 关键点 | （1）生产、生活性服务业纳税人，是指提供邮政服务、电信服务、现代服务、生活服务（简称四项服务）取得的销售额占全部销售额的比重超过50%的纳税人。四项服务适用性判断具体见图2–2 |
| | （2）纳税人确定适用加计抵减政策后，当年内不再调整，以后年度是否适用，根据上年度销售额计算确定 |
| | （3）纳税人可计提但未计提的加计抵减额，可在确定适用加计抵减政策当期一并计提 |
| | （4）纳税人应按照当期可抵扣进项税额的10%计提当期加计抵减额。按照现行规定不得从销项税额中抵扣的进项税额，不得计提加计抵减额；已计提加计抵减额的进项税额，按规定作进项税额转出的，应在进项税额转出当期，相应调减加计抵减额。计算公式如下：<br>当期计提加计抵减额＝当期可抵扣进项税额×10%<br>当期可抵减加计抵减额＝上期末加计抵减额余额＋当期计提加计抵减额－当期调减加计抵减额 |

续表

| 项目 | 内容 |
|------|------|
| 关键点 | （5）纳税人应按照现行规定计算一般计税方法下的应纳税额（以下称抵减前的应纳税额）后，区分以下情形加计抵减：<br>① 抵减前的应纳税额等于零的，当期可抵减加计抵减额全部结转下期抵减；<br>② 抵减前的应纳税额大于零，且大于当期可抵减加计抵减额的，当期可抵减加计抵减额全额从抵减前的应纳税额中抵减；<br>③ 抵减前的应纳税额大于零，且小于或等于当期可抵减加计抵减额的，以当期可抵减加计抵减额抵减应纳税额至零。未抵减完的当期可抵减加计抵减额，结转下期继续抵减 |
| | （6）纳税人出口货物劳务、发生跨境应税行为不适用加计抵减政策，其对应的进项税额不得计提加计抵减额。纳税人兼营出口货物劳务、发生跨境应税行为且无法划分不得计提加计抵减额的进项税额，按照以下公式计算：<br>不得计提加计抵减额的进项税额 = 当期无法划分的全部进项税额 × 当期出口货物劳务和发生跨境应税行为的销售额 ÷ 当期全部销售额 |

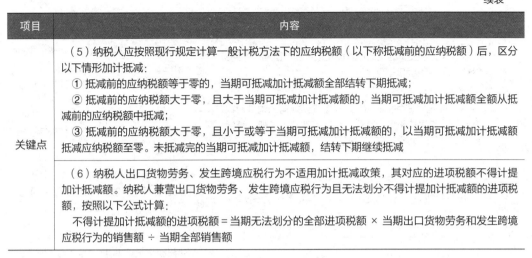

图 2-2　四项服务政策适用性判断

3. 不得抵扣的进项税额（见表 2-16）

表 2-16　不得抵扣的进项税额

| 类型 | 具体规定 | 备注 |
|------|----------|------|
| 形式要件 | 纳税人取得的增值税扣税凭证不符合相关规定的 | |
| 实质要件 | （1）用于简易计税方法计税项目，免征增值税项目，集体福利或者个人消费的购进货物，加工修理修配劳务、服务、无形资产和不动产。<br>纳税人的交际应酬消费属于个人消费 | 涉及的固定资产、无形资产、不动产，仅指专用于上述项目的固定资产、无形资产（不包括其他权益性无形资产）、不动产，则发生兼用于上述项目的可以抵扣 |
| | （2）非正常损失的购进货物，以及相关的加工修理修配劳务和交通运输服务 | 非正常损失是指因管理不善造成货物被盗、丢失、霉烂变质，以及因违反法律法规造成货物被依法没收、销毁、拆除的情形 |
| | （3）非正常损失的在产品、产成品所耗用的购进货物（不包括固定资产）、加工修理修配劳务和交通运输服务 | |

续表

| 类型 | 具体规定 | 备注 |
|---|---|---|
| 实质要件 | （4）非正常损失的不动产，以及该不动产所耗用的购进货物、设计服务和建筑服务 | 非正常损失指因违反法律法规造成不动产被依法没收、销毁、拆除的情形。<br>货物是指构成不动产实体的材料和设备，包括建筑装饰材料和给排水、采暖、卫生、通风、照明、通信、煤气、消防、中央空调、电梯、电气、智能化楼宇设备及配套设施 |
| | （5）非正常损失的不动产在建工程所耗用的购进货物、设计服务和建筑服务。纳税人新建、改建、扩建、修缮、装饰不动产，均属于不动产在建工程 | |
| | （6）贷款服务、餐饮服务、居民日常服务和娱乐服务 | 纳税人接受贷款服务向贷款方支付的与该笔贷款直接相关的投融资顾问费、手续费、咨询费等费用，其进项税额不得从销项税额中抵扣 |
| | （7）纳税人兼营简易计税方法计税项目、免征增值税项目而无法划分不得抵扣的进项税额，按照下列公式计算不得抵扣的进项税额 | 不得抵扣的进项税额 = 当期无法划分的全部进项税额 × （当期简易计税方法计税项目销售额 + 免征增值税项目销售额）÷ 当期全部销售额 |
| | （8）不得抵扣且未抵扣进项税额的固定资产、无形资产、不动产，发生用途改变，用于允许抵扣进项税额的应税项目，可在用途改变的次月按照下列公式计算可以抵扣的进项税额 | 可以抵扣的进项税额 = 固定资产、无形资产、不动产净值 / （1 + 适用税率）× 适用税率 |

4. 进项税额转出

已抵扣进项税额的购进货物、劳务、服务及无形资产或者不动产，发生税法规定不得抵扣的行为时，其已抵扣的进项税额应从当期进项税额中扣减，即作进项税额转出处理。进项税额转出金额计算方法见表 2-17。

表 2-17　进项税额转出金额计算方法

| 情形 | 进项税额转出计算方法 |
|---|---|
| （1）能确定原已抵扣进项税额的 | 按原抵扣的进项税额转出 |
| （2）无法准确确定原抵扣进项税额的 | 按当期实际成本乘以征税时该货物或应税劳务适用的税率计算应扣减的进项税额。进项税额转出数额 = 实际成本 × 税率 |
| （3）已抵扣进项税额的固定资产、无形资产或者不动产，发生简易计税方法计税项目、免征增值税项目除外的税法规定的不得抵扣情形的 | 不得抵扣的进项税额 = 固定资产、无形资产或者不动产净值 × 适用税率 |
| （4）一般纳税人兼营简易方法计税项目、免征增值税项目而无法划分不得抵扣的进项税额的 | 不得抵扣的进项税额 = 当期无法划分的全部进项税额 × （当期简易计税方法计税项目销售额 + 免征增值税项目销售额）÷ 当期全部销售额 |

5. 进项税额抵扣时限

根据国家税务总局公告 2019 年第 45 号文件规定，增值税一般纳税人取得 2017 年 1 月 1 日及以后开具的增值税专用发票、海关进口增值税专用缴款书、机动车销售统一发票、收费公路通行费增值税电子普通发票，取消认证确认、稽核比对、申报抵扣的期限。纳税人在进行增值税纳税申报时，应当通过本省（自治区、直辖市和计划单列市）增值税发票综合服务平台对上述扣税凭证信息进行用途确认。

### 三、一般纳税人简易计税方法增值税应纳税额计算

一般纳税人简易计税项目（见表 2-18）

表 2-18　一般纳税人简易计税项目

| 业务项目 | 发票开具 |
| --- | --- |
| 一般纳税人发生的下列应税行为可以选择简易计税方法计税 | 可以自行开具增值税专用发票 |
| 公共交通运输服务，包括轮客渡、公交客运、地铁、城市轻轨、出租车、长途客运、班车 | |
| 经认定的动漫企业为开发动漫产品提供的动漫脚本编撰、形象设计、背景设计、动画设计、分镜、动画制作、摄制、描线、上色、画面合成、配音、配乐、音效合成、剪辑、字幕制作、压缩转码（面向网络动漫、手机动漫格式适配）服务，以及在境内转让动漫版权（包括动漫品牌、形象或者内容的授权及再授权） | |
| 电影放映服务、仓储服务、装卸搬运服务、收派服务和文化体育服务 | |
| 以清包工方式提供的建筑服务 | |
| 为甲供工程提供的建筑服务 | |
| 为建筑工程老项目提供的建筑服务 | |
| 跨县（市）提供建筑服务，选择适用简易计税方法计税的，应以全部价款和价外费用扣除支付的分包款后的余额为销售额，按照 3% 的征收率在建筑服务发生地预缴税款 | |
| 一般纳税人销售不动产 | |
| 一般纳税人销售其 2016 年 4 月 30 日前取得（不含自建）的不动产，可以选择适用简易计税方法，以取得的全部价款和价外费用减去该项不动产购置原价或者取得不动产时的作价，按照 5% 的征收率在不动产所在地预缴税款，向机构所在地主管税务机关进行纳税申报 | |
| 一般纳税人销售其 2016 年 4 月 30 日前自建的不动产，可以选择适用简易计税方法，以取得的全部价款和价外费用为销售额，按照 5% 的征收率在不动产所在地预缴税款，向机构所在地主管税务机关进行纳税申报 | |
| 房地产开发企业中的一般纳税人，销售自行开发的房地产老项目，可以选择适用简易计税方法按照 5% 的征收率计税 | |

续表

| 业务项目 | 发票开具 |
|---|---|
| **一般纳税人不动产经营租赁服务** | |
| 一般纳税人出租其 2016 年 4 月 30 日前取得的不动产，按照 5% 的征收率计算应纳税额。纳税人出租其 2016 年 4 月 30 日前取得的与机构所在地不在同一县（市）的不动产，应按照上述计税方法在不动产所在地预缴税款 | 可以自行开具增值税专用发票 |
| 公路经营企业中的一般纳税人收取试点前开工的高速公路的车辆通行费，减按 3% 的征收率计算应纳增值税 | |
| **销售自己使用过的固定资产、物品及旧货** | 不得开具专票（放弃减按 2% 可开专票） |
| 一般纳税人销售自己使用过的 2008 年 12 月 31 日以前购进或者自制的固定资产，按简易办法依 3% 征收率减按 2% 征收增值税 | 不得开具专票（放弃减按 2% 可开专票） |
| 一般纳税人销售自己使用过的 2009 年 1 月 1 日以后购进或者自制的固定资产，按照适用税率征收增值税 | 可以开具专票 |
| 一般纳税人销售自己使用过的除固定资产以外的物品，应当按照适用税率征收增值税 | 可以开具专票 |
| 一般纳税人销售旧货，按照简易办法依照 3% 征收率减按 2% 征收增值税 | 不得自行开具或者由税务机关代开专票 |
| **销售自产的下列货物** | 依照 3% 征收率征税，可自行开具专票 |
| 县级及县级以下小型水力发电单位生产的电力。小型水力发电单位，是指各类投资主体建设的装机容量为 5 万千瓦以下（含 5 万千瓦）的小型水力发电单位 | 依照 3% 征收率征税，可自行开具专票 |
| 建筑用和生产建筑材料所用的砂、土、石料 | |
| 以自己采掘的砂、土、石料或其他矿物连续生产的砖、瓦、石灰（不含粘土实心砖、瓦） | |
| 用微生物、微生物代谢产物、动物毒素、人或动物的血液或组织制成的生物制品 | |
| 自来水 | |
| 商品混凝土（仅限于以水泥为原料生产的水泥混凝土） | |
| 寄售商店代销寄售物品（包括居民个人寄售的物品在内） | |
| 典当业销售死当物品 | |
| 一般纳税人的自来水公司销售自来水 | |
| 拍卖行取得的拍卖收入 | |
| 一般纳税人的单采血浆站销售供应非临床用血 | |

## 四、小规模纳税人增值税应纳税额计算

小规模纳税人增值税应纳税额计算见表 2-19。

表 2-19　小规模纳税人增值税应纳税额计算

| 项目 | | 内容 |
|---|---|---|
| 销售货物、劳务和服务 | | 适用简易计税方法计征，不得抵扣进项税额。应纳税额 = 销售额 × 征收率 |
| 销售自己使用过的固定资产、物品及旧货 | 固定资产旧货 | 按 3% 征收率减按 2% 征税：应纳税额 = 含税销售额 ÷（1+3%）× 2% |
| | 物品 | 按 3% 征收率征税：应纳税额 = 含税销售额 ÷（1+3%）× 3% |
| 购进税控收款机的进项税额抵扣 | | 增值税专用发票注明的税额<br>或普通发票价款按公式计算的可抵免的税额 = 价款 ÷（1 + 13%）× 13% |
| 出租不动产 | | 小规模出租不动产（不含个人出租住房），以取得的租金收入，按 5% 的征收率计算增值税 |
| | | 其他个人出租不动产（非住房），以取得的租金收入，按 5% 的征收率计算增值税 |
| | | 个人出租住房，以取得的租金收入，按 5% 的征收率减按 1.5% 计算增值税 |

## 五、提供建筑服务及转让不动产预缴增值税计算

1. 建筑服务增值税计税方法、计税依据及预缴政策汇总（见表 2-20）

表 2-20　建筑服务增值税计税方法、计税依据及预缴政策汇总

| 纳税人身份 | 计税方法 | 计税依据 | 税率（征收率） | 预缴（异地） | | |
|---|---|---|---|---|---|---|
| | | | | 预缴依据 | 预征率 | 预缴地 |
| 一般纳税人 | 一般 | 全额 | 9% | 差额 | 2% | 建筑服务发生地 |
| | 简易 | 差额 | 3% | 差额 | 3% | 建筑服务发生地 |
| 小规模纳税人 | — | 差额 | 3% | 差额 | 3% | 建筑服务发生地 |

全额 = 全部价款 + 价外费用；差额 = 全额 - 分包款

2. 不动产（不包括房地产企业销售自行开发的房地产）增值税计征方法（见表 2-21）

表 2-21　不动产（不包括房地产企业销售自行开发的房地产）增值税计征方法

| 纳税人身份 | 取得方式 | 计税方法 | 计税依据 | 税率（征收率） | 预缴（异地） | | | 申报地 |
|---|---|---|---|---|---|---|---|---|
| | | | | | 预缴依据 | 预征率 | 预缴地 | |
| 一般纳税人 | 自建 | 一般 | 全额 | 9% | 全额 | 5% | 不动产所在地税务机关 | 机构所在地主管税务机关 |
| | | 简易 | 全额 | 5% | 全额 | | | |
| | 非自建 | 一般 | 全额 | 9% | 差额 | | | |
| | | 简易 | 差额 | 5% | 差额 | | | |

续表

| 纳税人身份 | 取得方式 | 计税方法 | 计税依据 | 税率（征收率） | 预缴（异地） | | | 申报地 |
|---|---|---|---|---|---|---|---|---|
| | | | | | 预缴依据 | 预征率 | 预缴地 | |
| 小规模纳税人 | 自建 | — | 全额 | 5% | 全额 | 5% | 不动产所在地税务机关 | 机构所在地主管税务机关 |
| | 非自建 | — | 差额 | 5% | 差额 | | | |
| 其他个人 | 非自建、非住房（双非） | | 差额 | 5% | — | — | — | 不动产所在地税务机关 |

3. 个人销售住房计征增值税方法（见表 2-22）

表 2-22　个人销售住房计征增值税方法

| 住房所在地 | 纳税人类别 | 住房类型 | 不足 2 年 | | | 2 年以上（含 2 年） | | |
|---|---|---|---|---|---|---|---|---|
| | | | 计税依据 | 征收率 | 预缴 | 计税依据 | 征收率 | 预缴 |
| 北上广深 | 个体户 | 普通 | 全额 | 5% | 是，5% | 免税 | | |
| | | 非普通 | | | 是，5% | 差额 | 5% | 是，5% |
| | 个人 | 普通 | | | 否 | 免税 | | |
| | | 非普通 | | | 否 | 差额 | 5% | 是，5% |
| 其他地区 | 个体户 | 普通 | | | 是，5% | 免税 | | |
| | | 非普通 | | | 是，5% | | | |
| | 个人 | 普通 | | | 否 | | | |
| | | 非普通 | | | 否 | | | |

### 六、进口货物增值税应纳税额计算

无论是一般纳税人还是小规模纳税人进口货物，均按组成计税价格和规定的税率计算缴纳增值税，不得抵扣任何税额。计算公式为：

$$组成计税价格 = 关税完税价格 + 关税 + 消费税$$

或

$$组成计税价格 = （关税完税价格 + 关税）÷（1 - 消费税税率）$$

$$应纳税额 = 组成计税价格 × 税率$$

### 七、扣缴义务人代扣代缴税额的计算

境外的单位或个人在境内提供应税劳务，在境内未设有经营机构的，以境内代理人为扣缴义务人；在境内没有代理人的，以购买者为扣缴义务人。计算公式如下：

$$应扣缴税额 = 接受方支付的价款 \div (1 + 税率) \times 税率$$

## 【典型题例分析】

### 一、一般纳税人增值税计算

【多项选择题】甲公司为增值税一般纳税人，2020年8月发生如下业务：

（1）为我国境内乙企业（小规模纳税人）提供产品研发服务并提供咨询培训业务，取得研发服务收入30万元，培训收入10万元，全部开具普通发票；发生业务支出7.2万元。

（2）为我国境内丙公司提供技术项目论证服务，开具增值税专用发票注明金额为120万元。

（3）向我国境内丁企业转让一项专利取得技术转让收入240万元，技术咨询收入60万元；另转让与专利技术配套使用的设备一台并取得技术服务费，开具增值税专用发票注明设备金额50万元、技术服务费20万元。

（4）购进计算机及办公用品，取得增值税专用发票注明金额100万元。

（5）接受当地某运输企业（小规模纳税人）运输服务，取得由税务机关代开的增值税专用发票注明金额1万元。

（6）接受当地一家广告公司提供的广告服务，取得增值税专用发票注明金额2万元。

（7）将一辆自用的小汽车出售给企业员工，作价12万元。该小汽车系2010年购进，购进时取得机动车统一销售发票注明金额18万元。

当月取得凭证符合税法规定，会计上均能进行分类核算，且均已通过认证。根据上述资料下列选项正确的有（　　　　　）。

A. 销项税额 = $(30 + 10) \times 6\% + 120 \times 6\% + 50 \times 13\% + 20 \times 6\% = 17.3$（万元）

B. 进项税额 = $100 \times 13\% + 1 \times 3\% + 2 \times 6\% = 13.15$（万元）

C. 销售已使用过的小汽车按其作价依3%的征收率减按2%计征增值税

D. 当月应纳税额 = $17.3 - 13.15 + 12 \div (1 + 3\%) \times 2\% = 4.38$（万元）

【答案】ABCD

【解析】甲公司提供的业务（1）研发服务属"现代服务"，培训服务属"生活服务"，适用增值税税率均为6%；业务（2）技术项目论证属"现代服务"，适用增值税税率为6%；业务（3）纳税人提供的技术转让、技术开发和与之相关的技术咨询、技术服务免征增值税，销售的专项设备适用13%税率，提供的技术服务属"现代服务"适用6%税率；业务（4）购入设备及货物，取得专用发票，进项税额可抵扣；业务（5）接受运输服务税务机关代开发票适用征收率为3%，税额可以抵扣；业务（6）接受广告服务适用税率为6%；业务（7）属于销售已使用过的固定资产。

### 二、小规模纳税人增值税计算

【单项选择题】某食品厂为增值税小规模纳税人，2020年8月销售糕点一批，取得含税销售额40 000元，经主管税务机关核准购进税控收款机一台，取得增值税专用发票注明价款1 800元。该食品厂当月应纳增值税（　　　）元。

A. 957.97          B. 992.92          C. 111.05          D. 1 165.05

【答案】A

【解析】小规模纳税人购进税控收款机，取得增值税专用发票或普通发票均可计算抵免税额。应纳增值税 = 40 000 ÷ (1 + 3%) × 3% - 1 800 ÷ (1 + 13%) × 13% = 957.97 (元)。

## 【职业能力训练】

### 一、单项选择题

1. 根据增值税法律制度规定，一般纳税人收取的下列款项中，应作为价外费用并入销售额计算增值税销项税额的是 (      )。(知识点：销售额确定)

A. 受托加工应征消费税的消费品所代收代缴的消费税

B. 销售货物时收取的包装费

C. 销售货物的同时代办保险而向购买方收取的保险费

D. 向购买方收取的代购买方缴纳的车辆牌照费

2. 下列有关增值税的表述符合税法有关规定的是 (      )。(知识点：销售额确定)

A. 纳税人以折扣方式销售货物，若将折扣额另开增值税专用发票，可从销售额中减除折扣额

B. 自 2013 年 8 月 1 日起，增值税一般纳税人购进自用的应征消费税的汽车，其进项税额准予抵扣

C. 采取以物易物方式销售货物的，双方都不得抵扣换进货物的进项税额

D. 纳税人采取以旧换新方式销售货物的，应以新货物的同期销售价格减去旧货物作价后的余额为计税依据

3. 根据现行增值税政策规定，下列关于增值税纳税人购进增值税税控系统专用设备的处理表述正确的是 (      )。(知识点：税收优惠)

A. 增值税一般纳税人购进增值税税控系统专用设备，只有取得增值税专用发票才可以抵扣进项税额

B. 增值税纳税人 2011 年 12 月 1 日以后初次购买增值税税税控系统专用设备支付的费用，可凭取得的增值税专用发票，在增值税应纳税额中全额抵减，抵减额为价税合计额

C. 增值税纳税人 2011 年 12 月 1 日以后初次购买增值税税税控系统专用设备支付的费用，可凭取得的增值税专用发票，在增值税应纳税额中全额抵减，抵减额为不含税价款

D. 增值税纳税人 2011 年 12 月 1 日以后缴纳的税控系统技术维护费一律不得在应纳税额中抵减

4. 某增值税一般纳税人企业发生的下列项目中，应将其已申报抵扣的进项税额从当期进项税额中剔除的是 (      )。(知识点：不得抵扣进项税额)

A. 车间报废产品所耗用的购进货物

B. 由于管理不善被盗产成品所耗用的购进货物

C. 将购进货物分配给股东

D. 将购进货物无偿赠送给某单位

5. 下列项目所包含的进项税额，不得从销项税额中抵扣的是（    ）。（知识点：不得抵扣进项税额）

A. 生产过程中出现的报废产品

B. 用于返修产品修理的易损零配件

C. 生产企业用于经营管理的办公用品

D. 生产免税药品耗用的外购材料

6. 下列项目中，其进项税额准予从销项税额中抵扣的是（    ）。（知识点：不得抵扣进项税额）

A. 用于简易计税方法的计税项目

B. 餐饮服务

C. 非正常损失的不动产在建工程所耗用的购进货物

D. 因自然灾害导致毁损的购进货物

7. 一般纳税人跨县（市）提供建筑服务，适用一般计税方法计税的，应以取得的全部价款和价外费用扣除支付的分包款后的余额，按（    ）预征率在建筑服务发生地预缴税款。（知识点：征收率）

A. 5%                B. 3%                C. 2%                D. 9%

8. 甲企业为增值税一般纳税人，2019 年 5 月购进一台生产设备，取得增值税专用发票注明价款 600 万元、税额 78 万元，已抵扣进项税额。2020 年 8 月因管理不善，该设备被烧毁。该设备已计提折旧 90 万元。关于甲企业此项业务的下列税务处理说法中正确的是（    ）。（知识点：进项税额转出）

A. 甲企业不需要转出进项税额

B. 甲企业应转出进项税额 78 万元

C. 甲企业应转出进项税额 66.3 万元

D. 甲企业应计提销项税额 66.3 万元

## 二、多项选择题

1. 根据增值税法律制度规定，下列各项中，免予缴纳增值税的有（    ）。（知识点：税收优惠）

A. 果农销售自产水果                B. 药店销售避孕药品

C. 王某销售自己使用过的汽车        D. 直接用于教学的进口设备

2. 下列行为属于增值税视同销售行为的是（    ）。（知识点：视同销售行为）

A. 在同一县（市）范围内设有两个机构并实行统一核算的纳税人，将货物从一个机构送另一机构用于销售

B. 将外购的货物用于抵付员工工资

C. 将自产货物作为股利分配给股东

D. 将委托加工的货物用于集体福利

3. 下列项目中，支付的增值税不得从销项税额中抵扣的有（    ）。（知识点：不得抵扣进项税额）

A. 因自然灾害毁损的库存商品

B. 因管理不善被盗窃的产成品所耗用的外购原材料

C. 贷款利息支出

D. 生产免税产品接受的设计服务

4. 下列有关进项税额处理的说法正确的有（　　　　　）。（知识点：不得抵扣进项税额）

A. 纳税人取得的贷款服务的进项税额不得抵扣

B. 纳税人取得的餐饮服务的进项税额不得抵扣

C. 居民日常服务的进项税额不得抵扣

D. 娱乐服务的进项税额不得抵扣

5. 购进货物、加工修理修配劳务、服务、无形资产和不动产用于（　　　　　）的，其进项税额不得抵扣。（知识点：不得抵扣进项税额）

A. 养老机构提供的养老服务

B. 婚姻介绍服务

C. 从事学历教育的学校提供的教育服务

D. 农业生产者销售的自产农产品

6. 计算确定增值税计税销售额时，下列选项中不应计入应税销售额计征增值税的是（　　　　　）。（知识点：销售额确定）

A. 纳税人销售货物同时向购买方收取的集资费

B. 纳税人销售货物向购买方收取的销项税额

C. 从事汽车销售的纳税人向购买方收取的代购买方缴纳的车辆牌照费

D. 受托加工消费税应税消费品代收代缴的消费税

7. 下列关于计算应纳税额时间界定规定的表述，正确的有（　　　　　）。（知识点：计算应纳税额的时间界定）

A. 关于销项税额的确定时间，总的原则是：销项税额的确定不得滞后

B. 关于进项税额的抵扣时间，总的原则是：进项税额的抵扣不得提前

C. 增值税专用发票认证是进项税额抵扣的前提

D. 增值税一般纳税人除客观原因以外的其他原因造成增值税扣税凭证未按期申报抵扣的，仍按照现行增值税扣税凭证申报抵扣规定执行

8. 下列关于增值税纳税义务发生时间的表述中，正确的有（　　　　　）。（知识点：纳税义务发生时间）

A. 纳税人提供建筑服务采取预收款方式的，其纳税义务发生时间为收到预收款的当天

B. 纳税人提供租赁服务采取预收款方式的，其纳税义务发生时间为收到预收款的当天

C. 纳税人转让不动产的，纳税义务发生时间为收取价款的当天

D. 增值税扣缴义务发生时间为纳税人增值税纳税义务发生的当天

## 三、判断题

1. 小规模纳税人购进货物时即使取得增值税专用发票，也不能抵扣进项税额。（知识点：进项税额）　　　　　　　　　　　　　　　　　　　　　　　　　　（　　　）

2. 一般纳税人按照简易办法征收增值税，不得抵扣进项税额。（知识点：进项税额）

（　　）

3. 视同销售行为发生时，所涉及的外购货物的进项税额，凡符合规定的，允许作为当期进项税额抵扣。（知识点：进项税额）（　　）

4. 私营企业进口残疾人专用的物品免征增值税。（知识点：税收优惠）（　　）

5. 纳税人销售货物或者应税劳务适用免税规定的，可以放弃免税权，按规定缴纳增值税，放弃免税权后，永远不得再申请免税。（知识点：税收优惠）（　　）

6. 凡采取以旧换新方式销售货物均应按新货物的同期销售价格确定销售额计算增值税。（知识点：销项税额）（　　）

## 四、计算题

1. 某书店为增值税一般纳税人，某月销售图书取得含税销售额 6.54 万元，该书店此项业务增值税销项税额为（　　）万元。（知识点：销项税额）

A. 0.54　　　　　B. 0.588 6　　　　　C. 0.850 2　　　　　D. 0.752 3

2. 甲厂为增值税一般纳税人，某月将 500 件衬衣销售给乙商场，含税单价为 113 元。由于乙商场购进的数量较多，甲厂决定给予七折优惠，开票时将销售额和折扣额在同一张发票上的"金额"栏分别注明，已知增值税税率为 13%。甲厂该笔业务的增值税销项税额的下列计算中正确的是（　　）。（知识点：销项税额）

A. $500 \times 113 \times 13\% = 7\ 345$（元）

B. $500 \times 113 \div (1 + 13\%) \times 13\% = 6\ 500$（元）

C. $500 \times 113 \times 70\% \times 13\% = 5\ 141.5$（元）

D. $500 \times 113 \times 70\% \div (1 + 13\%) \times 13\% = 4\ 550$（元）

3. 某商场为增值税一般纳税人，某月采取以旧换新方式销售金戒指 40 只，每只新金戒指的零售价为 12 500 元，每只旧金戒指作价 9 650 元，每只戒指收取差价 2 850 元；取得首饰修理费含税收入 16 570 元。该商场上述业务应纳增值税税额（　　）元。（知识点：销项税额）

A. 15 724.14　　　　B. 16 974.1　　　　C. 15 021.33　　　　D. 3 344.34

4. 甲厂为增值税一般纳税人，某月销售食品（非白酒）取得不含增值税价款 113 万元，另收取包装物押金 2.26 万元，已知增值税税率为 13%，根据增值税法律制度规定，甲厂当月销售食品应缴纳的增值税的下列计算中正确的是（　　）。（知识点：销项税额）

A. $(113 + 2.26) \div (1 + 13\%) \times 13\% = 13.26$（万元）

B. $113 \div (1 + 13\%) \times 13\% = 13$（万元）

C. $113 \times 13\% = 14.69$（万元）

D. $[113 + 2.26 \div (1 + 13\%)] \times 13\% = 14.95$（万元）

5. 某工业企业（增值税一般纳税人）2020 年 8 月外购材料 10 000 千克，每千克不含税价格 25 元，取得增值税专用发票。在运输途中因管理不善被盗 1 000 千克。运回后以每 3 千克材料生产成 1 盒工艺品，共 3 000 盒，其中 2 200 盒用于直接销售，500 盒用于发放企业职工福利，300 盒因管理不善被盗；另外该企业当月购入一台生产设备，专用发票注明增

值税税额为 13 000 元。该纳税人当月允许抵扣的进项税额应为（　　）元。（知识点：进项税额）

　　A. 42 500　　　　　　B. 51 425　　　　　　C. 31 875　　　　　　D. 39 650

　　6. 某商业企业月初购进一批饮料，取得专用发票上注明价款 80 000 元，增值税 10 400 元，发票已通过认证，另支付运输企业不含税运输费 1 000 元，取得一般纳税人开具的增值税专用发票。月末将其中的 10% 作为福利发给职工，则本月可以抵扣的进项税额为（　　）元。（知识点：进项税额）

　　A. 12 683.50　　　　B. 13 024.50　　　　C. 12 990　　　　　D. 9 441

　　7. 某增值税一般纳税人 2020 年 9 月从农业生产者手中购进免税农产品支付金额 10 万元。本月支付运费 20 万元，取得增值税专用发票。假设购入的农产品用于生产 9% 税率的货物，本月允许抵扣的进项税额为（　　）万元。（知识点：进项税额）

　　A. 2.63　　　　　　　B. 1　　　　　　　　C. 2.7　　　　　　　D. 2.83

　　8. 某食品加工厂（增值税一般纳税人企业），2020 年 9 月向农民收购玉米一批，入账价值为 100 万元（含运费成本 7 万元，运费适用税率为 9% 已抵扣进项税），10 月因为管理不善，仓库积水导致此外购玉米全部烂掉。假设收购的玉米用于生产 13% 税率的货物，则该食品加工厂 10 月份应转出的进项税额是（　　）万元。（知识点：进项税额转出）

　　A. 17　　　　　　　　B. 13　　　　　　　C. 10.96　　　　　　D. 11.03

　　9. 某食用油加工厂为增值税一般纳税人，2020 年 8 月因发生自然灾害损失库存的一批包装物，成本 20 000 元，已抵扣进项税额。外购的一批免税农产品因管理不善发生霉烂，账面成本 43 000 元，已抵扣进项税额。已知该厂生产的货物适用增值税税率为 9%，则当期应转出进项税额（　　）元。（知识点：进项税额转出）

　　A. 5 314.61　　　　　B. 4 252.75　　　　C. 8 822.60　　　　　D. 9 618.39

　　10. 甲市 M 公司为增值税一般纳税人，2010 年 6 月 1 日购进一台机器设备，自己使用 10 年后，2020 年 6 月 1 日将其出售，售价 103 万元（含税）。M 公司此项业务应纳增值税税额下列计算正确的是（　　）。（知识点：销售使用过的固定资产）

　　A. 应纳税额 = 103 ÷（1 + 3%）× 2% = 2（万元）

　　B. 应纳税额 = 103 ÷（1 + 3%）× 3% = 3（万元）

　　C. 应纳税额 = 103 ÷（1 + 13%）× 13% = 11.85（万元）

　　D. 应纳税额 = 103 ÷（1 + 4%）× 2% = 1.98（万元）

　　11. 某商贸企业为增值税一般纳税人，2020 年 8 月对外转让办公楼一栋，取得全部价款为 5 600 万元。该办公楼为企业 2015 年购进，购进时支付价款 3 200 万元。选择简易计税，则该企业应预缴的税款为（　　）万元。（知识点：一般纳税人税额计算）

　　A. 114.29　　　　　　B. 266.67　　　　　C. 69.9　　　　　　　D. 45.71

　　12. 某旅行社为增值税一般纳税人，2020 年 8 月组织境内旅游取得收入 150 万元，替旅游者支付给其他单位的住宿、门票、餐费共计 80 万元，均取得相应的合法票据。以上价格均为含税价格，则当月需要缴纳增值税（　　）万元。（知识点：一般纳税人税额计算）

　　A. 4.37　　　　　　　B. 2.04　　　　　　C. 3.96　　　　　　　D. 8.49

　　13. 某房地产企业为增值税一般纳税人，2019 年 8 月 1 日购买一块地开发房地产项目，支付地价款 800 万元，次年年末项目完工。2020 年 8 月销售其中的 90%，取得含税销售收入 2 000 万元，8 月应纳增值税（　　　）万元。（知识点：一般纳税人税额计算）

  A. 99.08      B. 105.69      C. 198.2      D. 138.38

  14. 某文化馆为增值税一般纳税人，2020 年 8 月发生如下业务：举办文艺演出取得第一道门票收入 200 万元；出租场馆取得含税租金 150 万元；当月购进办公用品一批，取得增值税专用发票注明不含税金额 50 万元、税额 6.5 万元。则该体育馆 8 月份应缴纳增值税（　　　）万元。（知识点：一般纳税人税额计算）

  A. 10.19      B. 19.81      C. 5.89      D. 11.31

  15. 某生活服务企业为增值税一般纳税人，2020 年 5 月销项税额为 86 万元，进项税额为 32 万元，全部属于允许抵扣的进项税额，上期末加计抵减额余额 5 万元。该企业当月实际缴纳的增值税为（　　　）万元。（知识点：一般纳税人税额计算）

  A. 50.80      B. 44.20      C. 54.00      D. 49.00

  16. 某企业为增值税一般纳税人，2020 年 7 月对外转让一栋闲置厂房，取得含税收入 1 800 万元。该厂房为企业 2015 年自建，账面原值为 1 200 万元。该企业选择简易计税方法计算增值税，则应缴纳的增值税为（　　　）万元。（知识点：一般纳税人税额计算）

  A. 85.71      B. 8.57      C. 59.46      D. 178.38

  17. 某制药厂为增值税一般纳税人，3 月份销售抗生素药品取得含税收入 113 万元，销售免税药品 50 万元（不含税），当月购入生产用原材料一批，取得增值税专用发票上注明税款 6.8 万元，抗生素药品与免税药品无法划分材料消耗，则该药厂当月应纳增值税为（　　　）万元。（知识点：一般纳税人税额计算）

  A. 8.47      B. 9.2      C. 14.73      D. 17.82

  18. 某生产企业为增值税小规模纳税人，某月销售边角料，由税务机关代开增值税专用发票，取得不含税收入 8 万元；销售自己使用过的小汽车一辆，取得含税收入 5.2 万元；当月购进货物支付价款 3 万元。根据增值税法律制度的规定，该企业上述业务应缴纳增值税（　　　）万元。（知识点：小规模纳税人增值税计算）

  A. 0.42      B. 0.48      C. 0.40      D. 0.34

  19. 甲企业为从事陆路运输的小规模纳税人企业，2020 年 8 月份提供货物运输服务取得含税收入 8 万元，该企业当月应纳增值税为（　　　）万元。（知识点：小规模纳税人增值税计算）

  A. 0.23      B. 0.92      C. 0      D. 0.24

  20. 某建材商店为小规模纳税人，2020 年 3 月销售给建筑公司建材一批，共取得含税收入为 131 200 元；当月购进货物取得增值税专用发票上注明价款为 16 000 元。当月购进控收款机一台，取得增值税普通发票上注明价款 3 000 元，则该建材商店本月应纳增值税税额为（　　　）元。（知识点：小规模纳税人增值税计算）

  A. 1 101.25      B. 2 919.44      C. 3 341.36      D. 4 166.49

## 五、综合分析题

  1. 某农机生产企业为增值税一般纳税人，2020 年 8 月发生以下业务：

（1）外购原材料取得普通发票上注明价税合计 50 000 元，原材料已入库。另支付给运输企业价税合计运输费用 3 270 元，取得增值税专用发票，注明税额 270 元。

（2）外购农机零配件，取得增值税专用发票上注明价款 140 000 元，税额 18 200 元。另支付给运输企业含税运输费 5 450 元，取得增值税专用发票。本月生产领用价值 90 000 元的农机零配件。

（3）生产领用 5 月份外购的钢材一批，成本 85 000 元；企业某免税项目领用外购的钢材一批，成本 70 000 元（其中含运输费用 5 000 元），已抵扣进项税额。

（4）销售农用机械一批，取得不含税销售额 430 000 元。另收取包装费和运输费 15 000 元（含税）。

（5）销售农机零部件一批，取得含税销售额 39 000 元。

（6）提供农机维修业务，开具普通发票上注明的价税合计 33 900 元。

企业取得的增值税专用发票均在当月通过认证并在当月申报抵扣。

（1）2020 年 8 月份该企业的销项税额为（    ）元。

A. 48 325.26        B. 39 938.53        C. 44 425.26        D. 43 838.53

（2）2020 年 8 月份该企业的进项税额为（    ）元。

A. 18 920        B. 18 200        C. 18 470        D. 18 650

（3）2020 年 8 月份该企业进项税额转出（    ）元。

A. 8 450        B. 8 900        C. 450        D. 9 100

（4）2020 年 8 月份该企业应纳增值税额（    ）元。

A. 53 636.14        B. 54 217.89        C. 38 305.26        D. 55 878.03

2. 某传媒有限责任公司 2020 年 5 月 1 日确认为增值税一般纳税人。2020 年 8 月发生如下业务：

（1）为某电视剧提供片头、片尾、片花制作服务，取得含税服务费 106 万元。

（2）代理某电影发行服务，共向制片方收取含税发行费 53 万元。当月该电影在某影院开始上映，传媒公司向影院支付含税上映费用 15 万元，取得增值税专用发票。

（3）支付增值税税控系统技术维护费取得增值税专用发票注明价款 660.38 元、税额 39.62 元。

（4）购入小汽车一辆，支付价税合计款 22.6 万元，取得机动车销售统一发票。

（5）购入 6 台计算机，用于公司的日常生产经营，支付含税价款 4.52 万元，取得增值税专用发票。

企业取得的增值税专用发票均在当月通过认证并在当月申报抵扣。

根据上述资料，回答下列问题：

（1）提供片头、片尾、片花制作服务应纳增值税销项税额（    ）万元。

A. 9        B. 6        C. 7.2        D. 3

（2）收取电影代理发行服务费应纳增值税销项税额（    ）万元。

A. 9        B. 6        C. 7.2        D. 3

（3）支付影院上映费用允许抵扣的增值税进项税额（    ）万元。

A. 0.85        B. 2.18        C. 0.71        D. 0.9

（4）支付增值税税控系统技术维护费可抵减当期应纳税额（　　　）元。

A. 0　　　　　　　　B. 700　　　　　　　　C. 660.38　　　　　　　D. 39.62

（5）购入小汽车可抵扣进项税额（　　　）万元。

A. 3.2　　　　　　　B. 3.978　　　　　　　C. 2.6　　　　　　　　D. 0

（6）购入计算机可抵扣进项税额（　　　）万元。

A. 4.64　　　　　　　B. 0.52　　　　　　　C. 6.38　　　　　　　D. 3.62

（7）该公司8月份应缴纳增值税税额（　　　）万元。

A. 4.68　　　　　　　B. 4.96　　　　　　　C. 4.38　　　　　　　D. 3.62

3. 某建筑公司为增值税一般纳税人，从事建筑、安装、装饰等多业经营。2020年8月发生如下业务：

（1）承包一家工厂厂房建设工程，本月全部完工，建设施工合同注明工程总价款为2 000万元。另获取厂家支付的提前竣工奖100万元。

（2）承包一家制药厂厂房改造工程，工程总价款500万元，建筑公司购进用于改造工程材料，取得增值税专用发票注明价款80万元。另支付水电费，取得专用注明税额为3万元。

（3）承包一家商场的装饰工程，工程主要材料由商场提供，完工后向商场支付人工费20万元、管理费5万元、辅助材料费7万元。

（4）将本企业闲置的3辆搅拌车出租给其他建筑公司，租期半年，每月租金为3万元。对方一次性支付租金18万元。

假设上述收入全部为含税收入，上述业务均按一般计税方法计税。

根据上述资料，回答下列问题：

（1）业务（1）应缴纳的增值税为（　　　）万元。

A. 173.39　　　　　　B. 189　　　　　　　C. 100　　　　　　　D. 95.24

（2）业务（2）应缴纳的增值税为（　　　）万元。

A. 37.75　　　　　　B. 27.88　　　　　　C. 49.55　　　　　　D. 35.95

（3）业务（3）应缴纳的增值税为（　　　）万元。

A. 2.68　　　　　　　B. 3.75　　　　　　　C. 2.64　　　　　　　D. 2.48

（4）业务（4）应缴纳的增值税为（　　　）万元。

A. 2.07　　　　　　　B. 1.20　　　　　　　C. 1.44　　　　　　　D. 5.24

# 学习任务 2.3　增值税会计核算

## 【学习目标】

掌握一般纳税人和小规模纳税人增值税会计核算科目设置及账务处理。

## 【重点与难点】

重点：一般纳税人增值税会计核算科目设置及账务处理
难点：一般纳税人与小规模纳税人增值税会计核算账务处理的差异

## 【知识点回顾】

增值税会计核算科目设置见表 2-23。

表 2-23　增值税会计核算科目设置

| 纳税人 | 一级科目 | 二级科目 | 三级科目 | 备注 |
|---|---|---|---|---|
| 一般纳税人 | 应交税费 | 应交增值税 | 进项税额 | 记录一般纳税人购进货物、劳务、服务、无形资产或不动产而支付或负担的、准予从销项税额中抵扣的增值税税额 |
| | | | 已交税金 | 记录一般纳税人已交纳的当月应交增值税税额 |
| | | | 减免税款 | 记录一般纳税人按现行增值税制度规定准予减免的增值税税额 |
| | | | 出口抵减内销产品应纳税额 | 记录企业按规定的退税率计算的出口货物进项税额抵减内销产品的应纳税额，及适用零税率应税服务的当期抵免税额 |
| | | | 销项税额抵减 | 记录一般纳税人按照现行增值税制度规定因扣减销售额而减少的销项税额 |
| | | | 销项税额 | 记录一般纳税人销售货物、劳务、服务、无形资产或不动产应收取的增值税税额 |
| | | | 出口退税 | 记录一般纳税人出口产品，向海关办理出口退税而收到退回的增值税税额 |
| | | | 进项税额转出 | 记录一般纳税人购进货物、劳务、服务、无形资产或不动产等发生非正常损失以及其他原因而不应从销项税额中抵扣，按规定转出的进项税额 |
| | | | 转出未交增值税 | 记录一般纳税人月度终了转出当月应交未交增值税税额 |
| | | | 转出多交增值税 | 记录一般纳税人月度终了转出当月多交的增值税税额 |
| | | 未交增值税 | | 核算一般纳税人月度终了从"应交增值税"或"预缴增值税"明细科目转入当月应交未交、多交或预缴的增值税税额，以及当月交纳以前期间增值税税额 |
| | | 待抵扣进项税额 | | 核算一般纳税人已取得增值税扣税凭证并经税务机关认证，按照规定准予以后期间从销项税额中抵扣的进项税额 |

续表

| 纳税人 | 一级科目 | 二级科目 | 三级科目 | 备注 |
|---|---|---|---|---|
| 一般纳税人 | 应交税费 | 预交增值税 | | 核算一般纳税人转让不动产、提供不动产经营租赁服务、提供建筑服务、采用预收款方式销售自行开发的房地产项目等，按规定预缴的增值税额 |
| | | 待认证进项税额 | | 核算一般纳税人由于未取得增值税扣税凭证或未经税务机关认证而不得从当期销项税额中抵扣的进项税额 |
| | | 待转销项税额 | | 核算一般纳税人销售货物、劳务、服务、无形资产或不动产，已确认收入（或利得）但尚未发生增值税纳税义务而需于以后期间确认为销项税额的增值税税额 |
| | | 简易计税 | | 核算一般纳税人采用简易计税方法发生的增值税计提、扣减、预缴、缴纳等业务 |
| | | 转让金融商品应交增值税 | | 核算增值税纳税人转让金融商品发生的增值税税额 |
| | | 代扣代交增值税 | | 核算纳税人购进在境内未设经营机构的境外单位或个人在境内的应税行为代扣代缴的增值税 |
| 小规模纳税人 | 应交税费 | 应交增值税 | | — |
| | | 转让金融商品应交增值税 | | — |
| | | 代扣代交增值税 | | — |

## 【典型题例分析】

【多项选择题】甲企业 2020 年 5 月购进货物，取得海关进口缴款书一份，注明金额 100 万元、税额 13 万元。上述业务的下列账务处理正确的有（　　　　　）。

A. 当月提交比对系统时，编制会计分录：

借：原材料　　　　　　　　　　　　　　　　　　　　1 000 000

　　应交税费——待抵扣进项税额　　　　　　　　　　　130 000

　　贷：银行存款　　　　　　　　　　　　　　　　　　　1 130 000

B. 当月提交比对系统时，编制会计分录：

借：原材料　　　　　　　　　　　　　　　　　　　　1 000 000

　　应交税费——应交增值税（进项税额）　　　　　　　130 000

　　贷：银行存款　　　　　　　　　　　　　　　　　　　1 130 000

C. 收到税务机关告知的稽核比对结果通知书及其明细清单允许抵扣的，编制会计分录：

借：应交税费——应交增值税（进项税额）　　　　　　130 000

　　贷：应交税费——待抵扣进项税额　　　　　　　　　　130 000

D. 收到税务机关告知的稽核比对结果通知书及其明细清单不得抵扣的，编制会计分录：

借：原材料　　　　　　　　　　　　　　　　　　130 000
　　贷：应交税费——待抵扣进项税额　　　　　　　　　　　130 000

【答案】ACD

【解析】一般纳税人进口货物或接受境外单位或者个人提供的应税服务，按海关提供的海关进口增值税专用缴款书上注明的增值税税额或税收通用缴款书上注明的增值税税额，借记"应交税费——应交增值税（进项税额）"账户，按进口货物或接受境外单位或个人提供的应税服务应计入采购成本的金额，借记"原材料"等账户，按应付或实际支付的金额，贷记"银行存款"等账户。目前，海关进口缴款书采用先比对后抵扣的管理方法，比对前增值税应先记入"应交税费——待抵扣进项税额"账户。

## 【职业能力训练】

### 一、单项选择题

1. 一般纳税人核算销售货物、劳务、服务、无形资产或不动产应收取的增值税税额应设置（　　）三级科目。（知识点：一般纳税人会计核算）

　　A. 进项税额　　　　B. 销项税额　　　　C. 进项税额转出　　D. 销项税额抵减

2. 一般纳税人采用简易计税方法计算的应交增值税税额应设置"应交税费"（　　）二级科目。（知识点：一般纳税人会计核算）

　　A. 未交增值税　　　B. 已交税金　　　　C. 简易计税　　　　D. 预缴增值税

3. 下列关于小规模纳税人增值税的税务处理中，错误的是（　　）。（知识点：小规模纳税人会计核算）

　　A. 小规模纳税人应纳增值税按简易办法计算确定，公式为"应纳税额 = 销售额 × 征收率"

　　B. 所有性质的小规模纳税人增值税适用征收率均为3%

　　C. 小规模纳税人不得抵扣进项税额

　　D. 核算小规模纳税人应缴增值税应设置"应交税费——应交增值税（销项税额）"科目

### 二、多项选择题

1. 某小规模纳税人企业发生如下业务：购进材料一批，取得增值税专用发票上注明价款10 000元、增值税1 300元，开出转账支票付讫；销售商品一批，售价51 500元，款项收讫。对于上述业务的账务处理正确的有（　　　　）。（知识点：小规模纳税人会计核算）

　　A. 借：原材料　　　　　　　　　　　　　　　　　　11 300
　　　　　贷：银行存款　　　　　　　　　　　　　　　　　　11 300

　　B. 借：原材料　　　　　　　　　　　　　　　　　　10 000
　　　　　应交税费——应交增值税（进项税额）　　　　　 1 300
　　　　　贷：银行存款　　　　　　　　　　　　　　　　　　11 300

　　C. 借：银行存款　　　　　　　　　　　　　　　　　　51 500

　　　　　贷：主营业务收入　　　　　　　　　　　　　　　　　50 000
　　　　　　　应交税费——应交增值税　　　　　　　　　　　　1 500
　　D. 借：银行存款　　　　　　　　　　　　　　　　　　　　51 500
　　　　　贷：主营业务收入　　　　　　　　　　　　　　　　　50 000
　　　　　　　应交税费——应交增值税（销项税额）　　　　　　1 500

　　2. 甲公司（增值税一般纳税人）以自产货物一批对外投资，该批货物的成本为 80 000
元，市场不含税售价为 120 000 元。下列对于此项业务的处理中，正确的有（　　　　　）。
（知识点：一般纳税人会计核算）

　　A. 增值税销项税额 15 600 元
　　B. 借：长期股权投资　　　　　　　　　　　　　　　　　　135 600
　　　　　贷：主营业务收入　　　　　　　　　　　　　　　　　120 000
　　　　　　　应交税费——应交增值税（销项税额）　　　　　　15 600
　　C. 借：主营业务成本　　　　　　　　　　　　　　　　　　80 000
　　　　　贷：库存商品　　　　　　　　　　　　　　　　　　　80 000
　　D. 借：长期股权投资　　　　　　　　　　　　　　　　　　95 600
　　　　　贷：库存商品　　　　　　　　　　　　　　　　　　　80 000
　　　　　　　应交税费——应交增值税（销项税额）　　　　　　15 600

　　3. 某饮料加工厂（增值税一般纳税人）将一批新产品赠送给客户品尝，该批产品实际
生产成本 6 000 元，尚无同类产品售价，则以下处理正确的有（　　　　　）。（知识点：一般
纳税人会计核算）

　　A. 货物对外捐赠应视同销售计算增值税销项税额，无同类产品售价的以组成计税价格
为计税依据
　　B. 组成计税价格为 6 600 元
　　C. 增值税销项税额为 858 元
　　D. 借：营业外支出　　　　　　　　　　　　　　　　　　　6 858
　　　　　贷：库存商品　　　　　　　　　　　　　　　　　　　6 000
　　　　　　　应交税费——应交增值税（销项税额）　　　　　　858

　　4. 白云旅行社为增值税一般纳税人，2020 年 6 月组织一日游团，共取得收入 20 000 元。
门票支出 3 000 元，租车费支出 4 440 元，餐费支出 4 000 元，导游费支出 2 000 元。下列
账务处理正确的有（　　　　　）。（知识点：一般纳税人会计核算）

　　A. 旅游服务增值税差额计税，门票、租车费、餐费支出可以扣除，适用税率为 6%
　　B. 取得收入的销项税额 =20 000/（1+6%）×6%＝1 132（元）
　　　　差额计税可抵减的销项税额 =（3 000＋4 440＋4 000）/（1+6%）×6%＝648（元）
　　C. 借：银行存款　　　　　　　　　　　　　　　　　　　　20 000
　　　　　贷：主营业务收入　　　　　　　　　　　　　　　　　18 868
　　　　　　　应交税费——应交增值税（销项税额）　　　　　　1 132
　　D. 借：主营业务成本　　　　　　　　　　　　　　　　　　12 792
　　　　　　应交税费——应交增值税（销项税额抵减）　　　　　648

                                贷：银行存款                                                           13 440

5. 某增值税一般纳税人企业，从国外进口一台生产设备，海关审定的到岸价格为 500 000 元，缴纳进口关税 75 000 元。对此项业务海关环节应纳增值税及账务处理中，正确的有（          ）。（知识点：进口货物会计核算）

A. 进口设备应以组成计税价格为增值税的计税依据，其金额为 575 000 元

B. 进口环节应纳增值税 74 750 元

C. 关税为价内税应计入购入设备成本，而增值税为价外税并且符合税额抵扣条件应作进项税额处理

D. 借：固定资产                                                           575 000
  应交税费——应交增值税（进项税额）                                   74 750
    贷：银行存款                                                       649 750

6. 甲物流企业为增值税一般纳税人，2020 年 6 月提供交通运输不含税收入 100 万元，物流辅助不含税收入 100 万元，按照适用税率分别开具增值税专用发票，款项已收。当月委托上海乙企业一项运输业务，取得乙企业开具的增值税专用发票，款项已付，价款 20 万元，注明的增值税税额为 1.8 万元。则该物流企业会计处理正确的有（          ）。（知识点：一般纳税人会计核算）

A. 甲物流企业提供交通运输服务适用税率为 9%，提供物流辅助服务适用税率为 6%

B. 取得运输收入：
  借：银行存款                                                         1 090 000
    贷：主营业务收入——运输                                           1 000 000
      应交税费——应交增值税（销项税额）                                 90 000

C. 取得物流辅助收入：
  借：银行存款                                                         1 060 000
    贷：其他业务收入——物流                                           1 000 000
      应交税费——应交增值税（销项税额）                                 60 000

D. 取得乙企业增值税专用发票，支付款项：
  借：主营业务成本                                                       200 000
    应交税费——应交增值税（进项税额）                                    18 000
    贷：银行存款                                                       218 000

7. 甲专利代理公司接受乙企业委托为其办理实用新型专利的申请等有关事宜，收取代理费 4 500 元，专利申请费等行政事业性收费 300 元，共计含税收入 4 800 元（含税）。下列有关专利代理公司的税务处理说法正确的有（          ）。（知识点：一般纳税人会计核算）

A. 甲专利代理公司代乙企业办理专利申报属于提供"现代服务——商务辅助服务——经纪代理服务"

B. 经纪代理服务计算增值税时应以取得的全部价款和价外费用扣除向委托方收取并代为支付的政府性基金或者行政事业性收费后的余额为销售额，即 300 元行政事业性收费可以扣除

C. 销项税额抵减额 = 300 ÷（1 + 6%）× 6% = 16.98（元）

销项税额 = 4 800 ÷（1 + 6%）× 6% = 271.70（元）

D. 收到款项时编制会计分录：

借：银行存款 4 800

应交税费——应交增值税（销项税额抵减） 16.98

贷：主营业务收入 4 245.28

应交税费——应交增值税（销项税额） 271.70

其他应付款 300

### 三、综合分析题

丽云汽车集团为增值税一般纳税人，2020 年 5 月尚未抵扣完的进项税额为 5 100 元。该企业 2020 年 6 月有关生产经营业务如下：

（1）以交款提货方式销售给某汽车销售公司 A 型小汽车 10 辆，每辆不含税售价 150 000 元，开具增值税专用发票注明金额 1 500 000 元，价税款全部收讫存入银行。

（2）某单位逾期未退还包装物，转销押金 40 000 元。

（3）当月购进原材料取得增值税专用发票注明金额 600 000 元、税额 78 000 元；支付购进原材料运费取得增值税专用发票注明金额 20 000 元、税额 1 800 元；支付装卸费，取得增值税专用发票注明金额 3 000 元、税额 180 元。

（4）企业以商业汇票结算方式购入包装物一批，取得增值税专用发票注明金额 60 000 元、税额 7 800 元。

（5）企业因材料质量问题将上月所购材料退还给供货方，收回价款 40 000 元，增值税税额 5 200 元。

（6）委托一企业加工一批材料，发出原材料成本 2 000 000 元，支付加工费 100 000 元（不含税），取得增值税专用发票，材料加工完成后验收入库。

（7）企业将购进的钢材转用于企业职工集体福利。该材料成本为 520 000 元，进项税额 67 600 元。

（8）当月因管理不善，发生意外事故损失库存原材料金额 350 000 元，经批准计入营业外支出。

要求：计算丽云汽车集团 6 月应缴纳的增值税税额，并作账务处理。

## 学习任务 2.4  增值税纳税申报

### 【学习目标】

熟悉增值税征收管理法律规定，能完成一般纳税人和小规模纳税人增值税纳税申报任务。

## 【重点与难点】

重点：增值税纳税期限及纳税地点确定　增值税纳税申报表填制

难点：一般纳税人增值税纳税申报表填制

## 【知识点回顾】

### 一、纳税期限

纳税期限见表 2-24。

**表 2-24　纳 税 期 限**

| 税款计算期 | 税款缴纳期 | 适用 |
|---|---|---|
| 增值税纳税期限分别为 1 日、3 日、5 日、10 日、15 日、1 个月或 1 个季度。具体纳税期限，由主管税务机关根据纳税人应纳税额的大小分别核定；不能按固定期限纳税的，可以按次纳税 | 以 1 个月或 1 个季度为一期纳税的，自期满之日起 15 日内申报纳税；以 1 日、3 日、5 日、10 日或 15 日为一期的，自期满之日起 5 日内预缴税款，于次月 1 日起 15 日内申报纳税并结清上月应纳税款 | 以 1 个季度为纳税期限的规定适用于小规模纳税人、银行、财务公司、信托投资公司、信用社以及财政部和国家税务总局规定的其他纳税人 |
| 扣缴义务人解缴税款的期限，依照纳税人相关规定执行 | | |
| 进口货物应当自海关填发增值税专用缴款书之日起 15 日内缴纳税款 | | |

### 二、纳税地点

不同纳税人的纳税地点见表 2-25。

**表 2-25　纳 税 地 点**

| 纳税人 | 纳税地点 |
|---|---|
| 固定业户 | 应当向其机构所在地或者居住地主管税务机关申报纳税。总机构和分支机构不在同一县（市）的，应当分别向各自所在地的主管税务机关申报纳税；经国务院财政部和国家税务总局或者其授权的财政和税务机关批准，可以由总机构汇总向总机构所在地的主管税务机关申报纳税；跨县（市）提供建筑服务或者销售取得的不动产，应按规定在建筑服务发生或不动产所在地预缴税款后，向机构所在地主管税务机关进行纳税申报 |
| 非固定业户 | 应当向应税行为发生地主管税务机关申报纳税；未申报纳税的，由其机构所在地或者居住地的主管税务机关补征税款 |
| 其他个人 | 提供建筑服务，销售或者租赁不动产，转让自然资源使用权，应向建筑服务发生地、不动产所在地、自然资源所在地主管税务机关申报纳税 |
| 进口货物 | 应当向报关地海关申报纳税 |
| 扣缴义务人 | 应当向其机构所在地或者居住地的主管税务机关申报缴纳其扣缴的税款 |

## 【典型题例分析】

**【报表填制题】**某增值税小规模纳税人，2020 年 9 月提供婚庆服务，自行开具增值税普通发票，总计金额 51 500 元；提供会议服务，由税务机关代开增值税专用发票注明的金额 100 000 元，预缴税款 3 000 元；销售网络游戏虚拟道具，取得含税金额 10 300 元，未开具发票。该纳税人选择按月纳税，请分析填制小规模纳税人增值税纳税申报表。

**【答案】**第一步，计税依据计算与填列。

（1）该纳税人本期不含税销售额合计 = 50 000 + 100 000 + 10 000 = 160 000（元），填入本期《增值税纳税申报表（小规模纳税人适用）》"服务、不动产和无形资产"列第 1 栏。同时，由于月销售额大于 10 万元，不能享受小规模纳税人减免优惠。

（2）提供婚庆服务取得的不含税销售额（开具普通发票）= 51 500 ÷（1 + 3%）= 50 000 元，填入《增值税纳税申报表（小规模纳税人适用）》"服务、不动产和无形资产"列第 2 栏。

（3）提供会议服务取得的不含税销售额（代开专用发票）= 100 000（元），填入《增值税纳税申报表（小规模纳税人适用）》"服务、不动产和无形资产"列第 3 栏。

（4）销售网络游戏虚拟道具取得的不含税销售额（未开发票）= 10 300 ÷（1 + 3%）= 10 000（元），不需单独列示。

第二步，税款计算与填列。

（1）本期应纳税额 = 160 000 × 3% = 4 800（元），填入本期《增值税纳税申报表（小规模纳税人适用）》"服务、不动产和无形资产"列第 15 栏、第 20 栏。

（2）本期预缴税款 = 3 000（元），填入本期《增值税纳税申报表（小规模纳税人适用）》"服务、不动产和无形资产"列第 21 栏。

（3）本期应补（退）税额 = 4 800 - 3 000 = 1 800（元），填入本期《增值税纳税申报表（小规模纳税人适用）》"服务、不动产和无形资产"列第 22 栏。

## 【职业能力训练】

**一、单项选择题**

1. 以下纳纳税人不可以选用 1 个季度为纳税期间的是（　　　）。（知识点：税收征管）

A. 小规模纳税人

B. 银行、信用社

C. 信托投资公司、财务公司

D. 一般纳税人的生产企业

2. 下列关于增值税应税行为申报与缴纳的表述中，错误的是（　　　）。（知识点：税收征管）

A. 固定业户应当向其机构所在地或者居住地主管税务机关申报纳税

B. 非固定业户应当向应税行为发生地主管税务机关申报纳税

C. 其他个人提供建筑服务应向建筑服务发生地主管税务机关申报纳税

D. 其他个人转让自然资源使用权，应向居住地主管税务机关申报纳税

3. 电子信息采集系统一般纳税人办理增值税纳税申报时可作为备查资料的是（　　　）。（知识点：税收征管）

A. 增值税纳税申报表（一般纳税人适用）及相关附表

B. 资产负债表和利润表

C. 代开发票抵扣清单

D. 已开具普通发票存根联

## 二、多项选择题

1. 下列关于小规模纳税人纳税征收率的说法正确的有（　　　　）。（知识点：小规模纳税人申报）

A. 小规模纳税人增值税征收率为3%，财政部和国家税务总局另有规定的除外

B. 小规模纳税人（除其他个人外）销售自己使用过的固定资产，按3%征收率减按2%征收增值税

C. 小规模纳税人销售、出租不动产的征收率为5%

D. 小规模纳税人提供劳务派遣服务，可以选择差额征收，按简易计税方法依5%的征收率计算缴纳增值税

2. 甲小规模纳税人，1月份食品应税销售额3万元，2月份食品应税销售额3.8万元，3月份食品应税销售额1.7万元。一季度食品应税销售额8.5万元，全部自行开具发票。下列有关小规模纳税人增值税纳税申报说法正确的有（　　　　）。（知识点：小规模纳税人申报）

A. 增值税小规模纳税人销售货物、劳务、服务、无形资产和不动产月销售额不超过10万元（按季纳税30万元），可以享受小微企业暂免征收增值税优惠

B. 一季度食品应税销售额8.5万元，未超过30万元，可暂免缴纳增值税，无须办理纳税申报

C. 本期免税销售额85 000元，填入本期"货物及劳务"列第9栏、第10栏

D. 本期免税额为85 000×3%=2 550（元），填入本期"货物及劳务"列第17栏、第18栏

3. 甲小规模纳税人，1月份食品应税销售额3万元，2月份食品应税销售额3.8万元，3月份食品应税销售额1.7万元。一季度食品应税销售额8.5万元，其中5万元为自行开具发票，3.5万元为税务机关代开专用发票。下列有关甲小规模纳税人增值税纳税申报说法正确的有（　　　　）。（知识点：小规模纳税人申报）

A. 一季度食品应税销售额8.5万元，未超过30万元，可暂免缴纳增值税，仍需办理纳税申报

B. 税务机关代开专用发票3.5万元，填入本期"货物及劳务"列第1栏、第2栏；自行开具发票5万元，填入本期"货物及劳务"列第9栏、第10栏

C. 本期应纳税额=35 000×3%=1 050（元），填入本期"货物及劳务"列第15栏；该金额同时为本期预缴税款，填入本期"货物及劳务"列第21栏

D. 本期免税额为 50 000×3%＝1 500（元），填入本期"货物及劳务"列第 17 栏、第 18 栏

4. 甲小规模纳税人，1 月份食品应税销售额 3 万元，2 月份食品应税销售额 3.8 万元，3 月份食品应税销售额 1.7 万元。一季度食品应税销售额 8.5 万元，全部由国税机关代开专用发票。下列有关甲小规模纳税人增值税纳税申报说法正确的有（　　　　）。（知识点：小规模纳税人申报）

A. 一季度食品应税销售额 8.5 万元，未超过 30 万元，可暂免缴纳增值税，仍需办理纳税申报

B. 税务机关代开专用发票 8.5 万元，填入"货物及劳务"列第 1 栏、第 2 栏

C. 本期应纳税额＝85 000×3%＝2 550（元），填入本期"货物及劳务"列第 15 栏

D. 本期预缴税额＝2 550（元），填入本期"货物及劳务"列第 21 栏

## 三、判断题

1. 一般纳税人申报表主表中的销售额都为不含税销售额。（知识点：一般纳税人申报）
（　　　）

2. 一般纳税人申报表主表中服务、不动产和无形资产有扣除项目的，为扣除之前的不含税销售额。（知识点：一般纳税人申报）　　　　　　　　　　　　　　（　　　）

3. 其他个人销售或者租赁不动产，应当向其机构所在地或居住地主管税务机关申报纳税。（知识点：纳税申报）　　　　　　　　　　　　　　　　　　　　　（　　　）

4. 纳税人跨县（市）提供建筑服务或者销售取得的不动产，应按规定在建筑服务发生或不动产所在地预缴税款后，向机构所在地主管税务机关进行纳税申报。（知识点：纳税申报）　　　　　　　　　　　　　　　　　　　　　　　　　　　　　（　　　）

5. 小规模纳税人增值税纳税期限为 1 个季度。（知识点：纳税期限）　　（　　　）

## 四、综合分析题

甲企业为增值税一般纳税人，仅从事提供销售服务业务，无按规定的扣除项目，该企业不兼营货物及劳务，也不属于享受即征即退优惠企业。2020 年 6 月份发生如下业务：

（1）6 月 16 日，提供旅游服务取得含税服务费收入 1 060 000 元，开具增值税专用发票注明销售额 1 000 000 元、税额 60 000 元，其中有支付给其他单位和个人的住宿费、餐饮费、签证费、门票费，取得符合规定的凭证金额 100 000 元。

（2）6 月 17 日，购进货车一台，取得税控机动车票注明金额 200 000 元、税额 26 000 元。

（3）6 月 20 日，接受其他单位提供服务，取得增值税专用发票注明金额 10 000 元、税额 600 元。

（4）6 月 21 日，接受某货物运输企业提供的交通运输服务，取得纳税人自开的增值税专用发票注明金额 5 000 元、税额 450 元。

（5）6 月 23 日，接受个体货物运输企业提供的交通运输服务，取得税务机关代开的增值税专用发票 1 份，票面税额 350 元。

（6）5月份接受其他单位提供的设计服务，开具增值税专用发票有误，上月已抵扣，本月按规定上传"开具红字增值税专用发票信息表"，进项税额转出 1 000 元。

（7）6月25日，出售办公楼一间取得含税收入 5 150 000 元。该办公楼为 2005 年以 2 000 000 元价格购入。甲企业对该业务选用简易计税方法计算增值税。

要求：根据上述业务计算甲企业 6 月份应补（退）增值税税额，并填制纳税申报表。

## 学习任务 2.5　出口货物、劳务和服务增值税的退（免）税

### 【学习目标】

了解增值税出口退（免）税基本政策及适用范围；熟悉增值税退（免）税"免抵退"和"先征后退"办法的基本原理，能计算增值税应免抵和应退税额，并作账务处理。

### 【重点与难点】

重点：增值税退（免）税"免抵退"和"先征后退"办法的基本原理及账务处理

难点：增值税退（免）税"免抵退"法的具体应用

### 【知识点回顾】

**一、出口货物、劳务和服务增值税退（免）税政策及适用范围**

出口货物、劳务和服务增值税退（免）税政策及适用范围见表 2-26。

表 2-26　出口货物、劳务和服务增值税退（免）税政策及适用范围

| 税收政策 | 适用范围 |
| --- | --- |
| 免税并退税 | （1）出口企业自营或委托出口货物。出口企业包括生产企业和外贸企业。<br>（2）出口企业或其他单位视同出口货物，主要有：① 出口企业对外援助、对外承包、境外投资的出口货物。② 出口企业经海关报关进入国家批准的出口加工区、保税物流园区、保税港区、综合保税区等特殊区域并销售给特殊区域内单位或境外单位、个人的货物。③ 免税品经营企业销售的货物（国家规定不允许经营和限制出口的货物、卷烟和超出免税品经营企业经营范围的货物除外）。④ 出口企业或其他单位销售给用于国际金融组织或外国政府贷款国际招标建设项目的中标机电产品。⑤ 生产企业向海上石油天然气开采企业销售的自产的海洋工程结构物。⑥ 出口企业或其他单位销售给国际运输企业用于国际运输工具上的货物。⑦ 出口企业或其他单位销售给特殊区域内生产企业生产耗用且不向海关报关而输入特殊区域的水（包括蒸汽）、电力、燃气。<br>（3）出口企业对外提供加工修理修配劳务。即对进境复出口货物或从事国际运输的运输工具进行的加工修理修配。<br>（4）一般纳税人提供适用增值税零税率的应税服务 |

续表

| 税收政策 | 适用范围 |
|---|---|
| 免税不退税 | （1）出口企业或其他单位出口规定的货物，包括：增值税小规模纳税人出口的货物；避孕药品和用具，古旧图书；软件产品；含黄金、铂金成分的货物，钻石及其饰品；国家计划内出口的卷烟；已使用过的设备；非出口企业委托出口的货物；非列名生产企业出口的非视同自产货物；农业生产者自产农产品；油画、花生果仁、黑大豆等财政部和国家税务总局规定的出口免税的货物；外贸企业取得普通发票、废旧物资收购凭证、农产品收购发票、政府非税收入票据的货物；来料加工复出口货物。特殊区域内的企业出口的特殊区域内的货物；以人民币现金作为结算方式的边境地区出口企业从所在省（自治区）的边境口岸出口到接壤国家的一般贸易和边境小额贸易出口货物。<br>（2）出口企业或其他单位视同出口的下列货物劳务：国家批准设立的免税店销售的免税货物；特殊区域内的企业为境外的单位或个人提供加工修理修配劳务；同一特殊区域、不同特殊区域内的企业之间销售特殊区域内的货物。<br>（3）出口企业或其他单位未按规定申报或未补齐增值税退（免）税凭证的出口货物劳务。<br>（4）营改增政策规定享受免税的特定服务 |
| 不免不退（征税） | （1）出口企业出口或视同出口财政部和国家税务总局根据国务院决定明确的取消出口退（免）税的货物。<br>（2）出口企业或其他单位销售给特殊区域内的生活消费用品和交通运输工具 |

## 二、增值税"免抵退"税办法

增值税"免抵退"税办法相关内容见表 2-27。

表 2-27　增值税"免抵退"税办法相关内容

| 项目 | 内容 | |
|---|---|---|
| 免抵退的含义 | "免"是指对生产企业出口的自产货物和视同自产货物，免征本企业生产销售环节增值税；"抵"是指生产企业出口自产货物和视同自产货物所耗用的原材料、零部件、燃料、动力等所含应予退还的进项税额，抵顶内销货物的应纳税额；"退"是指生产企业出口自产货物在当月内应抵顶的进项税额大于应纳税额时，对未抵顶完的部分予以退税 | |
| 适用范围 | 生产企业出口自产货物、视同自产货物、对外提供加工修理修配劳务、提供适用零税率的服务或无形资产（选用一般计税方法的）；外贸企业直接将服务或自行研发的无形资产出口 | |
| 免抵退税额计算与核算 | 第 1 步，出口销售环节"免"税 | 借：应收账款<br>　贷：主营业务收入 |
| | 第 2 步，计算不得免征、抵扣和退回的税额，即"剔"税。<br>免抵退税不得免征和抵扣税额 = 出口货物离岸价 ×（出口货物征税率 – 出口货物退税率）– 免抵退税不得免征和抵扣税额抵减额<br>免抵退税不得免征和抵扣税额抵减额 = 免税购进原材料价格 ×（出口货物征税率 – 出口货物退税率） | 借：主营业务成本<br>　贷：应交税费——应交增值税（进项税额转出） |
| | 第 3 步，计算当期应纳税额，即"抵"税。<br>当期应纳税额 = 当期内销货物销项税额 –（当期进项税额 – 当期免抵退税不得免征和抵扣税额）– 上期留抵税额 | |
| | 第 4 步，"退"税。分两种情况：若第 3 步当期应纳税额为正数，表示应上缴的税额，不退税。若第 3 步当期应纳税额为负数，应根据如下第 5、6 步继续计算确定退税额 | |

续表

| 项目 | 内容 | |
|---|---|---|
| 免抵退税额计算与核算 | 第5步，计算免抵退税额。<br>　　当期免抵退税额 = 当期出口货物离岸价 × 出口货物退税率 − 免抵退税抵减额<br>　　免抵退税抵减额 = 免税购进原材料价格 × 出口货物退税率 | |
| | 第6步，计算当期应退税额和当期免抵税额 | 下月初申报缴纳税款时：<br>　借：应交税费——应交增值税<br>　　　贷：银行存款<br>　免抵税额（即上述第5步）与内销货物应纳税额完全抵顶。企业按当期免抵税额编制会计分录：<br>　借：应交税费——应交增值税（出口抵减内销产品应纳税额）<br>　　　贷：应交税费——应交增值税（出口退税）<br>上述处理结果为"应交税费——应交增值税"账户无余额<br>（1）若当期应纳税额（即上述第3项）≥0，则：当期实际退税额 = 0<br>（2）若当期应纳税额（即上述第3步）<0，说明内销货物应纳税额与出口货物退税额相抵后尚有未抵完的进项税额。此时应通过比较第3步和第5步大小，确定当期应退税额和当期免抵税额：<br>① 当期期末留抵税额（即第3步绝对值）< 当期免抵退税额（即第5步），则：<br>　　　当期应退税额 = 当期期末留抵税额<br>　　　当期免抵税额 = 当期免抵退税额 − 当期应退税额<br>会计分录为：<br>　借：其他应收款——应收出口退税<br>　　　应交税费——应交增值税（出口抵减内销产品应纳税额）<br>　　　贷：应交税费——应交增值税（出口退税）<br>上述处理结果"应交税费——应交增值税"账户无余额。<br>② 当期期末留抵税额≥当期免抵退税额，则：<br>　　　当期应退税额 = 当期免抵退税额<br>　　　当期免抵税额 = 0<br>　　　留待下期抵扣税额 = 当期期末留抵税额 − 当期应退税额<br>企业按当期应退税额编制会计分录：<br>　借：其他应收款——应收出口退税<br>　　　贷：应交税费——应交增值税（出口退税）<br>上述处理结果"应交税费——应交增值税"账户为借方余额，反映留待下期抵扣的进项税额 |

## 三、增值税"先征后退"办法

增值税"先征后退"办法相关内容见表2-28。

表2-28　增值税"先征后退"办法相关内容

| 项目 | 内容 |
|---|---|
| 先征后退含义 | 是指出口货物在生产（购货）环节按规定缴纳增值税，货物出口后由收购出口的企业向其主管出口退税的税务机关申请办理出口货物退税 |
| 适用范围 | 有进出口经营权的外贸企业直接出口或委托其他外贸企业代理出口的货物、外贸企业外购服务或无形资产出口、境内单位或个人提供适用零税率的服务或无形资产（选用简易计税方法的） |

续表

| 项目 | 内容 | |
|---|---|---|
| 退税额计算与核算 | 外贸企业购进取得增值税专用发票的出口货物退税额<br>出口不予退税的税额 = 出口货物不含税购进金额 ×（出口货物征税率 – 出口货物退税率）<br>应退税额 = 出口货物不含税购进金额 × 出口货物退税率 | 计算出口不予退税的税额，作进项税额转出处理：<br>借：主营业务成本<br>　　贷：应交税费——应交增值税（进项税额转出）<br>计算出口应退税额：<br>借：其他应收款——应收出口退税<br>　　贷：应交税费——应交增值税（出口退税） |
| | 外贸企业委托生产企业加工收回后的货物出口退税额<br>应退税额 = 购进国内原辅材料的进项税额 × 相应退税率 + 加工费 × 相应退税率 | |
| | 外贸企业收购小规模纳税人出口货物退税额<br>应退税额 = 税务机关代开的增值税专用发票注明的金额 × 退税率 | |

## 【典型题例分析】

【计算题】某自营出口生产企业为增值税一般纳税人，出口货物的征税税率为 13%，退税率为 9%。2020 年 8 月购进原材料一批，取得的增值税专用发票注明价款 200 万元，外购货物准予抵扣进项税额 26 万元，货已入库。上期期末留抵税额 3 万元。当月内销货物销售额 100 万元，销项税额 13 万元。本月出口货物销售折合人民币 200 万元。计算该企业本期免抵退税额、应退税额和免抵税额。

【答案】当期免抵退税不得免征和抵扣税额 = $200 × (13\% - 9\%)$ = 8（万元）。

当期应纳税额 = $100 × 13\% - (26 - 8) - 3$ = $-8$（万元）。

当期期末留抵税额 = 8（万元）。

当期免抵退税额 = $200 × 9\%$ = 18（万元）。

当期期末留抵税额 < 当期免抵税额，则：

当期应退税额 = 8（万元）；当期免抵税额 = $18 - 8$ = 10（万元）。

## 【职业能力训练】

### 一、单项选择题

1. 下列选项中不适用增值税免税政策的出口货物劳务的是（　　）。（知识点：增值税退（免）税政策）

A. 增值税小规模纳税人出口的货物　　　B. 出口古旧图书

C. 国家计划内出口的卷烟　　　D. 进料加工复出口的货物

2. 对于下列出口货物劳务，不适用免征增值税政策的是（　　）。（知识点：增值税退（免）税政策）

A. 已使用过的设备

B. 非列明生产企业出口的非视同自产货物

C. 出口软件产品

D. 出口企业销售给用于国际金融组织或外国政府贷款国际招标建设项目的中标机电产品

3. 下列选项中，适用免税不退税政策的是（      ）。（知识点：增值税退（免）税政策）

A. 增值税小规模纳税人出口的货物

B. 生产企业向海上石油天然气开采企业销售的自产的海洋工程结构物

C. 出口企业对外援助的出口货物

D. 出口企业或其他单位提供虚假备案单证的货物

4. 下列出口货物，可享受增值税"免税并退税"政策的有（      ）。（知识点：增值税退（免）税政策）

A. 属于小规模纳税人的生产性企业自营出口的自产货物

B. 对外承接修理修配业务的企业用于对外修理修配的货物

C. 加工企业来料加工复出口的货物

D. 外贸企业取得普通发票、废旧物资收购凭证、农产品收购发票、政府非税收入票据的货物

5. 下列项目不适用零税率的是（      ）。（知识点：增值税零税率）

A. 对境内不动产提供的设计服务

B. 提供国际运输劳务

C. 向境外单位提供的完全在境外消费的设计服务

D. 向境外单位提供的完全在境外消费的广播影视节目（作品）的制作和发行服务

6. 下列不属于适用零税率的国际运输劳务的是（      ）。（知识点：增值税零税率）

A. 在境内载运旅客或者货物出境

B. 在境外载运旅客或者货物入境

C. 在境外载运旅客或者货物

D. 在境内载运旅客或者货物

## 二、多项选择题

1. 某生产企业为增值税一般纳税人，2020 年 6 月外购原材料取得防伪税控机开具的增值税专用发票，注明进项税额 137.7 万元，并通过主管税务机关认证。当月内销货物取得不含税销售额 150 万元，外销货物取得收入 115 万美元（美元对人民币汇率为 1:7），该企业适用增值税税率 13%，出口退税率为 9%。该企业 6 月份有关免抵退增值税计算方法正确的有（      ）。（知识点：免抵退税法应用）

A. 当期免抵退不得免征和抵扣税额 = 115×7×（13%−9%）= 32.2（万元）

B. 应纳增值税 = 150×13%−（137.7−32.2）= −86（万元）

C. 免抵退税额 = 115×7×9% = 72.45（万元）

D. 应退税额 = 72.45（万元），免抵税额 = 72.45−72.45 = 0（万元）

2. 某自营出口生产企业是增值税一般纳税人，出口货物的征税率为 13%，退税率为 9%。2020 年 8 月发生业务：购原材料一批，取得的增值税专用发票注明价款 300 万元，进项税额 39 万元，并通过认证。当月进料加工免税进口料件的组成计税价格 150 万元。上期

末留抵税款 22 万元。本月内销货物不含税销售额 120 万元。本月出口货物销售额折合人民币 260 万元。该企业 8 月份有关免抵退增值税计算方法正确的有（　　　　　）。（知识点：免抵退税法应用）

A. 免抵退税不得免征和抵扣税额抵减额 = 免税进口料件的组成计税价格 × （出口货物征税税率 – 出口货物退税税率）= 150 × （13% – 9%）= 6（万元）

B. 免抵退税不得免征和抵扣税额 = 当期出口货物离岸价 × 外汇人民币牌价 × （出口货物征税税率 – 出口货物退税税率）– 免抵退税不得免征和抵扣税额抵减额 = 260 × （13% – 9%）– 6 = 4.4（万元）

C. 当期应纳税额 = 120 × 13% – （39 – 4.4）– 22 = –41（万元）

免抵退税额抵减额 = 免税购进原材料 × 材料出口货物的退税率 = 150 × 9% = 13.5（万元）

D. 出口货物"免、抵、退"税额 = 260 × 9% – 13.5 = 9.9（万元），当期期末留抵税额 > 当期免抵退税额，当期应退税额 = 当期免抵退税额 = 9.9（万元）

### 三、判断题

1. 境内的单位和个人销售适用增值税零税率的服务或无形资产的，可以放弃适用增值税零税率，选择免税或按规定缴纳增值税。（知识点：增值税零税率）　　　　（　　）

2. 纳税人出口应税服务的退税率为适用的征税率。（知识点：增值税退税率）
　　　　　　　　　　　　　　　　　　　　　　　　　　　　　　（　　）

3. 适用不同退税率的货物劳务，应分开报关、核算并申报退（免）税，未分开报关、核算或划分不清的，从高适用退税率。（知识点：增值税退税率）　　　　（　　）

4. 生产企业提供适用零税率的服务或无形资产增值税退（免）税适用"免抵退"办法。（知识点：增值税退税计算方法选择）　　　　　　　　　　　　（　　）

### 四、计算题

某服装厂为增值税一般纳税人，增值税税率为 13%，退税率为 9%。2020 年 5 月份外购棉布一批，取得增值税专用发票注明金额 200 万元，税额 26 万元，货已入库。当月进口料件一批，海关核定的完税价格 25 万美元。已向税务机关办理了"生产企业进料加工贸易免税证明"。当月出口服装的离岸价格为 75 万美元，内销服装不含税销售额为 80 万美元。该服装厂上期期末留抵税额 5 万元。假设美元比人民币汇率为 1 : 6.8，服装厂进料加工复出口符合相关规定。根据上述资料回答下列问题：

（1）当期免抵退税不得免征和抵扣税额（　　　　）万元。

A. 75 × 6.8 × （13% – 9%）– 25 × 6.8 × （13% – 9%）= 13.6（万元）

B. 75 × 6.8 × （13% – 9%）= 20.4（万元）

C. 25 × 6.8 × （13% – 9%）= 6.8（万元）

D. 75 × 6.8 × 9% = 45.9（万元）

（2）当期应纳税额（　　　　）万元。

A. 80 × 13% – （26 – 13.6）= –2（万元）

B. $80 \times 13\% - (26 - 13.6) - 5 = -7$（万元）

C. $80 \times 13\% - 26 - 5 = -20.6$（万元）

D. $80 \times 13\% - 26 - 13.6 - 5 = -34.2$（万元）

（3）免抵退税额（    ）万元。

A. $75 \times 6.8 \times 9\% = 45.9$（万元）

B. $25 \times 6.8 \times 9\% = 15.3$（万元）

C. $75 \times 6.8 \times 9\% - 25 \times 6.8 \times 9\% = 30.6$（万元）

D. $75 \times 6.8 \times 13\% - 25 \times 6.8 \times 9\% = 51$（万元）

（4）应退税额（    ）万元。

A. 17.2          B. 25.4          C. 28.6          D. 7

# 项目三
# 消费税会计

## 学习任务 3.1　消费税纳税人、征税范围和税率确定

### 【学习目标】

能确定消费税纳税人、征税范围和税率。

### 【重点与难点】

重点：纳税人认定　征税范围确定　税率选择
难点：纳税人认定　征税范围确定

### 【知识点回顾】

#### 一、消费税纳税人

消费税纳税人的概念见表3-1。

表3-1　消费税纳税人的概念

| 基本概念 | 几个概念界定 |
| --- | --- |
| 消费税纳税人是指在我国境内生产、委托加工、进口应税消费品的单位和个人，以及国务院确定的销售应税消费品的其他单位和个人 | 在我国境内：指应税消费品的起运地或所在地在境内。<br>国务院确定的销售应税消费品的其他单位和个人：指在我国境内从事金银首饰、钻石饰品零售，超豪华小汽车零售，以及卷烟批发业务的单位和个人 |
| 扣缴义务人：受托加工应税消费品的单位（除个体经营者外）负有扣缴消费税义务；海关负有扣缴进口环节消费税义务 | |

## 二、消费税征税范围

消费税征税范围见表 3-2。

**表 3-2    消费税征税范围**

| 税目 | 难点 |
|---|---|
| 1. 烟 | 包括卷烟、雪茄烟、烟丝。<br>卷烟分甲类与乙类。甲类卷烟是指每标准条不含增值税调拨价格在 70 元（含）以上的卷烟、进口卷烟和政府规定的其他卷烟；乙类卷烟是指每标准条不含增值税调拨价格在 70 元以下的卷烟 |
| 2. 酒 | 包括白酒、啤酒、黄酒、其他酒。<br>（1）啤酒分甲类与乙类。甲类啤酒是指每吨不含增值税出厂价格在 3 000 元以上的啤酒和娱乐业、饮食业自制的啤酒；乙类啤酒是指每吨不含增值税出厂价格不足 3 000 元的啤酒。<br>（2）调味料酒不征消费税 |
| 3. 高档化妆品 | 自 2016 年 10 月 1 日起，取消对普通美容、修饰类化妆品征收消费税 |
| 4. 贵重首饰及珠宝玉石 | |
| 5. 鞭炮焰火 | 体育上用的发令纸、鞭炮药引线不征消费税 |
| 6. 成品油 | 包括汽油、柴油、石脑油、溶剂油、润滑油、燃料油、航空煤油。利用废弃的动物油和植物油为原料生产的纯生物柴油免征消费税 |
| 7. 摩托车 | 气缸容量 250 毫升（不含）以下的小排量摩托车不征收消费税 |
| 8. 小汽车 | 包括乘用车、中轻型商用客车、超豪华小汽车。电动汽车、沙滩车、雪地车、卡丁车、高尔夫车不征消费税 |
| 9. 高尔夫球及球具 | 包括高尔夫球、高尔夫球杆及高尔夫球包（袋） |
| 10. 高档手表 | 高档是指不含增值税销售单价在 10 000 元（含）以上 |
| 11. 游艇 | 艇身长度大于 8 米（含）小于 90 米（含），内置发动机，可以在水上移动，主要用于水上运动和休闲娱乐等非牟利活动的各类机动艇 |
| 12. 木制一次性筷子 | 未经打磨、倒角的木制一次性筷子属于本税目 |
| 13. 实木地板 | 包括各类规格的实木地板、实木指接地板、实木复合地板及用于装饰墙壁、天棚的侧端面为榫、槽的实木装饰板。未经涂饰的素板属于本税目征税范围 |
| 14. 电池 | 包括原电池、蓄电池、燃料电池、太阳能电池和其他电池。对无汞原电池、氢镍蓄电池、锂原电池、锂离子蓄电池、太阳能电池、燃料电池和全钒液流电池免征消费税。2015 年 12 月 31 日前对铅蓄电池缓征消费税；自 2016 年 1 月 1 日起对铅蓄电池按 4% 税率征收消费税 |
| 15. 涂料 | 对施工状态下挥发性有机物（Volatile Organic Compounds）含量低于 420 克/升（含）的涂料免征消费税 |

## 三、消费税税率

消费税税率形式及适用范围见表 3-3。

表3-3　消费税税率形式及适用范围

| 税率形式 | 适用范围 |
|---|---|
| 定额税率 | 黄酒；啤酒；成品油 |
| 比例税率 | 除黄酒、啤酒、成品油、卷烟、粮食白酒、薯类白酒以外的其他各项应税消费品 |
| 复合税率 | 粮食白酒、薯类白酒和卷烟 |

[特殊规定]（1）从高税率：纳税人兼营不同税率应税消费品的，应分别核算销售额和销售量；未分别核算或将不同税率应税消费品组成套装销售的，从高适用税率。

（2）金、银和金基、银基合金首饰以及金、银和金基、银基合金镶嵌首饰和钻石、钻石饰品在零售环节征税适用税率为5%，其他首饰在生产、进口、委托加工环节征税适用税率为10%

## 【典型题例分析】

### 一、消费税征税范围

【单项选择题】根据消费税法律制度规定，下列各项中，属于消费税应税消费品的是（　　）。

A. 电冰箱　　　　　　B. 汽油　　　　　　C. 电视机　　　　　　D. 高档西服

【答案】B

【解析】选项B属于消费税的"成品油"税目。

### 二、消费税税率

【多项选择题】根据消费税法律制度规定，下列各项中，适用复合税率的有（　　）。

A. 卷烟　　　　　　B. 小汽车　　　　　　C. 白酒　　　　　　D. 成品油

【答案】AC

【解析】选项AC，复合税率；选项B，比例税率；选项D，定额税率。

### 三、消费税征税环节

【单项选择题】根据消费税法律制度规定，下列各项中，应缴纳消费税的是（　　）。

A. 商场销售木制一次性筷子　　　　　　B. 珠宝店销售珍珠项链

C. 手表厂销售高档手表　　　　　　D. 汽车厂销售雪地车

【答案】C

【解析】选项AB，珍珠项链、木制一次性筷子在生产环节缴纳消费税，零售环节不再缴纳；选项D，雪地车不属于消费税的征税范围。

## 【职业能力训练】

### 一、单项选择题

1. 根据消费税法律制度规定，下列各项中，不属于消费税纳税义务人的是（　　）。

（知识点：纳税人）

    A. 高档化妆品进口商                       B. 鞭炮批发商

    C. 钻石零售商                                D. 卷烟批发商

2. 根据消费税法律制度规定，下列各项中，应征消费税的是（　　　）。（知识点：征税范围）

    A. 电动汽车         B. 游艇         C. 汽车轮胎         D. 竹制一次性筷子

3. 根据消费税法律制度规定，下列各项中，应征消费税的是（　　　）。（知识点：征税范围）

    A. 调味料酒                       B. 烟丝

    C. 太阳能电池                      D. 气缸容量240毫升的摩托车

4. 根据消费税法律制度规定，下列各项中，进口时从量计征消费税的是（　　　）。（知识点：税率）

    A. 实木地板         B. 摄像机         C. 红酒         D. 啤酒

5. 根据消费税法律制度规定，百货商场发生的下列销售行为，应缴纳消费税的是（　　　）。（知识点：征税范围）

    A. 销售卷烟                      B. 销售白酒

    C. 销售金银首饰                  D. 销售高档化妆品

6. 根据增值税和消费税法律制度规定，下列各项中，应同时征收增值税和消费税的是（　　　）。（知识点：征税范围）

    A. 国外进口的数码相机            B. 国外进口的小汽车

    C. 批发环节销售的白酒            D. 珠宝店销售的珍珠项链

7. 纳税人将应税消费品与非应税消费品以及适用不同税率消费品组成套装销售的，应按（　　　）计征消费税。（知识点：税率）

    A. 应税消费品的平均税率        B. 应税消费品的最高税率

    C. 应税消费品的不同税率分别     D. 应税消费品的最低税率

## 二、多项选择题

1. 根据消费税法律制度规定，下列各项中，属于消费税纳税义务人的有（　　　　）。（知识点：纳税人）

    A. 钻石的进口商                  B. 高档化妆品的生产商

    C. 卷烟的批发商                  D. 金首饰的零售商

2. 我国现行的消费税适用税率形式有（　　　）。（知识点：税率）

    A. 比例税率         B. 复合税率         C. 定额税率         D. 累进税率

3. 根据消费税法律制度规定，下列消费品中，属于消费税征税范围的有（　　　　）。（知识点：征税范围）

    A. 电池         B. 摩托车         C. 涂料         D. 高档手表

4. 根据消费税法律制度规定，下列各项中，实行从量定额计征消费税的有（　　　　）。（知识点：税率）

    A. 成品油         B. 白酒         C. 黄酒         D. 啤酒

5. 根据消费税法律制度规定，下列各项中，不征消费税的有（　　　　）。（知识点：征税范围）

    A. 汽车专卖店销售小汽车　　　　　　B. 珠宝店进口钻石饰品

    C. 烟草专卖店零售卷烟　　　　　　　D. 外贸企业进口红酒

6. 根据消费税法律制度规定，下列各项中，不征消费税的有（　　　　）。（知识点：征税范围）

    A. 电动汽车　　　　　　　　　　　　B. 舞台演员用的上妆油

    C. 调味料酒　　　　　　　　　　　　D. 不含税价格 9 000 元的手表

7. 根据增值税和消费税法律制度规定，下列各项中，应同时征收增值税和消费税的有（　　　　）。（知识点：征税范围）

    A. 批发环节销售的卷烟　　　　　　　B. 生产销售小汽车

    C. 零售环节销售的金银首饰　　　　　D. 进口的高档化妆品

### 三、判断题

1. 企业进口实木地板时应缴纳关税、消费税和增值税。（知识点：征税范围）　　（　　　）

2. 金银首饰、钻石及钻石饰品、铂金首饰的消费税在零售环节缴纳。（知识点：征税范围）　　　　　　　　　　　　　　　　　　　　　　　　　　　　　（　　　）

3. 纳税人将不同税率应税消费品组成套装销售的，从高适用消费税税率。（知识点：税率）　　　　　　　　　　　　　　　　　　　　　　　　　　　　　（　　　）

4. 委托加工应税消费品的纳税义务人是受托方。（知识点：纳税人）　　（　　　）

5. 凡征收消费税的应税消费品一般需要征收增值税。（知识点：征税范围）（　　　）

6. 每吨不含增值税出厂价格在 2 000 元以上的啤酒属于甲类啤酒。（知识点：税率）　　　　　　　　　　　　　　　　　　　　　　　　　　　　　　　　（　　　）

7. 每标准条不含增值税调拨价 70 元以下的卷烟属于乙类卷烟。（知识点：税率）　　　　　　　　　　　　　　　　　　　　　　　　　　　　　　　　（　　　）

# 学习任务 3.2　消费税税额计算

## 【学习目标】

能正确计算生产销售、自产自用、委托加工、进口、批发及零售应税消费品应纳消费税税额。

## 【重点与难点】

重点：生产销售、自产自用、委托加工、进口、批发及零售消费税应纳税额计算

难点：消费税计税依据确定　允许扣除消费税的计算

## 【知识点回顾】

### 一、生产销售应税消费品应纳税额计算

生产销售应税消费品是指企业生产并直接对外销售应税消费品。生产销售应税消费品应纳税额计算见表 3-4。

表 3-4　生产销售应税消费品应纳税额计算

| 计税方法 | 税款计算公式及计税依据确定 | | | |
|---|---|---|---|---|
| 从价定率 | 应纳税额 = 销售额 × 比例税率 | | | |
| | 计税依据 | 销售额是指纳税人销售应税消费品向购买方收取的全部价款和价外费用<br>增值税与消费税的计税依据相同，均为含消费税不含增值税的销售额 | | |
| | | 包装物押金 | 一般应税消费品押金 | 逾期，征收消费税和增值税<br>没有逾期，不征消费税和增值税 |
| | | | 酒类产品押金（啤酒、黄酒除外），不论是否逾期，收取时征收消费税和增值税 | |
| | | | 啤酒、黄酒、成品油押金 | 逾期，征收增值税，不征消费税<br>没有逾期，不征消费税和增值税 |
| 从量定额 | 应纳税额 = 销售数量 × 定额税率 | | | |
| 复合计税 | 应纳税额 = 销售数量 × 定额税率 + 销售额 × 比例税率 | | | |

### 二、自产自用应税消费品应纳税额计算

自产自用是指纳税人生产应税消费品后，不是直接对外销售，而是用于连续生产应税消费品或用于其他方面的行为。纳税人自产自用的应税消费品，用于连续生产应税消费品的，不纳税；用于其他方面的，于移送使用时纳税。自产自用应税消费品应纳税额计算见表 3-5。

表 3-5　自产自用应税消费品应纳税额计算

| 计税方法 | 税款计算公式及计税依据确定 | | |
|---|---|---|---|
| 从价定率 | 应纳税额 = 同类消费品销售价格（或组成计税价格）× 比例税率 | | |
| | 计税依据 | 自产自用的应税消费品，按纳税人生产的同类消费品的销售价格计税；<br>没有同类消费品销售价格的，按组成计税价格计税 | |
| | | 组成计税价格 =（成本 + 利润）÷（1 − 比例税率） | |
| | | 换取生产资料和消费资料 | 消费税计税依据：同类应税消费品的最高销售价格<br>增值税计税依据：同类货物的平均销售价格 |
| | | 投资入股 | |
| | | 抵偿债务 | |

续表

| 计税方法 | 税款计算公式及计税依据确定 |
| --- | --- |
| 从量定额 | 应纳税额 = 移送使用数量 × 定额税率 |
| 复合计税 | 应纳税额 = 同类消费品销售价格（或组成计税价格）× 比例税率 + 移送使用数量 × 定额税率 |
| | 组成计税价格 =（成本 + 利润 + 移送使用数量 × 定额税率）÷（1 - 比例税率） |

## 三、委托加工应税消费品应纳税额计算

委托加工应税消费品是指由委托方提供原料或主要材料，受托方只收取加工费和代垫部分辅助材料加工的应税消费品。委托加工应税消费品应纳税额计算见表 3-6。

表 3-6 委托加工应税消费品应纳税额计算

| 计税方法 | | 税款计算公式及计税依据确定 |
| --- | --- | --- |
| 从价定率 | 受托方有同类消费品销售价格的 | 应纳税额 = 同类消费品销售价格 × 比例税率 |
| | 受托方没有同类消费品销售价格的 | 应纳税额 = 组成计税价格 × 比例税率<br>组成计税价格 =（材料成本 + 加工费）÷（1 - 比例税率） |
| | | "材料成本"是指委托方所提供加工材料的实际成本；<br>"加工费"是指受托方加工应税消费品向委托方所收取的全部费用（包括代垫辅助材料的实际成本） |
| 从量定额 | 应纳税额 = 委托加工数量 × 定额税率。"委托加工数量"是指委托方收回的数量 | |
| 复合计税 | 受托方有同类消费品销售价格的 | 应纳税额 = 同类消费品销售价格 × 比例税率<br>+ 委托加工数量 × 定额税率 |
| | 受托方没有同类消费品销售价格的 | 应纳税额 = 组成计税价格 × 比例税率 + 委托加工数量<br>× 定额税率<br>组成计税价格 =（材料成本 + 加工费 + 委托加工数量<br>× 定额税率）÷（1 - 比例税率） |

委托方将收回的应税消费品，以不高于受托方的计税价格出售的，属于直接销售，不再缴纳消费税；

委托方以高于受托方的计税价格出售的，不属于直接销售，应计算缴纳消费税，但准予扣除受托方已代收代缴的消费税

## 四、进口应税消费品应纳税额计算

进口应税消费品应纳税额计算见表 3-7。

表 3-7 进口应税消费品应纳税额计算

| 计税方法 | 税款计算公式及计税依据确定 |
| --- | --- |
| 从价定率 | 应纳税额 = 组成计税价格 × 比例税率<br>组成计税价格 =（关税完税价格 + 关税）÷（1 - 比例税率） |
| 从量定额 | 应纳税额 = 进口数量 × 定额税率 |

续表

| 计税方法 | | 税款计算公式及计税依据确定 |
|---|---|---|
| 复合计税 | 一般货物 | 应纳税额 = 组成计税价格 × 比例税率 + 进口数量 × 定额税率<br>组成计税价格 =（关税完税价格 + 关税 + 进口数量 × 定额税率）÷（1-比例税率） |
| | 卷烟 | 进口卷烟的消费税应纳税额计算应按下列程序进行：<br>（1）计算确定进口卷烟消费税适用比例税率。计算公式为：<br>  每标准条进口卷烟确定消费税适用比例税率的价格<br>  =（关税完税价格 + 关税 + 定额税率 0.6 元）÷（1-36%）<br>适用比例税率选择原则：上式计算结果 ≥ 70 元时，适用比例税率为 56%；上式计算结果 < 70 元时，适用比例税率为 36%。<br>（2）计算进口卷烟消费税组成计税价格。计算公式为：<br>  进口卷烟消费税组成计税价格 =（关税完税价格 + 关税 + 从量消费税）<br>                    ÷（1-比例税率）<br>（3）计算进口卷烟应纳消费税税额。计算公式为：<br>  应纳税额 = 进口卷烟消费税组成计税价格 × 比例税率 + 从量消费税 |

## 五、批发和零售环节消费税计算

批发和零售环节消费税计算见表 3-8。

表 3-8　批发和零售环节消费税计算

| 征税环节 | 具体内容 |
|---|---|
| 批发环节 | （1）仅适用于卷烟，适用从价税率 11%，从量税率 0.005 元 / 支。<br>（2）应将卷烟销售额与其他商品销售额分开核算，未分开核算的，一并征收消费税。<br>（3）卷烟批发企业之间销售的卷烟不缴纳消费税。<br>（4）卷烟批发企业在计算卷烟消费税时不得扣除卷烟生产环节已缴纳的消费税税额 |
| 零售环节 | （1）零售环节计征消费税的货物特指金银首饰、钻石及钻石饰品，超豪华小汽车。"金银首饰"特指金、银和金基、银基合金首饰，以及金、银和金基、银基合金的镶嵌首饰。"超豪华小汽车"指每辆零售价格 130 万元（不含增值税）及以上的乘用车和中轻型商用客车。<br>（2）对既销售金银首饰，又销售非金银首饰的生产经营单位，应分别核算两类商品的销售额。<br>（3）金银首饰与其他产品组成套装消费品销售，应按销售额全额计征消费税。<br>（4）采取以旧换新方式销售金银首饰，按实际收取的不含增值税价款计征消费税 |

## 六、以已税消费品连续生产应税消费品应纳税额扣除计算

纳税人用于生产的应税消费品为已税消费品的，应当从生产的应税消费品的应纳消费税中扣除其已纳消费税税额。应纳税额扣除计算具体内容见表 3-9。

表 3-9　以已税消费品连续生产应税消费品应纳税额扣除计算具体内容

| 项目 | 具体内容 |
|---|---|
| 扣除范围 | （1）用外购或委托加工收回的已税烟丝为原料生产的卷烟。<br>（2）用外购或委托加工收回的已税高档化妆品为原料生产的高档化妆品。<br>（3）用外购或委托加工收回的已税珠宝玉石为原料生产的贵重首饰及珠宝玉石 |

续表

| 项目 | 具体内容 |
|---|---|
| 扣除范围 | （4）用外购或委托加工收回的已税鞭炮、焰火为原料生产的鞭炮、焰火。<br>（5）用外购或委托加工收回的已税摩托车为原料生产的摩托车。<br>（6）用外购或委托加工收回的已税杆头、杆身和握把为原料生产的高尔夫球球杆。<br>（7）用外购或委托加工收回的已税木制一次性筷子为原料生产的木制一次性筷子。<br>（8）用外购或委托加工收回的已税实木地板为原料生产的实木地板。<br>（9）用外购或委托加工收回的已税石脑油为原料生产的应税消费品。<br>（10）用外购或委托加工收回的已税润滑油为原料生产的润滑油。<br>（11）以外购或委托加工收回的汽油、柴油为原料生产的甲醇汽油、生物柴油。<br>　上列应税消费品中，在零售环节纳税的金银首饰，不得扣除外购或委托加工收回的珠宝玉石已纳的消费税；在批发环节纳税的卷烟，不得扣除已含的生产环节纳的消费税 |
| 计算公式 | （1）以外购已税消费品生产应税消费品的已纳税额扣除计算。<br>① 从价定率。<br>　当期准予扣除的外购应税消费品已纳税额 = 当期准予扣除的外购应税消费品买价 × 外购应税消费品适用税率<br>② 从量定额。<br>　当期准予扣除的外购应税消费品已纳税额 = 当期准予扣除外购应税消费品数量 × 外购应税消费品单位税额<br>（2）以委托加工已税消费品生产应税消费品的已纳税额扣除计算。<br>　当期准予扣除的应税消费品已纳税额 = 期初库存的应税消费品已纳税额 + 当期收回的应税消费品已纳税额 − 期末库存的应税消费品已纳税额<br>（3）以进口已税消费品生产应税消费品的已纳税额扣除计算。<br>　当期准予扣除的应税消费品已纳税额 = 期初库存的应税消费品税款 + 当期进口的应税消费品税额 − 期末库存的应税消费品税额 |

## 【典型题例分析】

### 一、生产销售应税消费品应纳税额的计算

【单项选择题】某化妆品厂 6 月份销售高档化妆品取得含税收入 46.8 万元，收取手续费 1.5 万元；另取得逾期包装物押金 1 万元。已知增值税税率为 13%，消费税税率为 15%，该化妆品厂当月应缴纳消费税税额为（　　）万元。

A. 14.04　　　　　B. 12　　　　　C. 12.38　　　　　D. 6.54

【答案】D

【解析】价外收入和逾期包装物押金均视为含增值税收入计征消费税，则应纳消费税税额 =（46.8 + 1.5 + 1）÷（1 + 13%）× 15% = 6.54（万元）

### 二、自产自用应税消费品应纳税额计算

【多项选择题】某卷烟生产企业将 10 标准箱自产甲类卷烟无偿赠予消费者，已知该批卷烟的成本为 100 000 元，成本利润率为 10%。该批卷烟适用消费税比例税率为 56%，定额税率为 150 元 / 标准箱，假定无同类产品销售价格。下列做法正确的有（　　　　）。

A. 应纳消费税 = [ 100 000 ×（1 + 10%）+ 150 × 10 ] ÷（1 − 56%）× 56% + 150 × 10

B. 应纳消费税 $=\left[100\,000\times(1+10\%)+150\times10\right]\div(1-56\%)\times56\%$

C. 应纳增值税 $=\left[100\,000\times(1+10\%)+150\times10\right]\div(1-56\%)\times13\%$

D. 应纳增值税 $=100\,000\times(1+10\%)\div(1-56\%)\times13\%$

【答案】AC

【解析】自产自用无同类产品销售价格的，以组成计税价格为消费税和增值税的计税依据；复合计税下消费税与增值税的组成计税价格一致，组成计税价格 $=\left[\text{成本}\times(1+\text{成本利润率})+\text{自产自用数量}\times\text{消费税定额税率}\right]\div(1-\text{消费税比例税率})$

### 三、委托加工应税消费品应纳税额计算

【计算题】甲企业委托乙企业（增值税一般纳税人）加工一批烟丝，已知甲企业提供的材料成本为100万元（不含税），支付给乙企业的加工费为40万元（不含税），烟丝消费税税率为30%，乙企业不销售同类烟丝。请回答下列问题：

（1）烟丝的消费税应该由谁缴纳？

（2）烟丝应缴纳的消费税税额是多少？

（3）如果甲企业取回烟丝后以不含税190万元的价格直接销售给丙企业，甲企业是否需要缴纳消费税？如果取回烟丝以不含税300万元的价格直接销售给丙企业，是否需要缴纳消费税？

【答案】

（1）委托方甲企业为消费税的纳税义务人，受托方乙企业为消费税的扣缴义务人。

（2）由于受托方乙企业没有同类产品销售价格，应以组成计税价格为消费税计税依据。

$$\text{组成计税价格} =(100+40)\div(1-30\%)=200\,(\text{万元})$$

$$\text{乙企业应代收代缴消费税} =200\times30\%=60\,(\text{万元})$$

（3）根据消费税法律制度规定，委托方以不高于受托方的计税价格出售的，属于直接销售，不再缴纳消费税；委托方以高于受托方的计税价格出售的，不属于直接销售，应计算缴纳消费税，但准予扣除受托方已代收代缴的消费税。因此，甲企业取回烟丝后以不含税190万元的价格直接销售给丙企业，甲企业不需缴纳消费税；甲企业取回烟丝以不含税300万元的价格直接销售给丙企业，应计算缴纳消费税，应纳消费税税额 $=300\times30\%-60=30\,(\text{万元})$。

### 四、进口应税消费品应纳税额计算

【计算题】乙公司（增值税一般纳税人）进口卷烟200标准箱，每标准箱的关税完税价格为60 000元。已知关税税率为25%，该批卷烟的消费税比例税率为56%，定额税率为150元/标准箱。计算进口环节应纳的关税、消费税和增值税。

【答案】应纳关税 $=60\,000\times200\times25\%=3\,000\,000\,(\text{元})$

应纳消费税 $=(60\,000\times200+3\,000\,000+150\times200)(1-56\%)\times56\%+150\times200$

$\qquad\qquad=19\,159\,090.91\,(\text{元})$

应纳增值税 $=(60\,000\times200+3\,000\,000+150\times200)\div(1-56\%)\times13\%$

$\qquad\qquad=4\,440\,681.82\,(\text{元})$

### 五、以已税消费品连续生产应税消费品应纳税额扣除计算

【计算题】某筷子加工厂 3 月初库存外购已税木制一次性筷子原料金额 10 万元,当月又外购已税木制一次性筷子原料,防伪税控增值税专用发票注明的金额为 40 万元,月末库存已税木制一次性筷子原料金额 6 万元,其余为当月生产应税木制一次性筷子领用。已知木制一次性筷子的消费税税率为 5%。计算该厂当月准予扣除的外购木制一次性筷子原料已缴纳的消费税税额。

【答案】当期准许扣除的外购木制一次性筷子原料买价 = 10 + 40 - 6 = 44(万元)

当月准予扣除的外购木制一次性筷子已缴纳的消费税税额 = 44 × 5% = 2.2(万元)

## 【职业能力训练】

### 一、单项选择题

1. 根据消费税法律制度规定,下列各项中,纳税人不需缴纳消费税的是(　　　)。(知识点:价外费用)

A. 尚未逾期,但是收取的时间超过 12 个月的高档化妆品包装物押金

B. 因逾期未收回包装物而被没收的押金

C. 单独计价随同销售而实现的包装物作价收入

D. 销售黄酒、啤酒而收取的包装物押金

2. 纳税人下列用途的自产应税消费品中,不需要缴纳消费税的是(　　　)。(知识点:自产自用税额计算)

A. 用于赞助的小汽车　　　　　　　　B. 内部管理部门领用的卷烟

C. 用于职工福利的白酒　　　　　　　D. 用于连续生产卷烟的烟丝

3. 根据消费税法律制度规定,下列各项中,应当以纳税人同类小汽车的最高销售价格作为消费税计税依据计征消费税的是(　　　)。(知识点:自产自用税额计算)

A. 将自产小汽车用于广告宣传

B. 将自产小汽车用于抵偿债务

C. 将自产小汽车用于管理部门

D. 将自产小汽车用于职工奖励

4. 甲企业委托乙企业加工应税消费品,是指(　　　)。(知识点:委托加工税额计算)

A. 甲企业发材料,乙企业按要求加工

B. 甲企业委托乙企业购买材料,由乙企业加工

C. 甲企业发订单,乙企业按甲企业的要求加工

D. 甲企业先将资金划给乙企业,乙企业以甲企业的名义购料并加工

5. 从价计征进口应税消费品消费税的计税依据为组成计税价格,可表示为(　　　)。(知识点:进口货物)

A.(成本 + 利润)/(1 - 消费税税率)

B.(材料成本 + 加工费)/(1 - 消费税税率)

C.(关税完税价格 + 关税)/(1 - 消费税税率)

D.（关税完税价格＋关税）/（1－增值税税率）

6. 根据消费税法律制度规定，下列表述不正确的是（　　　）。（知识点：批发环节税额计算）

A. 批发环节征收消费税的货物仅指卷烟

B. 卷烟批发企业销售的卷烟既要缴纳增值税，又要缴纳消费税

C. 卷烟批发企业应将卷烟销售额与其他商品销售额分开核算，未分开核算的一并征收消费税

D. 批发环节卷烟消费税适用税率为 5%

7. 根据消费税法律制度规定，下列关于零售环节征收消费税的说法错误的是（　　　）。（知识点：零售环节税额计算）

A. 零售环节征收消费税的货物仅指金银首饰、钻石及钻石饰品，超豪华小汽车

B. 零售环节征收消费税的金银首饰特指金、银和金基、银基合金首饰，以及金、银和金基、银基合金的镶嵌首饰

C. 金银首饰与其他产品组成套装销售的，应按销售额全额计征消费税

D. 以旧换新方式销售金银首饰的，按新首饰的不含增值税价款计征消费税

8. 下列各项中，应按当期生产领用数量计算准予扣除外购应税消费品已纳消费税税额规定的是（　　　）。（知识点：自产自用税额计算）

A. 外购已税白酒生产的药酒

B. 外购已税高档化妆品生产的高档化妆品

C. 外购已税白酒生产的巧克力

D. 外购已税珠宝玉石生产的金银镶嵌首饰

9. 根据消费税法律制度规定，下列各项中，委托加工收回的应税消费品的已纳税款可以扣除的是（　　　）。（知识点：已纳税额扣除）

A. 以委托加工收回的已税小汽车为原料生产的小汽车

B. 以委托加工收回的已税高档化妆品为原料生产的高档化妆品

C. 以委托加工收回的已税珠宝、玉石为原料生产的金银首饰

D. 以委托加工收回的已税白酒为原料生产的白酒

10. 根据增值税和消费税法律制度的规定，下列关于增值税和消费税的计税依据表述，正确的是（　　　）。（知识点：税额计算）

A. 适用从价定率征收消费税的应税消费品，计算增值税和消费税所依据的销售额中含应纳消费税本身，但不含增值税

B. 适用从价定率征收消费税的应税消费品，在计算增值税和消费税时各自依据的销售额不同

C. 适用从价定率征收消费税的应税消费品，其销售额中含增值税和应纳消费税本身

D. 适用从价定率征收消费税的应税消费品，其销售额中含增值税，但不含应纳消费税本身

**二、多项选择题**

1. 根据消费税法律制度规定，下列消费品中，实行从价定率与从量定额相结合的征税办法的有（        ）。（知识点：税额计算）

    A. 白酒             B. 卷烟             C. 小汽车          D. 高档化妆品

2. 根据消费税法律制度规定，下列各项中，应并入白酒的销售额计征消费税的有（        ）。（知识点：价外费用）

    A. 优质费          B. 品牌使用费         C. 包装物押金      D. 逾期付款违约金

3. 根据消费税法律制度规定，自产应税消费品的下列用途中，应以纳税人同类应税消费品的最高销售价格作为计税依据计算消费税的有（        ）。（知识点：自产自用税额计算）

    A. 用于换取生产资料                B. 用于投资入股

    C. 用于无偿赠送                    D. 用于抵债

4. 下列行为中，既缴纳增值税又缴纳消费税的有（        ）。（知识点：税额计算）

    A. 酒厂将自产的白酒赠送给协作单位

    B. 卷烟厂将自产的烟丝移送用于生产卷烟

    C. 日化厂将自产的香水精移送用于生产护肤品

    D. 汽车厂将自产的应税小汽车赞助给某艺术节组委会

5. 如果出现下列（        ）情形，无论纳税人在财务上如何处理，都不得作为委托加工应税消费品，而应按销售自制应税消费品缴纳消费税。（知识点：委托加工税额计算）

    A. 受托方提供原材料生产的应税消费品

    B. 受托方先将原材料卖给委托方，再接受加工的应税消费品

    C. 受托方以委托名义购进原材料生产的应税消费品

    D. 受托方代垫辅料另行收费卖给委托方生产的应税消费品

6. 根据消费税法律制度规定，下列各项中，不缴纳消费税的有（        ）。（知识点：税额计算）

    A. 委托方将收回的应税消费品，以不高于受托方的计税价格出售的

    B. 委托方收回的应税消费品以高于受托方的计税价格出售的，应计算缴纳消费税，但准予扣除受托方已代收代缴的消费税

    C. 自产应税消费品，用于连续生产非应税消费品的

    D. 自产应税消费品，用于连续生产应税消费品的

7. 消费税复合计税法下，计算应纳税额的组成计税价格公式表述正确的有（        ）。（知识点：税额计算）

    A. 委托加工的，组成计税价格 =（材料成本 + 加工费 + 委托加工数量 × 定额税率）÷（1 - 比例税率）

    B. 自产自用的，组成计税价格 =（成本 + 利润 + 移送使用数量 × 定额税率）÷（1 - 比例税率）

    C. 进口的，组成计税价格 =（关税完税价格 + 关税 + 进口数量 × 定额税率）÷（1 - 比例税率）

    D. 委托加工的，组成计税价格 =（材料成本 + 委托加工数量 × 定额税率）÷（1 - 比

例税率）

8. 下列应税消费品销售时可以扣除外购已税消费品已纳税额的有（        ）。（知识点：已纳税额扣除计算）

A. 用外购已税烟丝为原料生产的卷烟

B. 用外购已税高档化妆品为原料生产的高档化妆品

C. 用外购已税珠宝玉石为原料生产的贵重首饰及珠宝玉石

D. 用外购已税的白酒生产的酒类产品

9. 根据消费税法律制度规定，下列情形中，应缴纳消费税的有（        ）。（知识点：自产自用税额计算）

A. 卷烟厂将自产卷烟用于个人消费

B. 化妆品厂将自产的高档化妆品赠送给客户

C. 酒厂将自产的啤酒赞助啤酒节

D. 地板厂将自产的实木地板用于办公室装修

10. 根据消费税法律制度规定，下列业务中，应当征收消费税的有（        ）。（知识点：自产自用税额计算）

A. 自产的白酒用于对外投资            B. 自产的小汽车用于赞助

C. 自产的鞭炮赠送他人                D. 自产的钻石用于零售

### 三、判断题

1. 啤酒、黄酒从量定额征收消费税的，其包装物押金不征消费税。（知识点：税额计算）                                （    ）

2. 纳税人通过自设非独立核算门市部销售的自产应税消费品，应按门市部对外销售额或者销售量征收消费税。（知识点：自产自用税额计算）                        （    ）

3. 委托加工应税消费品由委托方收回后以不高于受托方的计税价格出售时，出售环节不再缴纳消费税。（知识点：委托加工税额计算）                        （    ）

4. 委托个人加工的应税消费品，由委托方收回后缴纳消费税。（知识点：委托加工税额计算）                                        （    ）

5. 包装物连同应税消费品销售单独计价的，包装物不征消费税。（知识点：税额计算）                                        （    ）

6. 受托方以委托方名义购买原材料生产应税消费品的，可作为委托加工应税消费品，由受托方向委托方交货时代收代缴。（知识点：委托加工税额计算）        （    ）

7. 对批发环节纳税人销售卷烟计征消费时，不得扣除已含的生产环节已纳的消费税。（知识点：批发环节税额计算）                                （    ）

8. 高档化妆品在进口环节应缴纳关税、增值税和消费税。（知识点：进口环节税额计算）                                        （    ）

9. 珠宝店进口钻石饰品应缴纳消费税。（知识点：零售环节税额计算）    （    ）

10. 尚未逾期但收取时间超过 12 个月的高档化妆品包装物押金应并入高档化妆品的销售额，按化妆品的适用税率缴纳消费税。（知识点：税额计算）            （    ）

## 四、计算题

1. 某酒厂用外购粮食白酒为原料以曲香调味生产浓香型白酒 100 吨，当月全部发往经销商，并办妥托收手续，不含税价款 1 480 万元尚未收到，则该厂上述业务应缴纳消费税税额为（　　）万元。（知识点：自产销售税额计算）

A. 121　　　　　B. 112　　　　　C. 306　　　　　D. 103

2. 某啤酒厂销售给甲商场啤酒 40 吨，实现的不含税销售额 120 000 元，代垫不含税运费 2 000 元，则该啤酒厂上述业务应缴纳的消费税为（　　）元。（知识点：税额计算）

A. 10 000　　　B. 9 000　　　C. 9 600　　　D. 9 800

3. 某高尔夫球具厂为增值税一般纳税人，下设一非独立核算的门市部。4 月该厂将生产的一批成本为 70 万元的高尔夫球具移送门市部，门市部将其中的 80% 零售，取得含税销售额 74.58 万元。已知高尔夫球具的消费税税率为 10%，成本利润率为 10%。该厂此项业务应缴纳的消费税税额为（　　）元。（知识点：自产销售税额计算）

A. 70 000　　　B. 77 220　　　C. 66 000　　　D. 78 000

4. 某化妆品厂将一批自产的高档化妆品用于职工福利，该批高档化妆品暂无同类产品市场销售价格，账面显示生产成本为 8 000 元，化妆品成本利润率为 5%，则该批高档化妆品应缴纳的消费税为（　　）元。（知识点：自产自用税额计算）

A. 2 520　　　B. 1 482.35　　　C. 3 429　　　D. 2 578

5. 某高尔夫球具厂接受某俱乐部委托加工一批高尔夫球具，俱乐部提供主要材料不含税成本为 8 000 元，球具厂收取含税加工费和代垫辅料费 2 712 元，球具厂没有同类球具的销售价格。该俱乐部应缴纳的消费税为（　　）元。（知识点：委托加工税额计算）

A. 1 155.56　　　B. 1 123.56　　　C. 1 150　　　D. 1 213.56

6. 某进出口贸易公司为增值税一般纳税人，进口白酒 2 吨，已知关税完税价格为 100 万元，缴纳关税 30 万元，则该批进口白酒应缴纳的消费税为（　　）元。（知识点：进口货物税额计算）

A. 327 500　　　B. 327 000　　　C. 325 600　　　D. 323 500

7. 某酒厂生产一种新粮食白酒，无偿赠与客户 0.8 吨，已知该种白酒无同类产品出厂价，生产成本每吨 40 000 元，成本利润率为 10%。该酒厂上述业务应缴纳的消费税为（　　）元。（知识点：自产自用税额计算）

A. 8 600　　　B. 9 600　　　C. 8 800　　　D. 9 800

8. 某卷烟厂从甲企业购进烟丝，取得增值税专用发票注明的价款为 50 万元，领用其中的 60% 用于生产 A 牌卷烟（甲类）。本月销售 A 牌卷烟 80 标准箱，取得不含税销售额 400 万元。则该卷烟厂上述业务应缴纳的消费税为（　　）万元。（知识点：已纳税额扣除计算）

A. 210.2　　　B. 216.2　　　C. 224　　　D. 225.2

## 五、综合分析题

1. 丽都市思佳日化厂为增值税一般纳税人，主要生产化妆品和一部分护肤护发品。该厂 5 月份发生的涉税业务如下：

（1）厂部非独立核算门市部对外销售本厂生产的洗发水 900 瓶、胭脂 1 800 盒，价税合计收入 226 000 元。会计未将上述销售作明细核算，无法分清两种产品的各自收入额。

（2）销售化妆品礼盒 800 套，取得不含税销售额 520 000 元。该礼盒由胭脂、卸妆油、眉笔和洗发水、护发素组成，账户资料显示，其中：化妆品销售额为 242 000 元，洗发护发品销售额为 278 000 元。

（3）本月用于职工福利发放的化妆品，生产成本 30 000 元，本厂无同类产品销售价格。

（4）从国外进口一批散装化妆品，关税完税价格为 150 万元，进口关税 60 万元。

注：本题所述"化妆品"均属高档化妆品应征消费税。

根据上述资料回答下列问题：

（1）厂部非独立核算门市部应纳消费税（　　）元。

A. 30 000　　　　B. 30 521.74　　　　C. 70 200　　　　D. 39 780

（2）销售化妆品礼盒应纳消费税（　　）元。

A. 72 600　　　　B. 78 000　　　　C. 156 000　　　　D. 133 333

（3）用于职工福利的化妆品应纳消费税（　　）元。

A. 0　　　　B. 9 000　　　　C. 5 558.82　　　　D. 13 500

（4）进口化妆品应纳消费税（　　）元。

A. 37.06　　　　B. 90　　　　C. 45　　　　D. 53.8

2. 甲酒厂为增值税一般纳税人，2020 年 9 月发生如下经济业务：

（1）向农业生产者收购粮食 30 吨，每吨收购价 2 000 元，共计支付收购价款 60 000 元。

（2）甲酒厂将收购的粮食从收购地直接运往异地的乙酒厂生产加工白酒，白酒加工完毕，甲酒厂收回白酒 8 吨，取得乙酒厂开具的增值税专用发票注明加工费 25 000 元，代垫辅料价值 15 000 元，加工的白酒当地无同类产品市场价格。

根据上述资料回答下列问题：

（1）甲酒厂收购粮食可抵扣的进项税额为（　　）元。

A. 0　　　　B. 6 000　　　　C. 10 200　　　　D. 7 800

（2）甲酒厂发出委托加工材料成本为（　　）元。

A. 54 000　　　　B. 60 000　　　　C. 67 800　　　　D. 52 200

（3）乙酒厂应代收代缴消费税（　　）元。

A. 31 050　　　　B. 25 050　　　　C. 33 500　　　　D. 33 050

（4）乙酒厂受托加工业务应纳增值税（　　）元。

A. 3 250　　　　B. 4 000　　　　C. 3 550　　　　D. 2 550

3. 某化妆品生产企业为增值税一般纳税人，2020 年 4 月份从国外进口一批散装高档化妆品，关税完税价格为 150 万元。进口机器设备一套，关税完税价格为 40 万元。当月该企业将进口的散装高档化妆品的 80% 生产加工为成套高档化妆品对外销售，取得不含税销售额 434 万元。已知：化妆品的关税税率为 40%、消费税税率为 15%、增值税税率为 13%；机器设备的关税税率为 20%、增值税税率为 13%。

根据上述资料回答下列问题：

（1）进口散装高档化妆品应纳关税（　　）万元，消费税（　　）万元，增值税

（    ）万元。

    A. 60              B. 37.06             C. 32.12             D. 35.7

    （2）进口机器设备应纳关税（    ）万元，消费税（    ）万元，增值税（    ）万元。

    A. 8               B. 0                C. 6.24              D. 35.7

    （3）国内生产销售环节应缴纳增值税（    ）万元。

    A. 73.78          B. 18.06          C. 14.62          D. 59.16

    （4）国内生产销售环节应缴纳消费税（    ）万元。

    A. 130.2         B. 111.28         C. 100.15         D. 35.452

    4. 某市烟草集团公司为增值税一般纳税人，持有烟草批发许可证，2020 年 9 月收回委托加工的卷烟 200 箱。集团公司将其中 20 箱销售给烟草批发商甲企业，取得不含税销售收入 74 万元；80 箱销售给烟草零售商乙专卖店，取得不含税销售收入 320 万元；100 箱作为股本与丙企业合资成立一家烟草零售经销商戊公司。

    根据上述资料回答下列问题：

    （1）集团公司向甲企业销售卷烟应缴纳的消费税为（    ）万元。

    A. 0               B. 8.64            C. 8.14            D. 12.58

    （2）集团公司向乙专卖店销售卷烟应缴纳的消费税为（    ）万元。

    A. 35.2           B. 33.2            C. 56.4           D. 37.2

    （3）集团公司向戊公司投资卷烟应缴纳的消费税为（    ）万元。

    A. 0               B. 46.5            C. 44              D. 44.5

# 学习任务 3.3　消费税会计核算

## 【学习目标】

    掌握消费税会计核算科目设置原理，能对生产销售、自产自用、委托加工及进口等不同情形下计提消费税进行账务处理。

## 【重点与难点】

    重点：生产销售、自产自用、委托加工及进口等不同情形下计提消费税进行账务处理

    难点：自产自用、委托加工消费税账务处理

## 【知识点回顾】

    由于消费税属价内税，企业出售应税消费品而收取的消费税记入"主营业务收入"等账

户，体现为收入。因此，消费税支出应作为成本、费用记入"税金及附加"等账户，从而实现收入与成本费用的配比，这是消费税与增值税核算的主要区别。计提消费税的会计处理见表 3-10。

表 3-10  计提消费税的会计处理

| 业务类型 | | 计提消费税的会计处理 |
|---|---|---|
| 生产销售（零售、批发） | | 计提消费税：借：税金及附加<br>贷：应交税费——应交消费税 |
| 自产自用 | 会计上不确认收入的 | 主要包括用于连续生产非应税消费品、在建工程、管理部门、捐赠、赞助、广告样品等，应于货物移交使用时作如下会计处理。<br>借：生产成本（非应税消费品）<br>　　在建工程（在建工程）<br>　　固定资产（管理部门）<br>　　营业外支出（捐赠、赞助）<br>　　销售费用（广告样品）<br>贷：应交税费——应交消费税 |
| | 会计上确认收入的 | 主要包括对外投资、职工福利、劳动保护、股利分红等，应于货物对外移送时作如下会计处理。<br>借：税金及附加<br>贷：应交税费——应交消费税 |
| 委托加工 | 委托方 | 支付受托方代扣代缴消费税时<br>借：委托加工物资（收回的应税消费品直接对外销售）<br>　　应交税费——应交消费税（收回的应税消费品用于连续生产应税消费品）<br>贷：银行存款 |
| | 受托方 | 收到代扣代缴消费税额时<br>借：银行存款<br>贷：应交税费——代扣代缴消费税 |
| 进口 | | 根据支付的消费税税额<br>借：固定资产、库存商品等<br>贷：银行存款 |

## 【典型题例分析】

【综合分析题】某摩托车生产企业（增值税一般纳税人），6月份将自产的摩托车 10 辆赠与某受灾乡镇。该摩托车不含税售价每辆为 5 000 元，生产成本每辆为 2 000 元，消费税税率为 3%。根据上述资料回答下列问题：

（1）上述将摩托车赠与某受灾乡镇的行为是否应缴增值税和消费税？说明理由。

（2）如果需要缴纳请分别计算应缴增值税与消费税的税额，并作出与税金相关的账务处理。

【答案】

（1）将自产摩托车赠与乡镇行为应视同销售同时计征增值税和消费税。

（2）增值税与消费税的计税依据均为每辆 5 000 元。

$$增值税销项税额 = 10 \times 5\,000 \times 13\% = 6\,500（元）$$
$$应纳消费税税额 = 10 \times 5\,000 \times 3\% = 1\,500（元）$$

编制会计分录如下：

借：营业外支出　　　　　　　　　　　　　　　　28 000
　　贷：库存商品　　　　　　　　　　　　　　　　　20 000
　　　　应交税费——应交增值税（销项税额）　　　　6 500
　　　　　　　　——应交消费税　　　　　　　　　　1 500

## 【职业能力训练】

### 一、单项选择题

1. 自产应税消费品对外销售计提的消费税会计上应记入（　　）账户。（知识点：自产销售）

A. 管理费用　　　　　B. 税金及附加　　　　　C. 销售费用　　　　　D. 主营业务成本

2. 自产应税消费品用于广告样品时，计提的消费税会计上应记入（　　）账户。（知识点：自产自用）

A. 税金及附加　　　　B. 销售费用　　　　　C. 主营业务成本　　　D. 管理费用

3. 自产应税消费品用于职工福利时，计提的消费税会计上应记入（　　）账户。（知识点：自产自用）

A. 税金及附加　　　　　　　　　　　B. 销售费用
C. 主营业务成本　　　　　　　　　　D. 管理费用

4. 自产应税消费品捐赠给社会福利机构，计提的消费税会计上应记入（　　）账户。（知识点：自产自用）

A. 税金及附加　　　　B. 销售费用　　　　　C. 营业外支出　　　　D. 管理费用

5. 委托方收回委托加工应税消费品直接对外销售时，下列处理正确的是（　　）。（知识点：委托加工）

A. 支付由受托方代收代缴的消费税款时，应借记"委托加工物资"
B. 支付由受托方代收代缴的消费税款时，应借记"应交税费——应交消费税"
C. 支付由受托方代收代缴的消费税款时，应借记"销售费用"
D. 收回的应税消费品对外销售时，应按销售额计算征收消费税

### 二、多项选择题

1. 某化妆品生产企业为增值税一般纳税人，销售高档化妆品开具增值税专用发票注明价款共计 850 000 元、增值税 110 500 元。对于上述业务下列处理正确的有（　　）。（知识点：自产销售）

A. 应交消费税税额为 127 500 元
B. 计提消费税的会计分录为：
　　借：税金及附加　　　　　　　　　　　　　　127 500

　　　　　　　　贷：应交税费——应交消费税　　　　　　　　　　　　　　　127 500

　　C. 计提消费税的会计分录为：

　　　　借：销售费用　　　　　　　　　　　　　　　　　　　　　　　　　127 500

　　　　　　贷：应交税费——应交消费税　　　　　　　　　　　　　　　　127 500

　　D. 实现销售收入的会计分录：

　　　　借：银行存款　　　　　　　　　　　　　　　　　　　　　　　　　960 500

　　　　　　贷：主营业务收入　　　　　　　　　　　　　　　　　　　　　850 000

　　　　　　　　应交税费——应交增值税（销项税额）　　　　　　　　　　110 500

　　2. 某汽车制造厂为增值税一般纳税人，用自产的乘用车 10 辆投资于某客运公司，税务机关认可的不含税售价为 150 000 元 / 辆，实际生产成本为 100 000/ 辆，乘用车适用消费税税率为 5%。此项业务以下处理正确的有（　　　　　）。（知识点：自产自用）

　　A. 用自产应税消费品对外投资，应视同销售同时征收增值税和消费税

　　B. 应交增值税为 195 000 元，应交消费税为 75 000 元

　　C. 借：长期股权投资　　　　　　　　　　　　　　　　　　　　　　　1 695 000

　　　　　　贷：主营业务收入　　　　　　　　　　　　　　　　　　　　　1 500 000

　　　　　　　　应交税费——应交增值税（销项税额）　　　　　　　　　　195 000

　　D. 借：税金及附加　　　　　　　　　　　　　　　　　　　　　　　　75 000

　　　　　　贷：应交税费——应交消费税　　　　　　　　　　　　　　　　75 000

　　3. 某卷烟厂（增值税一般纳税人）委托甲企业加工烟丝。卷烟厂提供烟叶成本 55 000 元；支付加工费 20 000 元，取得增值税专用发票。卷烟厂收回烟丝后直接用于销售，实现销售收入 100 000 元。与上述业务相关的增值税与消费税处理正确的有（　　　　　）。（知识点：委托加工）

　　A. 根据支付加工费的增值税专用发票编制会计分录：

　　　　借：委托加工物资　　　　　　　　　　　　　　　　　　　　　　　20 000

　　　　　　应交税费——应交增值税（进项税额）　　　　　　　　　　　　2 600

　　　　　　贷：银行存款　　　　　　　　　　　　　　　　　　　　　　　22 600

　　B. 根据实际支付的消费税编制会计分录：

　　　　借：委托加工物资　　　　　　　　　　　　　　　　　　　　　　　32 143

　　　　　　贷：银行存款　　　　　　　　　　　　　　　　　　　　　　　32 143

　　C. 根据实际支付的消费税编制会计分录：

　　　　借：应交税费——应交消费税　　　　　　　　　　　　　　　　　　32 143

　　　　　　贷：银行存款　　　　　　　　　　　　　　　　　　　　　　　32 143

　　D. 卷烟厂收回烟丝对外销售时只需缴纳增值税不再缴纳消费税

　　4. 某增值税一般纳税人企业从国外进口自用小汽车一辆自用，关税完税价格 350 000 元，关税税率为 20%，消费税税率为 12%，价税款全部支付。以下会计处理正确的有（　　　　　）。（知识点：进口）

　　A. 增值税和消费税的计税依据相同，均为 477 273 元

　　B. 海关进口环节应缴纳增值税 62 045.49 元、消费税 57 273 元

C. 进口汽车应作如下会计分录：

　　借：固定资产　　　　　　　　　　　　　　　　539 318.49

　　　　贷：银行存款　　　　　　　　　　　　　　　539 318.49

D. 进口汽车应作如下会计分录：

　　借：固定资产　　　　　　　　　　　　　　　　477 273

　　　　应交税费——应交消费税　　　　　　　　　62 045.49

　　　　贷：银行存款　　　　　　　　　　　　　　　539 318.49

5. 某汽车制造厂委托某企业加工一批产品，收回后用于连续生产应税消费品，并支付加工费 10 000 元，增值税 1 300 元，受托方代扣代缴消费税 1 579 元。则该汽车制造厂在提货和入库时正确的会计处理为（　　　　　）。（知识点：委托加工）

A. 借：库存商品　　　　　　　　　　　　　　　　10 000

　　　贷：委托加工物资　　　　　　　　　　　　　　10 000

B. 借：委托加工物资　　　　　　　　　　　　　　11 579

　　　应交税费——应交增值税（进项税额）　　　　1 300

　　　贷：银行存款　　　　　　　　　　　　　　　　12 879

C. 借：委托加工物资　　　　　　　　　　　　　　10 000

　　　应交税费——应交消费税　　　　　　　　　　1 579

　　　　　　　——应交增值税（进项税额）　　　　1 300

　　　贷：银行存款　　　　　　　　　　　　　　　　12 879

D. 借：生产成本　　　　　　　　　　　　　　　　12 879

　　　贷：银行存款　　　　　　　　　　　　　　　　12 879

## 三、判断题

1. 消费税是一种价内税，纳税人销售应税消费品的售价中包含了消费税，因此，纳税人缴纳的消费税应记入"税金及附加"账户，从销售收入中得到补偿。（知识点：自产销售）

（　　　）

2. 随同商品出售单独计价的包装物，由于其收入记入"其他业务收入"账户，故按规定缴纳的消费税应记入"其他业务成本"账户。（知识点：自产销售）　　（　　　）

3. 纳税人将自产的应税消费品用于捐赠或赞助的，按规定应缴纳的消费税应借记"税金及附加"账户。（知识点：自产自用）　　　　　　　　　　　　　　（　　　）

4. 委托加工应税消费品收回后用于连续生产应税消费品，按规定准予抵扣的消费税不计入委托加工物资成本，在委托支付时借记"应交税费——应交消费税"账户。（知识点：委托加工）

（　　　）

5. 进口应税消费品由海关代征的消费税应计入应税消费品的成本。（知识点：进口）

（　　　）

## 四、综合分析题

1. 某摩托车生产企业（增值税一般纳税人）将自产的摩托车 5 辆移交本厂相关部门使

用。该摩托车不含税售价为 7 000 元 / 辆，生产成本为 5 000 元 / 辆，消费税税率为 3%。

根据上述资料回答下列问题：

（1）对于将摩托车移交本厂相关部门使用的行为征收增值税与消费税的下列说法中正确的是（    ）。

　　A. 应视同销售同时计征增值税和消费税

　　B. 应视同销售同时计征增值税，但不征消费税

　　C. 应视同销售同时计征消费税，但不征增值税

　　D. 无须计征增值税和消费税

（2）如果需要分别缴纳增值税与消费税，下列处理正确的有（    ）。

　　A. 增值税销项税额为 4 550 元

　　B. 消费税税额为 1 050 元

　　C. 编制会计分录如下

| | | |
|---|---|---|
| 借：固定资产 | | 30 600 |
| 贷：库存商品 | 25 000 | |
| 应交税费——应交增值税（销项税额） | 4 550 | |
| ——应交消费税 | 1 050 | |

　　D. 
| | | |
|---|---|---|
| 借：固定资产 | | 40 600 |
| 贷：主营业务收入 | 35 000 | |
| 应交税费——应交增值税 | 4 550 | |
| ——应交消费税 | 1 050 | |

2. 某酒厂（增值税一般纳税人）欠甲公司货款 50 000 元，经双方协商现以自产粮食白酒 10 吨抵偿。该粮食白酒成本为 3 000 元 / 吨，每吨售价在 4 800~5 200 元浮动，平均售价为 5 000 元 / 吨。根据上述资料回答下列问题：

（1）对于酒厂以白酒抵还欠款的行为是否征收增值税和消费税的下列说法中正确的是（    ）。

　　A. 以自产应税消费品抵债应同时缴纳增值税和消费税

　　B. 以自产应税消费品抵债应视同销售同时计征增值税，但不征消费税

　　C. 以自产应税消费品抵债应视同销售同时计征消费税，但不征增值税

　　D. 无须计征增值税和消费税

（2）如果需要计征增值税和消费税，对于增值税和消费税的计税依据的下列说法中正确的有（    ）。

　　A. 纳税人用于换取生产资料和消费资料、投资入股和抵偿债务的应税消费品，应以纳税人同类应税消费品的最高销售价格为消费税计税依据

　　B. 消费税的计税依据为货物的最高售价，即 5 200 元

　　C. 增值税的计征依据按视同销售行为确定，有同类货物销售价的，为其最近时期同类货物的平均售价

　　D. 增值税的计税依据为货物的平均售价，即 5 000 元

（3）下列关于应纳增值税账务处理正确的有（    ）。

A. 应纳增值税 = 10 × 5 000 × 13% = 6 500（元）

B. 编制会计分录：

借：应付账款——甲公司 50 000

营业外支出 6 500

贷：主营业务收入 50 000

应交税费——应交增值税（销项税额） 6 500

C. 编制会计分录：

借：应付账款——甲公司 50 000

营业外支出 6 500

贷：库存商品 50 000

应交税费——应交增值税（销项税额） 6 500

D. 编制会计分录：

借：税金及附加 56 500

贷：主营业务收入 50 000

应交税费——应交增值税 6 500

（4）下列关于应纳消费税账务处理正确的有（　　　　）。

A. 应纳消费税税额为 20 400 元

B. 计提消费税会计分录：

借：税金及附加 20 400

贷：应交税费——应交消费税 20 400

C. 计提消费税会计分录：

借：管理费用 20 400

贷：应交税费——应交消费税 20 400

D. 计提消费税会计分录：

借：营业外支出 20 400

贷：应交税费——应交消费税 20 400

3. 大山木地板厂为增值税一般纳税人，6 月份发生如下委托加工业务：当月从林场收购木材 30 吨，开具的收购凭证上注明收购款 42 万元；另支付运杂费 3 万元，取得普通发票。木材验收后又运往红安地板厂委托其加工成未上漆的实木地板。当月收回全部委托加工的实木地板，取得红安地板厂开具的增值税专用发票，注明加工费 8 万元、增值税 1.04 万元。红安地板厂按税法规定扣缴了消费税税额。大山木地板厂委托收回的实木地板全部领用继续加工上漆，当月生产实木地板 2 000 箱，对外销售实木地板 1 500 箱，取得不含税销售额 450 万元；用于本厂会议室装修用实木地板 100 箱。已知实木地板的消费税税率为 5%。

大山木地板厂对上述业务进行了如下消费税计算和账务处理：

（1）当月应纳消费税税额 = 450 × 5% = 22.5（万元）

（2）当月准予抵扣的委托加工实木地板已纳消费税税额 =（42 + 3）÷（1 - 5%）× 5% = 2.368 4（万元）

（3）当月实际应纳消费税税额 = 22.5 - 2.368 4 = 20.131 6（万元）

（4）账务处理如下：

收回委托加工货物，支付受托方扣缴的消费税时，编制会计分录：

借：应交税费——应交消费税　　　　　　　　　　　23 684
　　贷：应付账款（或银行存款）　　　　　　　　　　　23 684

计提当月应交消费税时，编制会计分录：

借：税金及附加　　　　　　　　　　　　　225 000
　　贷：应交税费——应交消费税　　　　　　　　　　225 000

下月实际缴纳消费税时，编制会计分录：

借：应交税费——应交消费税　　　　　　　　201 316
　　贷：银行存款　　　　　　　　　　　　　　　201 316

大山木地板厂的上述计算和账务处理是否正确，为什么？

# 学习任务 3.4　消费税纳税申报

## 【学习目标】

熟悉消费税征收管理法律规定，能完成消费税纳税申报和税款缴纳任务。

## 【重点与难点】

重点：消费税纳税义务发生时间、纳税期限及纳税地点确定　消费税纳税申报表填制

难点：消费税纳税申报表填制

## 【知识点回顾】

### 一、纳税义务发生时间

消费税纳税义务发生时间见表 3-11。

表 3-11　消费税纳税义务发生时间

| 具体情形 | | 纳税义务发生时间 |
|---|---|---|
| 自产销售的 | 赊销和分期收款结算方式 | 销售合同规定的收款日期当天；书面合同没有约定收款日期或无书面合同的，为发出应税消费品的当天 |
| | 预收货款结算方式 | 发出应税消费品的当天 |
| | 托收承付或委托银行收款方式结算 | 发出应税消费品并办妥托收手续的当天 |
| | 其他结算方式 | 收讫销售款或者取得索取销售款凭据的当天 |

续表

| 具体情形 | 纳税义务发生时间 |
|---|---|
| 自产自用 | 移送使用的当天 |
| 委托加工 | 委托方提货的当天 |
| 进口 | 报关进口的当天 |

## 二、纳税期限

消费税纳税期限见表 3-12。

表 3-12　消费税纳税期限

| 税额计算期限 | 税款缴纳期限 |
|---|---|
| 消费税纳税期限分别为 1 日、3 日、5 日、10 日、15 日、1 个月或 1 个季度。具体纳税期限，由主管税务机关根据纳税人应纳税额的大小分别核定，不能按固定期限纳税的，可以按次纳税 | （1）纳税人以 1 个月或 1 个季度为一期纳税的，自期满之日起 15 日内申报纳税；以 1 日、3 日、5 日、10 日或 15 日为一期纳税的，自期满之日起 5 日内预缴税款，于次月 1 日起 15 日内申报纳税并结清上月应纳税款。<br>（2）进口应税消费品应当自海关填发税款缴款书之日起 15 日内缴纳税款 |

## 三、纳税地点

消费税纳税地点见表 3-13。

表 3-13　消费税纳税地点

| 应税行为 | 纳税地点 |
|---|---|
| 自产自销和自产自用行为 | 纳税人机构所在地或居住地 |
| 委托加工行为 | 由受托方向其机构所在地或居住地主管税务机关解缴税款，但委托个人加工的，由委托方向其机构所在地或居住地主管税务机关缴纳 |
| 进口行为 | 由进口人或其代理人向报关地海关申报 |
| 到外县（市）销售或委托外县（市）代销的 | 回纳税人机构所在地或居住地主管税务机关申报 |
| 总机构与分支机构不在同一县（市）的 | 一般向各自机构所在地主管税务机关申报 |

## 【典型题例分析】

【多项选择题】根据消费税法律制度的规定，关于消费税纳税义务发生时间的下列表述中，正确的有（　　　　）。

A. 纳税人采取预收货款结算方式销售应税消费品的，为收到预收款的当天

B. 纳税人自产自用应税消费品的，为移送使用的当天

C. 纳税人委托加工应税消费品的，为纳税人提货的当天

D. 纳税人进口应税消费品的，为报关进口的当天

【答案】BCD

【解析】选项 A，纳税人采取预收货款结算方式的，消费税纳税义务发生时间为发出应税消费品的当天。

## 【职业能力训练】

### 一、单项选择题

1. 纳税人采取委托收款方式销售应税消费品的，消费税纳税义务发生时间为（    ）。（知识点：纳税义务发生时间）

A. 发出应税消费品的当天          B. 办妥托收手续的当天

C. 实际收到货款的当天            D. 合同约定的收款日期的当天

2. 纳税人采取预收货款方式销售应税消费品的，消费税纳税义务发生时间为（    ）。（知识点：纳税义务发生时间）

A. 发出应税消费品的当天          B. 办妥货物入库手续的当天

C. 实际收到货款的当天            D. 合同约定的收款日期的当天

3. 纳税人委托加工应税消费品的，消费税纳税义务发生时间为（    ）。（知识点：纳税义务发生时间）

A. 纳税人提货的当天              B. 结算加工费的当天

C. 收回应税货物再销售或领用的当天    D. 签订委托加工合同的当天

4. 纳税人选择 15 天为纳税计算期的，应（    ）。（知识点：纳税期限）

A. 自期满之日起 15 日内申报纳税

B. 自期满之日起 5 日内预缴税款，于次月 15 日内申报纳税并结清上月应纳税款

C. 自期满之日起 10 日内预缴税款，于次月 15 日内申报纳税并结清上月应纳税款

D. 自期满之日起 15 日内预缴税款，于次月 15 日内申报纳税并结清上月应纳税款

5. 纳税人生产销售及自产自用的应税消费品其消费税纳税地点一般为（    ）。（知识点：纳税地点）

A. 应税消费品销售地              B. 应税消费品使用地

C. 纳税人机构所在地或居住地        D. 应税消费品生产经营地

### 二、多项选择题

1. 下列关于消费税纳税义务发生时间的说法正确的有（    ）。（知识点：纳税义务发生时间）

A. 自产自用应税消费品的，为移送使用的当天

B. 委托加工应税消费品的，为纳税人提货的当天

C. 进口应税消费品的，为报关进口的当天

D. 一般情况下为收讫销售款或取得索取销售款凭据的当天

2. 下列关于消费税纳税义务发生时间的说法正确的有（　　　　）。（知识点：纳税义务发生时间）

A. 进口应税消费品的，为报关进口的当天

B. 赊销但合同未约定收款日期的，为发出应税消费品的次日

C. 预收款结算方式的，为发出应税消费品的当天

D. 自产自用应税消费品的，为货物移送使用的当天

3. 下列各项中，不符合现行消费税法规规定的是（　　　　）。（知识点：纳税义务发生时间、纳税地点）

A. 纳税人总分支机构不在同一县（市）的，一律在总机构所在地缴纳消费税

B. 纳税人销售的应税消费品，除另有规定外，应向纳税人机构所在地或居住地税务机关申报纳税

C. 纳税人委托加工应税消费品，其纳税义务发生时间为纳税人支付加工费的当天

D. 因质量原因由购买方退回的消费品，可退还已征的消费税，也可直接抵减应纳税额

4. 下列关于消费税纳税地点的说法正确的有（　　　　）。（知识点：纳税地点）

A. 自产销售应税消费品应当向纳税人机构所在地或居住地主管税务机关申报纳税

B. 委托加工应税消费品，一律由受托方所在地主管税务机关代收代缴

C. 进口应税消费品，由进口人或其代理人向报关地海关申报纳税

D. 纳税人到外县（市）销售或委托外县（市）代销自产应税消费品的，应回纳税人机构所在地或居住地申报

### 三、判断题

1. 纳税人到外县销售自产应税消费品的，应回纳税人机构所在地或居住地申报纳税。（知识点：纳税地点）　　　　　　（　　）

2. 委托个人加工应税消费品的，应由委托方向其机构所在地或居住地主管税务机关申报纳税。（知识点：纳税地点）　　　　（　　）

3. 纳税人采取预收货款结算方式销售应税消费品的，其消费税纳税义务发生时间为销售合同规定的收款日期当天。（知识点：纳税义务发生时间）　（　　）

4. 纳税人委托加工应税消费品的，其消费税纳税义务发生时间为受托方加工完毕的当天。（知识点：纳税义务发生时间）　　　　　（　　）

5. 纳税人进口应税消费品，应当自海关填发税款缴款书之日起 10 日内缴纳税款。（知识点：纳税期限）　　　　　　　　（　　）

### 四、综合分析题

1. 企业基本情况：

企业名称：滨海市通用股份有限公司

纳税人识别号：83410678658609724H

企业地址：滨海市开发路 341 号

法人代表：胡军

注册资本：15 000 万元

企业类型：股份有限公司

财务负责人：陈开慧

办税员：胡宝祥

企业开户银行及账号：工商银行滨海市开发路支行　8734671260828790543

滨海市通用股份有限公司为增值税一般纳税人，主要从事汽车生产与销售，会计核算执行企业会计准则，消费税以 1 个月为 1 期缴纳。

2. 2020 年 6 月份与消费税相关的经济业务资料如下：

（1）当月进口排量为 4.0 升的日产"丰田"越野车 22 辆，关税完税价为 175 000 美元 / 辆。已知关税税率为 20%，消费税税率为 25%，1 美元 ＝ 6.8 元人民币。

（2）当月销售上述进口丰田汽车 12 辆，每辆不含税价 2 380 000 元。（提示：超豪华小汽车零售环节加征 10% 消费税。超豪华小汽车为每辆零售价格 130 万元（不含增值税）及以上的乘用车和中轻型商用客车。）

（3）采用委托银行收款方式内销自产 A 牌小轿车 40 辆，每辆不含税售价 180 000 元，货已发出并办妥委托收款手续，款项未收到；同时收取售后服务费 4 520 元 / 辆。A 牌小轿车消费税税率为 5%。

（4）用 10 辆自产 B 牌汽车投资入股某租赁公司，占该公司有表决权股份的 10%。B 牌汽车的出厂不含税价每辆 300 000 元，最高不含税价每辆 375 000 元。B 牌小轿车消费税税率为 5%。

3. 操练要求：

（1）计算进口环节应纳关税、增值税与消费税，并编制会计分录；

（2）计算国内销售汽车应纳消费税税额，编制与消费税相关的会计分录；

（3）填制滨海市通用股份有限公司当月"小汽车消费税纳税申报表"。

# 学习任务 3.5　消费税出口退税

## 【学习目标】

熟悉消费税出口退税政策，能正确选择消费税出口退税政策，计算消费税出口退税额，办理出口退税申报，并进行账务处理。

## 【重点与难点】

重点：消费税出口退税政策　消费税出口退税额计算与核算

难点：消费税出口退税政策选择

## 【知识点回顾】

### 一、出口应税消费品退（免）税政策的适用范围

出口应税消费品退（免）税政策的适用范围见表 3-14。

**表 3-14　出口应税消费品退（免）税政策的适用范围**

| 政策类别 | 适用范围 |
|---|---|
| 出口免税并退税 | 有出口经营权的外贸企业购进应税消费品直接出口或外贸企业受其他外贸企业委托代理出口。（注：外贸企业受非生产性的商贸企业委托代理出口应税消费品不予退（免）税） |
| 出口免税不退税 | 有出口经营权的生产性企业自营出口或委托外贸企业代理出口 |
| 出口不免也不退 | 一般商贸企业委托外贸企业代理出口应税消费品一律不予退（免）消费税 |

### 二、出口应税消费品退税额的计算

出口应税消费品退税额的计算见表 3-15。

**表 3-15　出口应税消费品退税额的计算**

| 计算项目 | 内容 |
|---|---|
| 退税率选择 | 消费税退税率等于该应税消费品的适用征税率。不同税率应税消费品出口能分开核算并申报的，分别适用不同税率；不能分开核算的，一律选用最低税率计算退税 |
| 退税额计算 | 从价定率：应退税额 = 出口货物工厂销售额 × 征收率 |
| | 从量定额：应退税额 = 报关出口数量 × 单位税额 |
| | 复合计税：应退税额 = 出口货物工厂销售额 × 征收率 + 报关出口数量 × 单位税额 |

### 三、消费税与增值税出口退税政策差异

消费税与增值税出口退税政策差异见表 3-16。

**表 3-16　消费税与增值税出口退税政策差异**

| 项目 | 增值税出口退税 | 消费税出口退税 |
|---|---|---|
| 退税率 | 法定退税率 | 征税率即为退税率 |
| 生产企业自营出口或委托外贸企业代理出口 | 采用"免抵退"税法，运用特定公式和规定退税率计算退税额 | 采用出口免税不退税政策，不计算退税 |
| 外贸企业收购货物出口 | 采用"先征后退"法，用收购价款和规定的退税率计算退税额 | 采用出口免税并退税政策，用收购价和规定的征税率计算退税额 |

## 【典型题例分析】

【综合分析题】宏都进出口公司 2020 年 10 月从生产企业购进一批化妆品，取得增值税专用发票注明价款 300 000 元、增值税 39 000 元；支付收购化妆品运输费 30 000 元、增值税 2 700 元，取得增值税专用发票。当月该批化妆品全部出口实现销售额 400 000 元。

问题：该公司出口化妆品应退的增值税、消费税分别是多少？请作账务处理。

【答案】购入化妆品时，编制会计分录：

| | |
|---|---:|
| 借：库存商品 | 330 000 |
| 　　应交税费——应交增值税（进项税额） | 41 700 |
| 　　　贷：银行存款 | 371 700 |

报关出口化妆品时，编制会计分录：

| | |
|---|---:|
| 借：应收账款 | 400 000 |
| 　　贷：主营业务收入 | 400 000 |

申报办理出口退税时：（假设增值税出口退税率为 10%）

应退增值税税额 = 300 000 × 10% = 30 000（元）

应退消费税税额 = 300 000 × 15% = 45 000（元）

| | |
|---|---:|
| 借：其他应收款 | 75 000 |
| 　　贷：应交税费——应交增值税（出口退税） | 30 000 |
| 　　　主营业务成本 | 45 000 |

不予退还的增值税税额 = 300 000 × （13% − 10%） = 9 000（元）

| | |
|---|---:|
| 借：主营业务成本 | 9 000 |
| 　　贷：应交税费——应交增值税（进项税额转出） | 9 000 |

## 【职业能力训练】

**一、单项选择题**

1. 下列关于应税消费品出口应退消费税计算方法表述不正确的是（　　）。（知识点：退税额计算）

A. 应退消费税税额 = 出口货物离岸价 × 征收率

B. 应退消费税税额 = 出口货物工厂销售额 × 征收率

C. 应退消费税税额 = 出口数量 × 定额税率

D. 应退消费税税额 = 出口货物工厂销售额 × 征收率 + 出口数量 × 定额税率

2. 下列关于消费税与增值税出口退税政策的差异说法错误的是（　　）。（知识点：退税率、退税额计算）

A. 增值税有法定的退税率，而消费税的征收率同时也是其退税率

B. 生产企业自营出口或委托外贸企业代理出口的增值税适用"出口免税并退税"政策，而消费税适用"出口免税不退税"政策

C. 外贸企业收购货物出口其增值税和消费税均适用"出口免税并退税"政策

D. 外贸企业收购货物出口应退增值税和消费税的计算方法完全相同，均为"先征后退"法

3. 企业自营出口或委托外贸企业代理出口自产应税消费品，其出口退税政策的正确选择是（　　）。（知识点：退税政策）

A. 增值税采用免退税      B. 增值税采用先征后退

C. 消费税采用免税并退税      D. 消费税采用免税但不退税

## 二、多项选择题

1. 下列各项中，属于我国出口应税消费品退（免）税政策的有（　　　　）。（知识点：退税政策）

A. 免税但不退税      B. 不免税但退税

C. 免税并退税      D. 不免税也不退税

2. 下列企业出口应税消费品时，既退（免）增值税又退（免）消费税的有（　　　　）。（知识点：退税政策）

A. 烟厂出口卷烟      B. 酒厂出口白酒

C. 外贸企业收购烟酒后出口      D. 外贸企业委托外贸代理出口烟酒

3. 外贸企业核算自营出口应税消费品应退消费税税额涉及的会计科目有（　　　　）。（知识点：退税额会计核算）

A. 其他应收款      B. 税金及附加

C. 主营业务成本      D. 应交税费——应交消费税

## 三、判断题

1. 增值税出口退税率的调整不会影响消费税出口退税额。（知识点：退税率）
（　　　）

2. 有出口经营权的外贸企业购进应税消费品直接出口的，消费税出口免税但不退税。（知识点：退税政策）
（　　　）

3. 企业应将不同消费税税率的出口应税消费品分开核算和申报，凡划分不清适用税率的，不得退税。（知识点：退税率）
（　　　）

4. 某酒厂自营出口外销白酒一批，因由该酒厂直接出口，可申请出口退还消费税。（知识点：退税政策）
（　　　）

## 四、计算题

某外贸公司从生产企业购进一批化妆品，取得增值税专用发票注明价款 25 万元、增值税 3.25 万元，支付购货运输费 2 万元，当月将此批化妆品全部出口，取得销售收入 32 万元。则该外贸公司出口化妆品应退消费税为（　　　）万元。

A. 9.6      B. 3.75      C. 8.1      D. 8.775

# 项目四
# 关税会计

## 学习任务 4.1  关税纳税人、征税范围与税率确定

### 【学习目标】

掌握关税纳税人、征税范围及税率的基本法律规定，能确定关税纳税人、征税范围和税率。

### 【重点与难点】

重点：税率运用

难点：税率运用

### 【知识点回顾】

#### 一、关税纳税人

关税纳税人见表 4-1。

表 4-1  关税纳税人

| 项目 | 纳税人 | |
|---|---|---|
| 贸易性商品 | 进口货物收货人、出口货物发货人 | |
| 物品 | 物品所有人 | 携带进境的物品——携带人 |
| | | 分离运输的行李——进出境旅客 |
| | | 邮递方式进境的物品——收件人 |
| | | 以邮递或其他运输方式出境的物品——寄件人或托运人 |

## 二、关税征税对象

关税的征税对象是准许进出我国关境的货物和物品。

## 三、关税税率

### （一）进口关税税率

自 2004 年 1 月 1 日起，我国进口关税设有最惠国税率、协定税率、特惠税率、普通税率、配额税率等税率形式，对进口货物在一定时期内可以实行暂定税率。

### （二）出口关税税率

我国出口关税税率仅为一栏，无普通税率和优惠税率之分。

### （三）适用税率

关税的适用税率见表 4-2。

表 4-2    关税的适用税率

| 具体情况 | | | 适用税率 |
|---|---|---|---|
| 进出口货物 | | | 纳税人申报进口或出口之日实施的税率 |
| 进出口货物到达前，经海关核准先行申报的 | | | 按装载此货物的运输工具申报进境之日实施的税率 |
| 进出口货物的补税和退税 | 一般情况 | | 该进出口货物原申报进口或出口之日实施的税率 |
| | 按特定减免税办法批准予以减免税的进口货物，因情况改变经海关批准转让或出售或移作他用需补税的 | | 适用海关接受申报办理纳税手续之日实施的税率 |
| | 加工贸易进口料件等属于保护性质的进口货物 | 经批准转为内销 | 按海关申报转为内销之日实施的税率 |
| | | 未经批准擅自转为内销 | 按海关查获日期所施行的税率 |
| | 暂时进口货物转为正式进口需要补税的 | | 按其申报正式进口之日实施的税率 |
| | 分期支付租金的租赁进口货物 | | 分期付税时，按该项货物原进口之日实施的税率 |

## 四、关税减免

关税减免具体内容见表 4-3。

表 4-3    关税减免具体内容

| 减免类型 | | 具体内容 |
|---|---|---|
| 法定减免 | 免征关税货物 | （1）关税税额在人民币 50 元以下的一票货物。<br>（2）无商业价值的广告品和货样。<br>（3）外国政府、国际组织无偿赠送的物资。<br>（4）进出境运输工具装载的途中必需的燃料、物料和饮食用品。<br>（5）在海关放行前损失的货物 |

续表

| 减免类型 | | 具体内容 |
| --- | --- | --- |
| 法定减免 | 暂不缴纳关税货物 | （1）在展览会、交易会、会议及类似活动中展示或者使用的货物。<br>（2）文化、体育交流活动中使用的表演、比赛用品。<br>（3）进行新闻报道或者摄制电影、电视节目使用的仪器、设备及用品。<br>（4）开展科研、教学、医疗活动使用的仪器、设备及用品。<br>（5）在第（1）至（4）项所列活动中使用的交通工具及特种车辆。<br>（6）货样。<br>（7）供安装、调试、检测设备时使用的仪器、工具。<br>（8）盛装货物的容器。<br>（9）其他用于非商业目的的货物 |
| 特定减免 | | 在法定减免税以外，由国务院或国务院授权的机关颁布法规、规章特别规定的减免税，一般有地区、企业和用途的限制，海关需要进行后续管理，并进行减免税统计 |
| 临时减免 | | 由国务院根据《中华人民共和国海关法》对某个单位、某类商品、某个项目或某批进出口货物的特殊情况，给予特别照顾，一案一批，专文下达的减免税 |

## 【典型题例分析】

【单项选择题】下列关于关税税务处理的说法，正确的是（　　）。

A. 外国企业无偿赠送进口的物资免征关税

B. 进料加工料件，无论是否出口，按照实际进口数量免征进口关税，加工的成品出口，免征出口关税

C. 出口加工区区内企业和行政管理机构进口的自用合理数量的办公用品，予以免除进口关税

D. 已征进口关税的货物，因品质或规格原因，原状退货复运出境的，纳税人自缴纳税款之日起3年内可以申请退还关税

【答案】C

【解析】选项A，外国政府、国际组织无偿赠送的物资免征关税；选项B，进料加工料件，对专为加工出口商品而进口的料件，海关按实际加工复出口的数量，免征进口关税；选项D，已征进口关税的货物，因品质或规格原因，原状退货复运出境的，纳税人自缴纳税款之日起1年内，可以申请退还关税。

## 【职业能力训练】

### 一、单项选择题

1. 下列各项中，不属于关税纳税义务人的是（　　）。（知识点：纳税人）

A. 进口货物收货人　　　　　　　　B. 进口货物代理人

C. 进口货物发货人　　　　　　　　D. 进出境物品所有人

2. 以下关于关税税率应用的表述，不正确的是（　　）。（知识点：税率）

A. 一般情形下，进口货物的补税和退税，适用该进口货物原申报进口之日所实施的税率

B. 暂时进口货物转为正式进口需补税时，应按原进口之日实施的税率征税

C. 按照特定减免税办法批准予以减免税的进口货物，后因情况改变经海关批准转让或出售或移作他用需补税的，应当适用海关接受申报办理纳税手续之日实施的税率征税

D. 加工贸易进口料件等属于保税性质的进口货物，如经批准转为内销，应按向海关申报转为内销之日实施的税率征税

3. 关于关税税率的适用，下列说法错误的是（　　　　）。（知识点：税率）

A. 进出口货物应按纳税人申报进口或出口之日实施的税率征税

B. 溢卸、误卸货物事后确定需征税的，按原运输工具申报进口之日的税率征税，原进口日期无法查明的，按确定补税当天的税率征税

C. 暂时进口货物转为正式进口需予补税时，应按其申报暂时进口之日实施的税率征税

D. 进出口货物到达前，经海关核准先行申报的，应当按照装载此货物的运输工具申报进境之日实施的税率征税

4. 根据进口关税税率的有关规定，下列说法不正确的是（　　　　）。（知识点：税率）

A. 适用最惠国税率的进口货物有暂定税率的，应当适用暂定税率

B. 特惠税率适用原产于与我国签订有特殊优惠关税协定的国家或地区的进口货物

C. 按照普通税率征收的进口货物，经国务院关税税则委员会特别批准，可以使用最惠国税率

D. 特定减免税的进口货物经海关批准转让或挪作他用需补税的，按照原进口之日的税率计税

5. 下列关于关税减免的说法，正确的是（　　　　）。（知识点：关税减免）

A. 关税税额在人民币 50 元以下的一票货物免征关税

B. 进出口广告品和货样免征关税

C. 进出境运输工具装载的燃料、物料和饮食用品免征关税

D. 在海关放行前损坏的货物免征关税

## 二、多项选择题

1. 下列关于关税纳税人的说法正确的有（　　　　　　）。（知识点：纳税人）

A. 对于携带进境的物品，推定其携带人为所有人

B. 对分离运输的行李，推定相应的进出境旅客为所有人

C. 对以邮递方式进境的物品，推定其收件人为所有人

D. 以邮递或其他运输方式出境的物品，推定其寄件人或托运人为所有人

2. 关于关税税率的运用，下列表述中正确的有（　　　　　　）。（知识点：税率）

A. 进出口货物应按纳税人申报进口或出口之日实施的税率征税

B. 加工贸易进口料、件等属于保税性质的进口货物，如经批准转为内销，应按向海关申报转为内销之日实施的税率征税

C. 进出口货物到达前，经海关核准先行申报的，应当按照装载此货物的运输工具申报进境之日实施的税率征税

D. 分期支付租金的租赁进口货物，分期付税时，以付税之日实施的税率征税

3. 以下关于关税税率运用的表述，正确的有（　　　　　）。（知识点：税率）

A. 查获的走私进口货物需予补税的，按查获日的税率征税

B. 按照特定减免税办法批准予以减免税的进口货物，因情况改变经海关批准转让或出售或移作他用需补税的，适用海关接受申报办理纳税手续之日实施的税率

C. 加工贸易进口料件等属于保护性质的进口货物，未经批准擅自转为内销的，适用向海关申报转为内销之日实施的税率

D. 进出口货物到达前，经海关核准先行申报的，适用申报当日实施的税率

4. 下列适用于最惠国税率的货物有（　　　　　）。（知识点：税率）

A. 原产于与我国共同适用最惠国待遇条款的 WTO 成员国或地区的进口货物

B. 原产于与我国签订有相互给予最惠国待遇条款的双边贸易协定的国家或地区的进口货物

C. 原产于我国境内的进口货物

D. 原产地不明的进口货物

5. 关于关税减免，下列表述正确的有（　　　　　）。（知识点：关税减免）

A. 无商业价值的广告品视同货物进口征收关税

B. 在海关放行前损失的货物免征关税

C. 盛装货物的容器单独计价的免征关税

D. 关税税额在人民币 50 元以下的货物免征关税

### 三、判断题

1. 对经批准缓税进口的货物以后交税时，不论是分期还是一次交清税款，均按货物原进口之日的税率征税。（知识点：税率）　　　　　　　　　　　　　　　（　　）

2. 适用协定税率、特惠国税率的进口货物有暂定税率的，应当从低适用税率；适用普通税率的进口货物，不适用暂定税率。（知识点：税率）　　　　　　　　　（　　）

3. 符合税法规定可予减免税的进出口货物，纳税人无须提出申请，海关可直接予以减免税，但海关应对其进行后续管理。（知识点：关税减免）　　　　　　　　（　　）

4. 因品质或者规格原因，出口货物自出口之日起 6 个月内原状复进境的，不征收进口关税。（知识点：关税减免）　　　　　　　　　　　　　　　　　　　（　　）

5. 关税不仅对进出境的货物征税，而且对进出境的劳务征税。（知识点：征税对象）

（　　）

## 学习任务 4.2　关税税额计算

### 【学习目标】

掌握进出口关税完税价格的确认原理和关税计算方法，能计算进出口货物的关税税额。

## 【重点与难点】

重点：一般进出口货物关税完税价格确定　特殊进口货物关税完税价格确定　出口货物关税完税价格确定　进出口关税税额计算

难点：关税完税价格的调整项目及应用

## 【知识点回顾】

### 一、关税完税价格的确定

关税完税价格的确定见表4-4。

表4-4　关税完税价格的确定

| 类型 | | | 调整项目 |
|---|---|---|---|
| 一般进口货物完税价格 | 以成交价格为基础审定的 | 需要计入完税价格的项目：未包括在进口货物的实付或应付价格中的 | （1）由买方负担的下列费用。<br>① 除购货佣金以外的佣金和经纪费。<br>② 与该货物视为一体的容器费用。<br>③ 包装材料费用和包装劳务费用 |
| | | | （2）与进口货物的生产和向我国境内销售有关的，由买方以免费或以低于成本的方式提供，并且可以按适当比例分摊的下列货物或服务的价值：<br>① 进口货物包含的材料、部件、零件和类似货物；<br>② 在生产进口货物过程中使用的工具、模具和类似货物；<br>③ 在生产进口货物过程中消耗的材料；<br>④ 在境外进行的为生产进口货物所需的工程设计、技术研发、工艺及制图等相关服务 |
| | | | （3）买方需向卖方或有关方直接或间接支付的特许权使用费，但是符合下列情形之一的除外：<br>① 特许权使用费与该货物无关；<br>② 特许权使用费的支付不构成该货物向我国境内销售的条件 |
| | | | （4）卖方直接或间接从买方对该货物进口后销售、处置或使用所得中获得的收益 |
| | | 不需要计入完税价格的项目：进口货物的价款中单独列明的 | （1）厂房、机械或者设备等货物进口后发生的建设、安装、装配、维修或者技术援助费用，但是保修费用除外 |
| | | | （2）进口货物运抵我国境内输入地点起卸后发生的运输及其相关费用、保险费 |
| | | | （3）进口关税、进口环节海关代征税及其他国内税 |
| | | | （4）为在境内复制进口货物而支付的费用 |
| | | | （5）境内外技术培训及境外考察费用 |

续表

| 类型 | 调整项目 | | | |
|---|---|---|---|---|
| 一般进口货物完税价格 | 以成交价格为基础审定的 | 进口货物运费、保险费 | 运费 | 一般应当按照由买方实际支付或应当支付的费用计算。运费无法确定,海关应当按照该货物实际运输成本或该货物进口同期运输行业公布的运费率计算运费。运输工具作为进口货物,利用自身动力进境的,海关在审查确定完税价格时,不再另行计入运费 |
| | | | 保险费 | 保险费应当按照实际支付的费用计算。进口货物的保险费无法确定或者未实际发生,海关应当按照"货价加运费"两者总额的3‰计算保险费 |
| | | | 邮运进口的货物,应当以邮费作为运输及其相关费用、保险费 | |
| | | | 以境外边境口岸价格条件成交的铁路或者公路运输进口货物,海关应当按照境外边境口岸价格的1%计算运输及其相关费用、保险费 | |
| | 海关估定的 | 进口货物的成交价格不符合有关规定条件,或成交价格不能确定的,依次以下列方法确定的价格为基础估定完税价格:<br>(1)相同货物成交价格估价方法。<br>(2)类似货物成交价格估价方法。<br>(3)倒扣价格估价方法。<br>(4)计算价格估价方法。<br>(5)其他合理方法 | | |
| 特殊进口货物完税价格 | 运往境外修理的货物:境外修理费 + 料件费 | | | |
| | 运往境外加工的货物,在海关规定期限内复运进境的,应当以海关审定的境外加工费和料件费,以及该货物复运进境的运输及其相关费用、保险费估定完税价格 | | | |
| | 经海关批准的暂时进境的货物,应当按照一般进口货物估价办法的规定,估定完税价格 | | | |
| | 租赁方式进口的货物,按照下列方法审查确定完税价格:<br>(1)以租金方式对外支付的租赁货物,在租赁期间以海关审查确定的租金作为完税价格。<br>(2)留购的租赁货物以海关审查确定的留购价格作为完税价格。<br>(3)纳税人申请一次性缴纳税款的,按照一般进口货物海关估价的方法确定完税价格 | | | |
| | 减税或免税进口的货物需要补税时,完税价格 = 海关审查确定的该货物原进口时的价格 × [1 - 补税时实际已进口的时间(月)] ÷ (监管年限 × 12)<br>补税时实际已进口的时间按月计算,不足1个月但超过15日的,按1个月计算,不超过15日的,不予计算 | | | |
| 出口货物完税价格 | 以成交价格为基础审定的 | 出口货物的完税价格由海关以该出口货物的成交价格为基础审查确定,并且应当包括该货物运至我国境内输出地点装载前的运输及相关费用、保险费。<br>下列税收、费用不计入出口货物的完税价格:<br>(1)出口关税。<br>(2)在货物价款中单独列明的货物运至我国境内输出地点装载后的运输及相关费用、保险费。<br>(3)在货物价款中单独列明的由卖方承担的佣金 | | |
| | 海关估定的 | (1)同时或大约同时向同一国家或地区出口的相同货物的成交价格。<br>(2)同时或大约同时向同一国家或地区出口的类似货物的成交价格。<br>(3)根据境内生产相同或类似货物的成本、利润和一般费用,境内发生的运输及相关费用、保险费计算所得的价格。<br>(4)以合理方法估定的价格 | | |

## 二、不同成交价格条件下完税价格计算公式

完税价格计算公式见表4-5。

表4-5　完税价格计算公式

| 成交价格类型 | 出口货物完税价格计算公式 | 进口货物完税价格计算公式 |
|---|---|---|
| CIF 到岸价格 | 完税价格 =（CIF − 保险费 − 运输费）÷（1 + 关税税率） | 完税价格 = CIF |
| CFR 离岸价格 + 运输费 | 完税价格 =（CFR − 运输费）÷（1 + 关税税率） | 完税价格 = CFR + 保险费 = CFR ×（1 + 保险费率） |
| FOB 离岸价格 | 完税价格 = FOB ÷（1 + 关税税率） | 完税价格 = FOB + 运输费 + 保险费 =（FOB + 运输费）×（1 + 保险费率） |

## 三、关税税额计算

关税税额计算见表4-6。

表4-6　关税税额计算

| 计征方式 | 公式 |
|---|---|
| 从价计征 | 应纳税额 = 进口货物完税价格 × 比例税率 |
| 从量计征 | 应纳税额 = 进口货物数量 × 定额税率 |
| 复合计征 | 应纳税额 = 进口货物完税价格 × 比例税率 + 进口货物数量 × 定额税率 |

## 【典型题例分析】

【单项选择题】某进出口公司（一般纳税人）2020年5月从国外进口一批机器设备共20台，离岸价每台不含增值税12 000元。该批设备运抵我国大连港起卸前的包装、运输、保险和其他劳务费共计50 000元；销售商单独向该进出口公司收取售后保修费用50 000元。假设该类设备进口关税税率为20%，境内运费已经取得合法的货物运输企业的发票。该公司应缴纳的关税是（　　）元。

A. 20 000　　　　　　　　　　　B. 47 565.5

C. 48 131　　　　　　　　　　　D. 68 000

【答案】D

【解析】进口货物的价款中单独列明厂房、机械或者设备等货物进口后发生的建设、安装、装配、维修或者技术援助费用，但是保修费用除外，不计入该货物的完税价格。

进口设备到岸价格 = 20 × 12 000 + 50 000 + 50 000 = 340 000（元）

应纳进口关税 = 340 000 × 20% = 68 000（元）

## 【职业能力训练】

### 一、单项选择题

1. 下列项目中，属于进口关税完税价格组成部分的是（　　）。（知识点：进口完税价格）

A. 为在境内复制进口货物而支付的费用

B. 进口人负担的向中介机构支付的经纪费

C. 境内外技术培训及境外考察费用

D. 货物运抵境内输入地点起卸之后的运输费用

2. 下列项目中，不计入关税的进口完税价格是（　　）。（知识点：进口完税价格）

A. 货物价款

B. 由买方负担的包装材料和包装劳务费

C. 进口关税、其他国内税

D. 进口人向中介机构支付的经纪费

3. 下列关于关税完税价格的说法，正确的是（　　）。（知识点：进口完税价格）

A. 进口货物应当以成交价格为完税价格

B. 完税价格包含关税

C. 完税价格包括经纪费

D. 完税价格包括购货佣金

4. 关于出口货物关税完税价格的说法，正确的有（　　）。（知识点：出口完税价格）

A. 出口关税不计入完税价格

B. 在输出地点装载前发生的运费，应包括在完税价格中

C. 在货物价款中单独列明由卖方承担的佣金不计入完税价格

D. 出口货物完税价格包含增值税销项税额

5. 下列属于进口关税完税价格组成部分的是（　　）。（知识点：进口完税价格）

A. 进口人向自己的采购代理人支付的购货佣金

B. 与进口货物有关的特许权使用费

C. 进口设备报关后的安装调试费用

D. 进口人报关后的境内技术培训费用

### 二、多项选择题

1. 依据关税的有关规定，特许权使用费应计入完税价格的有（　　　　）。（知识点：进口完税价格）

A. 特许权使用费用于支付该进口货物的专利技术

B. 特许权使用费用于支付该进口货物的商标权

C. 支付的特许权使用费与该货物无关

D. 支付的特许权使用费不构成该货物向境内销售的条件

2. 下列关于进口货物关税完税价格确定的说法正确的有（　　　　）。（知识点：进口完税价格）

A. 经海关批准暂时进境的货物，按照一般进口货物估价办法估定完税价格

B. 租赁方式进口货物，在租赁期间以海关审定的租金作为完税价格

C. 进口运输工具，利用自身动力进境的，不再另行计算运费

D. 境内留购的进口广告陈列品，以海关审定的留购价格作为完税价格

3. 下列关于关税完税价格的说法，正确的有（　　　　　　）。（知识点：进出口完税价格）

A. 出口货物关税完税价格不包含出口关税

B. 进口货物的保险费无法确定的，海关按照货价的 5% 计算保险费

C. 进口货物的关税完税价格不包括进口关税

D. 出口货物的完税价格，由海关以该货物的成交价格为基础审定，并应包括货物运至我国境内输出地点装卸前的运输及其相关费用、保险费

4. 下列费用未包括在进口货物的实付或应付价格中，应当计入完税价格的有（　　　　　　）。（知识点：进口完税价格）

A. 买方负担的购货佣金

B. 由买方负担的在审查确定完税价格时与该货物视为一体的容器费用

C. 卖方直接或间接从买方对该货物进口后转售、处置或使用所得中获得的收益

D. 由买方负担的包装材料和包装劳务费用

5. 下列税收、费用不计入出口货物的完税价格的有（　　　　　　）。（知识点：出口完税价格）

A. 出口关税

B. 境内输出地点装载前的运输及相关费用

C. 境内输出地点装载前的保险费

D. 在货物价款中单独列明由卖方承担的佣金

## 三、判断题

1. 确定邮运进口货物完税价格时应当以邮费作为运输及其相关费用、保险费。（知识点：进口完税价格）　　　　　　　　　　　　　　　　　　　　　　　　　　　　（　　　）

2. 完税价格包括进口货物在境内运输途中发生的运费和保险费。（知识点：进口完税价格）　　　　　　　　　　　　　　　　　　　　　　　　　　　　　　　　　　（　　　）

3. 予以补税的减免税货物补税时，其实际已进口时间，不足 1 个月但超过 15 日的，按 1 个月计算，不超过 15 日的，不予计算。（知识点：税额计算）　　　　　　　　（　　　）

4. 国内单位留购的进口货样、展览品及广告陈列品，以海关审定的留购价格为完税价格。（知识点：进口完税价格）　　　　　　　　　　　　　　　　　　　　　　　（　　　）

5. 进口货物由买方负担的佣金和经纪费应计入完税价格。（知识点：进口完税价格）
　　　　　　　　　　　　　　　　　　　　　　　　　　　　　　　　　　　　（　　　）

## 四、计算题

1. 某贸易公司 2020 年 3 月进口一批红酒，FOB 成交价格为 200 万元人民币，关税税率为 14%，货物运费率为 2%，进口货物的保险费无法确认。该贸易公司上述业务应缴纳的关

税为（　　　）万元。（知识点：一般进口货物关税计算）

    A. 28.04　　　　　　B. 28.65　　　　　　C. 28.64　　　　　　D. 28.56

    2. 2019 年 5 月 1 日，某企业进口一台设备，享受免征进口关税优惠，海关审定的完税价格为 110 万元，经调试后投入使用的设备账面原值为 120 万元，使用年限 10 年，海关监管期 5 年。2020 年 11 月 5 日，企业将该设备转让，转让收入 80 万元，已计提折旧 12 万元，该企业转让该设备应补缴关税（　　　）万元。（设备关税税率 8%）。（知识点：特殊进口货物关税计算）

    A. 6.05　　　　　　B. 6.4　　　　　　　C. 6.16　　　　　　D. 8.8

    3. 某公司将一台设备运往境外修理，出境时向海关报明价值 680 000 元。支付境外修理费 5 000 美元，料件费 2 000 美元，支付复运进境的运输费 1 800 美元和保险费 300 美元。当期汇率美元：人民币 =1 : 6.8，该设备适用关税税率为 7%，则该公司进口关税为（　　　）元。（知识点：特殊进口货物关税计算）

    A. 3 332　　　　　B. 4 331.6　　　　　C. 2 380　　　　　D. 4 188.8

    4. 甲企业将购买的一批原材料运往国外加工电子设备，出境时已向海关报明并在海关规定的期限内复运进境。该批原材料的价值为 80 万元，海关审定的境外加工费 20 万元，料件费 15 万元，复运进境支付的运费及相关费用、保险费合计 15 万元，进口时关税税率为 10%。甲企业应缴纳关税（　　　）万元。（知识点：特殊进口货物关税计算）

    A. 15　　　　　　　B. 5　　　　　　　　C. 3.5　　　　　　D. 13.5

    5. 某卷烟厂进口一批烟丝，境外成交价格 150 万元，运至我国境内输入地点起卸前运费 20 万元，无法确知保险费用；将烟丝从海关监管区运往仓库，发生运费 12 万元，取得合法货运发票。该卷烟厂当月进口环节缴纳税金（　　　）万元（关税税率 10%、消费税税率30%）。（知识点：进口环节税金）

    A. 79.90　　　　　B. 85.54　　　　　　C. 125.93　　　　　D. 140.3

## 五、综合分析题

    1. 某外贸企业从境外进口一辆小轿车 30 辆，每辆货价 15 万元，运抵我国海关前发生的运输费用、保险费用无法确定，经海关查实其他运输公司相同业务的运输费占货价的比例为 2%。已知：小轿车的关税税率为 60%、消费税税率为 8%。根据上述资料回答下列问题：

    （1）计算关税完税价格时，进口小轿车运抵我国海关前发生的保险费为（　　　）万元。

    A. 1.38　　　　　　B. 1.35　　　　　　C. 2.5　　　　　　D. 1.32

    （2）进口小轿车应缴纳的关税为（　　　）万元。

    A. 276.23　　　　　B. 270　　　　　　C. 275.4　　　　　D. 276.21

    （3）进口环节应缴纳的消费税为（　　　）万元。

    A. 64.05　　　　　B. 40.03　　　　　　C. 57.29　　　　　D. 34.1

    （4）进口环节应缴纳的增值税为（　　　）万元。

    A. 104.09　　　　　B. 80.07　　　　　　C. 107.02　　　　　D. 123.5

    2. 某进出口国际公司，2020 年 6 月发生如下业务：

（1）进口化妆品一批，支付国外买价 220 万元、国外的经纪费 4 万元、自己的采购代理人佣金 6 万元；支付运抵我国海关地前的运输费 20 万元、装卸费和保险费 11 万元；支付海关地再运往商贸公司的运输费 8 万元、装卸费和保险费 3 万元。

（2）2018 年 6 月 1 日，经批准进口一台符合国家特定免征关税的科研设备用于研发项目，设备进口时经海关审定的完税价格折合人民币 800 万元（关税税率 10%），海关规定的监管年限为 5 年。2020 年 5 月 31 日，公司研发项目完成后，将已计提折旧 200 万元的免税设备出售给国内另一企业。

（3）经批准进口服装一批，成交价格为境外离岸价 2.6 万美元，境外运费及保险费共计 0.4 万美元。

已知：化妆品关税税率 20%，进口服装关税税率 20%，汇率 1 美元 = 6.8 元人民币。

根据上述资料回答下列问题：

（1）进口化妆品应纳关税（    ）万元。

A. 54.4            B. 53.2            C. 48.2            D. 51

（2）化妆品进口环节应纳消费税（    ）万元。

A. 139.93         B. 136.8           C. 131.14          D. 54

（3）化妆品进口环节应纳增值税（    ）万元。

A. 79.27          B. 77.52           C. 74.31           D. 46.8

（4）进口科研设备应补缴关税（    ）万元。

A. 48             B. 80              C. 36              D. 33

（5）进口服装应纳关税（    ）万元。

A. 3.536          B. 17.68           C. 4.08            D. 5.8

# 学习任务 4.3    关税会计核算

## 【学习目标】

掌握自营进出口和代理进出口关税的核算

## 【重点与难点】

重点：自营进出口和代理进出口关税的核算
难点：计提关税的会计核算

## 【知识点回顾】

自营进出口和代理进出口关税会计核算见表 4-7。

表 4-7　自营进出口和代理进出口关税会计核算

| 项目类型 | 账务处理 | |
|---|---|---|
| 自营进口 | 计提关税<br>借：材料采购等<br>　　贷：应交税费——应交进口关税 | 缴纳关税<br>借：应交税费——应交进口关税<br>　　贷：银行存款 |
| 自营出口 | 计提关税<br>借：税金及附加<br>　　贷：应交税费——应交出口关税 | |
| 代理进出口 | 代理企业计算申报关税时：<br>借：应收账款等<br>　　贷：应交税费——应交进（出）口关税 | 缴纳关税时：<br>借：应交税费——应交进（出）口关税<br>　　贷：银行存款<br>收到委托方交付的税款时：<br>借：银行存款<br>　　贷：应收账款 |

## 【典型题例分析】

【计算题】某外贸企业从国外自营进口商品一批，CIF 价格折合人民币为 40 万元，进口关税税率为 40%，代征增值税税率为 13%，根据海关开出的专用缴款书，以银行存款转账支票付讫税款。计算进口关税税额并作账务处理。

【答案】应交关税和物资采购成本如下：

应交关税 = 40 × 40% = 16（万元）

物资采购成本 = 40 + 16 = 56（万元）

代征增值税 = 56 × 13% = 7.28（万元）

账务处理如下：

计提关税和确认进货成本时：

借：在途物资　　　　　　　　　　　　　　　　　560 000
　　贷：应交税费——应交进口关税　　　　　　　　　　160 000
　　　　应付账款　　　　　　　　　　　　　　　　　400 000

支付关税和增值税时：

借：应交税费——应交进口关税　　　　　　　　　160 000
　　　　　　——应交增值税（进项税额）　　　　　72 800
　　贷：银行存款　　　　　　　　　　　　　　　　232 800

## 【职业能力训练】

### 计算题

某企业直接对外出口产品一批，离岸价为 200 万元，出口关税税率为 15%。计算应纳出口关税税额，并作账务处理。

# 学习任务 4.4　关税征收管理

## 【学习目标】

了解关税缴纳、退还、补征和追征的有关规定，掌握关税的强制执行措施

## 【重点与难点】

重点：关税申报缴纳的时间规定　关税退还、补征、追征的原因及时间　关税滞纳金的计算

难点：关税滞纳金的计算

## 【知识点回顾】

关税征收管理内容见表 4-8。

表 4-8　关税征收管理内容

| 征收管理项目 | 内容 |
| --- | --- |
| 关税缴纳 | 申报时间：进口货物自运输工具申报进境之日起 14 日内，出口货物在运抵海关监管区后装货的 24 小时以前 |
| | 纳税期限：海关填发税款缴款书之日起 15 日内向指定银行缴纳。不能按期缴纳税款的，经海关总署批准，可延期缴纳，但最长不得超过 6 个月 |
| 关税强制执行 | 征收滞纳金：滞纳金金额 = 滞纳关税税额 × 滞纳金比率（0.5‰）× 滞纳天数<br>关税滞纳金起征点为 50 元 |
| | 强制征收：纳税义务人自缴款期限届满之日起 3 个月仍未缴纳税款，经海关关长批准，海关可以采取强制扣缴、变价抵缴等强制措施 |
| 关税退还 | 纳税义务人遇下列情况之一，可自缴纳税款之日起一年内，书面声明理由，连同原纳税收据向海关申请退税，并加算同期活期存款利息，逾期不予受理：<br>（1）因海关误征，多纳税款的。<br>（2）海关核准免验进口的货物，在完税后，发现有短缺情况，经海关审查认可的。<br>（3）已征出口关税的货物，因故未装运出口，申报退关，经海关查验属实的 |
| 关税补征和追征 | 关税补征，是因非纳税人违反海关规定造成的少征或漏征关税，关税补征期为缴纳税款或货物放行之日起 1 年内 |
| | 关税追征，是因纳税人违反海关规定造成少征或漏征关税，关税追征期为自纳税人应缴纳税款之日起 3 年内，并加收万分之五的滞纳金 |

## 【典型题例分析】

【单项选择题】某公司进口一批货物，应纳关税 800 万元。海关于 2020 年 3 月 2 日填发税款缴款书，但公司到 3 月 28 日才缴纳税款。则海关应征收的滞纳金（　　）万元。

A. 5.2　　　　　　B. 6.5　　　　　　C. 4.8　　　　　　D. 6

【答案】C

【解析】纳税人应当自海关填发税款缴款书之日起 15 日内缴纳税款。所以该公司应当在 2020 年 3 月 16 日前缴纳税款，自 3 月 17 日起就是税款滞纳时间，滞纳金自关税缴纳期限届满之日起，至纳税人缴纳税款之日止，即 3 月 17 日至 3 月 28 日，共 12 天，按滞纳税款万分之五的比例按日征收。应纳滞纳金 = 800 × 12 × 0.05% = 4.8（万元）。

## 【职业能力训练】

### 一、单项选择题

1. 进出口货物，因收发货人或者其代理人违反规定而造成少征或者漏征关税的，海关可以（　　）追征。（知识点：关税缴纳）

A. 在 1 年内　　　B. 在 3 年内　　　C. 在 5 年内　　　D. 无期限

2. 下列关于关税征收管理的说法中，不正确的是（　　）。（知识点：关税缴纳、强制执行、争议、退还）

A. 出口货物在货物运抵海关监管区后装货的 24 小时以前，应由出口货物纳税人向出境地海关申报

B. 关税强制执行措施主要有两类，即征收滞纳金和强制征收

C. 因发生纳税争议向海关申请行政复议时，纳税人自海关填发缴款书之日起 30 日内，向原征税海关的上一级海关书面申请复议

D. 因海关误征，多纳税款的，纳税人可以自缴纳税款之日起 3 年内向海关申请退税

### 二、多项选择题

1. 关税的强制执行措施包括（　　）。（知识点：强制执行）

A. 变价抵缴　　　　　　　　　B. 限制离境

C. 强制扣缴　　　　　　　　　D. 征收关税滞纳金

2. 按规定有下列情形之一的，进出口货物的纳税人可以自缴纳税款之日起 1 年内，书面声明理由，向海关申请退税并加算银行同期活期存款利息的有（　　）。（知识点：关税退还）

A. 因海关误证，多纳税款的

B. 海关核准免验进口的货物，在完税后发现有短缺情况，经海关审查认可的

C. 已征出口关税的货物，因故未装运出口，申报退关，经海关查明属实的

D. 因纳税人计算错误，多纳税款的

### 三、判断题

1. 关税滞纳金自关税缴纳期限届满之日起至纳税人缴纳关税之日止，周末或法定节假日可以扣除。（知识点：关税缴纳）                                                                                      （        ）

2. 进口货物自运输工具进境之日起 15 日内，应由进口货物纳税人向货物进境地海关申报。（知识点：关税缴纳）                                                                                      （        ）

## 学习任务 5.1　企业所得税纳税人、征税范围和税率确定

### 【学习目标】

（1）能确定企业所得税纳税人、征税范围和税率。

（2）熟悉企业所得税税收优惠政策，并能加以运用。

### 【重点与难点】

重点：企业所得税纳税人和征税范围确定　税率选择　企业所得税优惠政策运用

难点：所得来源地确定　税率选择　企业所得税优惠政策运用

### 【知识点回顾】

#### 一、纳税人与征税范围确定

企业所得税的纳税人包括各类企业、事业单位、社会团体、民办非企业单位和从事经营活动的其他组织，但不包括个人独资企业和合伙企业。我国企业所得税采取收入来源地管辖权和居民管辖权相结合的双重管辖标准，将企业分为居民企业和非居民企业，分别确定不同的纳税义务。纳税人与征税范围确定见表 5-1。

表 5-1　纳税人与征税范围确定

| 纳税人 | 判定标准 | | 征税范围 |
|---|---|---|---|
| 居民企业 | 依照中国法律、法规在中国境内成立的企业 | 负无限责任 | 境内、境外全部所得 |
| | 依照外国（地区）法律成立但实际管理机构在中国境内的企业 | | |
| 非居民企业 | 依照外国（地区）法律成立且实际管理机构不在中国境内，但在中国境内设立机构、场所的企业 | 负有限责任 | 在中国境内设立机构、场所的非居民企业，就来源于境内的所得和虽来源于境外但与境内机构、场所有实际联系的所得在中国纳税 |
| | 在中国境内未设立机构、场所，但有来源于中国境内所得的企业 | | 在中国境内未设立机构、场所，或虽设立机构、场所，但取得的所得与机构、场所没有实际联系的非居民企业，应就来源于境内的所得在中国纳税 |

注：上述实际管理机构是指对生产经营、人员、账务、财产等实施实质性全面管理和控制的企业。机构、场所是指境内设立从事经营活动的机构、场所，具体表现为：管理机构、营业机构、办事机构；工厂、农场、开采自然资源的场所；提供劳务的场所；从事建筑、安装、装配、修理、勘探等工程作业的场所；其他从事生产经营活动的机构、场所；营业代理人。

## 二、所得来源地确定

所得来源地确定见表 5-2。

表 5-2　所得来源地确定

| 所得项目 | | 来源地 |
|---|---|---|
| 销售货物所得 | | 交易活动发生地 |
| 提供劳务所得 | | 劳务活动发生地 |
| 财产转让所得 | 不动产转让 | 不动产所在地 |
| | 动产转让 | 转让动产的企业或机构、场所所在地 |
| | 权益性投资资产转让 | 被投资企业所在地 |
| 股息、红利等权益性投资所得 | | 分配所得的企业所在地 |
| 利息、租金、特许权使用费所得 | | 负担支付所得的企业、机构或个人所在地 |
| 其他所得 | | 国务院财政、税务主管部门确定 |

## 三、企业所得税税率选择

企业所得税税率选择见表 5-3。

表 5-3　企业所得税税率选择

| 企业类型 | | 纳税义务 | 税率 |
|---|---|---|---|
| 居民企业 | 一般企业 | 境内所得和境外所得 | 25% |
| | 高新技术企业 | | 15% |
| | 小型微利企业 | | 20% |

续表

| 企业类型 | | 纳税义务 | 税率 |
|---|---|---|---|
| 非居民企业 | 在我国境内设立机构场所的 | 与机构场所有联系的境内、境外所得 | 25% |
| | | 与机构场所没有联系的境内所得 | 10% |
| | 在我国境内未设立机构场所的 | 来源于境内所得 | 10% |

## 四、企业所得税税收优惠

1. 免税、减计收入及加计扣除优惠见表 5-4

表 5-4　免税、减计收入及加计扣除优惠

| 优惠项目 | 政策内容 | | 报表填列 |
|---|---|---|---|
| 免税收入 | 国债利息收入和地方政府债券利息收入 | | A107010《免税、减计收入及加计扣除优惠明细表》A107011《符合条件的居民企业之间的股息、红利等权益性投资收益优惠明细表》A107012《研发费用加计扣除优惠明细表》 |
| | 符合条件的居民企业之间的股息、红利等权益性投资收益 | （1）居民企业直接投资于其他居民企业取得的权益性投资收益 | |
| | | （2）在中国境内设立机构、场所的非居民企业从居民企业取得与该机构、场所有实际联系的股息、红利等权益性投资收益 | |
| | | （3）内地居民企业通过沪港通、深港通投资且连续持有 H 股满 12 个月取得的股息红利所得 | |
| | | （4）居民企业持有创新企业 CDR 取得的股息红利所得 | |
| | | （5）符合条件的永续债利息收入 | |
| | | 上述（1）（2）投资收益不包括连续持有居民企业公开发行并上市流通的股票不足 12 个月取得的投资收益 | |
| | 符合条件的非营利组织的收入 | | |
| | 中国清洁发展机制基金取得的收入 | | |
| | 投资者从证券投资基金分配中取得的收入 | | |
| | 中国保险保障基金有限责任公司取得的境内保险公司依法缴纳的保险保障基金等收入 | | |
| 减计收入 | 综合利用资源生产产品取得的收入 | 减按90%计入收入总额 | |
| | 金融、保险等机构取得的涉农贷款利息收入、保费收入 | | |
| | 提供社区养老、托育、家政服务取得的收入 | | |
| | 取得铁路债券利息收入，减半征收企业所得税 | | |
| 加计扣除 | 开发新技术、新产品、新工艺发生的研究开发费用加计扣除 | 企业为开发新技术、新产品、新工艺发生的研究开发费用，未形成无形资产计入当期损益的，在按照规定据实扣除的基础上，按照研究开发费用的 75% 加计扣除；形成无形资产的，按照无形资产成本的 175% 摊销。【注】企业为获得创新性、创意性、突破性的产品进行创意设计活动而发生的相关费用，可按照相同规定进行税前加计扣除 | |

| 优惠项目 | | 政策内容 | 报表填列 |
|---|---|---|---|
| 加计扣除 | 开发新技术、新产品、新工艺发生的研究开发费用加计扣除 | 下列活动不适用本政策：① 企业产品（服务）的常规性升级；② 对某项科研成果的直接应用，如直接采用公开的新工艺、材料、装置、产品、服务或知识等；③ 企业在商品化后为顾客提供的技术支持活动；④ 对现存产品、服务、技术、材料或工艺流程进行的重复或简单改变；⑤ 市场调查研究、效率调查或管理研究；⑥ 作为工业（服务）流程环节或常规的质量控制、测试分析、维修维护；⑦ 社会科学、艺术或人文学方面的研究 | A107010《免税、减计收入及加计扣除优惠明细表》 A107011《符合条件的居民企业之间的股息、红利等权益性投资收益优惠明细表》 A107012《研发费用加计扣除优惠明细表》 |
| | | 下列行业不适用本政策：烟草制造业；住宿和餐饮业；批发和零售业；房地产业；租赁和商务服务业；娱乐业 | |
| | | 会计核算与管理：① 对享受加计扣除的研发费用按研发项目设置辅助账。企业在一个纳税年度内进行多项研发活动的，应按照不同研发项目分别归集可加计扣除的研发费用。② 企业应对研发费用和生产经营费用分别核算，准确归集，对划分不清的，不得实行加计扣除 | |
| | 安置残疾人员所支付的工资加计扣除 | 企业安置残疾人员，在按支付给残疾职工工资据实扣除的基础上，按支付给残疾职工工资100%加计扣除 | |
| | | ① 与残疾人签订1年以上（含1年）的劳动合同或服务协议，并安排实际岗位；② 为残疾人缴纳社会保险；③ 定期通过银行等金融机构向安置的每位残疾人实际支付了不低于企业所在区、县适用的经省级人民政府批准的最低工资标准的工资；④ 具备安置残疾人上岗工作的基本设施 | |

2. 固定资产加速折旧优惠见表 5-5

表 5-5　固定资产加速折旧优惠

| 项目 | 政策内容 | 报表填列 |
|---|---|---|
| 一般性加速折旧 | 对于由于技术进步、产品更新换代较快的固定资产，以及常年处于强震动、高腐蚀状态的固定资产，确需加速折旧的，企业可以通过缩短折旧年限或者采取加速折旧的方法计提折旧。<br>【注】采用缩短折旧年限方法的，最低折旧年限不得低于规定折旧年限的60%；采用加速折旧方法的，可以采用双倍余额递减法或者年数总和法 | A105080《资产折旧、摊销及纳税调整明细表》 |
| 一次性税前扣除 | （1）企业固定资产单位价值小于等于5 000元的，在计算应纳税所得额时，允许一次性计入当期成本费用 | |
| | （2）企业在2018年1月1日至2020年12月31日期间新购进的设备、器具，单位价值不超过500万元的，允许一次性计入当期成本费用在计算应纳税所得额时扣除，不再分年度计算折旧<br>【注】① 设备、器具范围：指除房屋、建筑物以外的固定资产（以下简称固定资产）。② 购进形式：包括以货币形式购进或自行建造。③ 购进时点确认：以货币形式购进的固定资产，除采取分期付款或赊销方式购进外，按发票开具时间确认；以分期付款或赊销方式购进的固定资产，按固定资产到货时间确认；自行建造的固定 | |

续表

| 项目 | 政策内容 | 报表填列 |
|---|---|---|
| 一次性税前扣除 | 资产，按竣工结算时间确认。④ 金额确定：以货币形式购进的固定资产，以购买价款和支付的相关税费以及直接归属于使该资产达到预定用途发生的其他支出确定单位价值；自行建造的固定资产，以竣工结算前发生的支出确定单位价值。⑤ 扣除时间：固定资产在投入使用月份的次月所属年度一次性税前扣除。⑥ 企业根据自身生产经营核算需要，可自行选择享受一次性税前扣除政策。未选择享受一次性税前扣除政策的，以后年度不得再变更 | A105080《资产折旧、摊销及纳税调整明细表》 |
| "六行四领"固定资产的折旧 | 对生物药品制造业，专用设备制造业，铁路、船舶、航空航天和其他运输设备制造业，计算机、通信和其他电子设备制造业，仪器仪表制造业，信息传输、软件和信息技术服务业 6 个行业的企业，2014 年 1 月 1 日后新购进的单位价值超过 500 万元的固定资产，对轻工、纺织、机械、汽车四个领域重点行业企业 2015 年 1 月 1 日后新购进的单位价值超过 500 万元的固定资产，允许缩短折旧年限或采取加速折旧方法 | |

### 3. 所得减免优惠见表 5-6

表 5-6　所得减免优惠

| 优惠项目 | 政策内容 | 报表填列 |
|---|---|---|
| 农林牧渔业项目 | 免税：蔬菜、谷物、薯类、油料、豆类、棉花、麻类、糖料、水果、坚果的种植，农作物新品种选育，中药材种植，林木培育和种植，牲畜、家禽饲养，林产品采集，灌溉、农产品初加工、兽医、农技推广、农机作业和维修等农、林、牧、渔服务业项目，远洋捕捞 | A107020《所得减免优惠明细表》 |
| | 减半征税：花卉、茶以及其他饮料作物和香料作物的种植，海水养殖、内陆养殖 | |
| | 【注】① 观赏性作物的种植按"花卉、茶及其他饮料作物和香料作物的种植"项目处理；"牲畜、家禽的饲养"以外的生物养殖项目按"海水养殖、内陆养殖"项目处理。② 企业将购入的农、林、牧、渔产品，在自有或租用的场地进行育肥、育秧等再种植、养殖，经过一定的生长周期，使其生物形态发生变化，且并非由于本环节对农产品进行加工而明显增加了产品的使用价值的，可视为农产品的种植、养殖项目享受相应的税收优惠 | |
| 国家重点扶持的公共基础设施项目 | 企业从事《公共基础设施项目企业所得税优惠目录》规定的港口码头、机场、铁路、公路、城市公共交通、电力、水利、农村饮用水安全工程等项目的投资经营的所得 | 自项目取得第一笔生产经营收入所属纳税年度起，三免三减半 |
| 符合条件的环境保护、节能节水项目 | 企业从事《环境保护、节能节水项目企业所得税优惠目录（试行）》规定的公共污水处理项目、公共垃圾处理项目、沼气综合开发利用项目、节能减排技术改造项目、海水淡化项目所得 | |
| 符合条件的节能服务公司实施合同能源管理项目 | 对符合条件的节能服务公司实施合同能源管理项目，符合企业所得税税法有关规定的 | 自项目取得第一笔生产经营收入所属纳税年度起，三免三减半 |

续表

| 优惠项目 | 政策内容 | 报表填列 |
|---|---|---|
| 实施清洁发展机制项目 | 清洁发展机制项目（简称 CDM 项目）实施企业将温室气体减排量转让收入的 65% 上缴给国家的 HFC 和 PFC 类 CDM 项目，以及将温室气体减排量转让收入的 30% 上缴给国家的 N2O 类 CDM 项目，其实施该类 CDM 项目的所得 | 自项目取得第一笔减排量转让收入所属纳税年度起，三免三减半 |
| 集成电路生产项目 | 线宽小于 130 纳米的集成电路生产项目 | 自项目取得第一笔生产经营收入所属纳税年度起，五免五减半 |
| | 线宽小于 65 纳米或投资额超过 150 亿元的集成电路生产项目 | |
| 符合条件的技术转让项目 | 一个纳税年度内，居民企业技术转让所得不超过 500 万元的部分，免征企业所得税；超过 500 万元的部分，减半征收企业所得税。<br>【注】① 上述技术转让所得包括专利技术、计算机软件著作权、集成电路布图设计权、植物新品种、生物医药新品种，以及财政部和国家税务总局确定的其他技术的所有权或 5 年以上（含 5 年）全球独占许可使用权、5 年以上（含 5 年）非独占许可使用权转让取得的所得。② 居民企业从直接或间接持有股权之和达到 100% 的关联方取得的技术转让所得，不享受此项优惠 | A107020《所得减免优惠明细表》 |

4. 抵扣应纳税所得额项目优惠见表 5-7

表 5-7　抵扣应纳税所得额项目优惠

| 企业类型 | 政策内容 | 报表填列 |
|---|---|---|
| 一般创投企业 | 创业投资企业采取股权投资方式投资于未上市的中小高新技术企业 2 年以上的，可以按照其投资额的 70% 在股权持有满 2 年的当年抵扣该创业投资企业的应纳税所得额；当年不足抵扣的，可以在以后纳税年度结转抵扣 | A107030《抵扣应纳税所得额明细表》 |
| 有限合伙制创投企业 | 有限合伙制创业投资企业采取股权投资方式投资于未上市的中小高新技术企业 2 年以上，该有限合伙制创业投资企业的法人合伙人可按投资额的 70% 抵扣该法人合伙人从该有限合伙制创业投资企业分得的应纳税所得额，当年不足抵扣的，可以在以后纳税年度结转抵扣 | |

5. 减免所得税优惠项目见表 5-8

表 5-8　减免所得税优惠项目

| 优惠项目 | 政策内容 | 报表填列 |
|---|---|---|
| 符合条件的小型微利企业 | 自 2019 年 1 月 1 日至 2021 年 12 月 31 日，对小型微利企业年应纳税所得额不超过 100 万元的部分，减按 25% 计入应纳税所得额，按 20% 的税率缴纳企业所得税；对年应纳税所得额超过 100 万元但不超过 300 万元的部分，减按 50% 计入应纳税所得额，按 20% 的税率缴纳企业所得税。<br>【注】① 非居民企业不适用本政策；② 小型微利企业，无论查账征收还是核定征收方式，无论季报还是年报，均可享受小型微利企业优惠政策 | |

| 优惠项目 | 政策内容 | | 报表填列 |
|---|---|---|---|
| 符合条件的小型微利企业 | 小型微利企业应同时满足下列条件：年应纳税所得额不超过 300 万元，从业人数不超过 300 人，资产总额不超过 5 000 万元。<br>【注】从业人数包括与企业建立劳动关系的职工人数和企业接受的劳务派遣用工人数。从业人数、资产总额均按企业全年季度平均值计算。<br>季度平均值 =（季初值 + 季末值）÷ 2<br>全年季度平均值 = 全年各季度平均值之和 ÷ 4 | | A107040《减免所得税优惠明细表》、A107041《高新技术企业优惠情况及明细表》、A107042《软件、集成电路企业优惠情况及明细表》 |
| 高新技术企业 | 国家重点扶持的高新技术企业。<br>【注】只适用于境内注册的居民企业 | 减按 15% 的税率征收企业所得税 | |
| | 经济特区、上海浦东新区新设高新技术企业 | 自取得第一笔生产经营收入所属纳税年度起，两免三减半 | |
| 技术先进型服务企业 | 对经认定的技术先进型服务企业，减按 15% 的税率征收企业所得税 | | |
| 动漫企业 | 经认定的动漫企业自主开发、生产动漫产品，自获利年度起，两免三减半 | | |
| 软件、集成电路企业 | 线宽小于 0.25 微米的集成电路生产企业、投资额超过 80 亿元的集成电路生产企业，减按 15% 税率征收企业所得税 | | |
| | 国家规划布局内的重点集成电路设计企业、重点软件企业，如当年未享受免税优惠的，可减按 10% 税率征收企业所得税 | | |
| | 2017 年 12 月 31 日前设立的集成电路线宽小于 0.8 微米（含）的集成电路生产企业 | 自获利年度起两免三减半 | |
| | 新办的集成电路设计企业、新办的符合条件的软件企业，自获利年度起计算优惠期 | | |
| | 符合条件的集成电路封装测试企业、集成电路关键专用材料生产企业、集成电路专用设备生产企业，在 2017 年（含 2017 年）前实现获利的 | | |
| | 2017 年 12 月 31 日前设立的，线宽小于 0.25 微米的集成电路生产企业、投资额超过 80 亿元的集成电路生产企业，经营期在 15 年以上的 | 自获利年度起五免三减半 | |
| 经营性文化事业单位转制企业 | 从事新闻出版、广播影视和文化艺术的经营性文化事业单位转制为企业的，自转制注册之日起五年内免征企业所得税。2018 年 12 月 31 日之前已完成转制的企业，自 2019 年 1 月 1 日起可继续免征五年企业所得税 | | |

6. 抵免所得税优惠项目见表 5-9

表 5-9    抵免所得税优惠项目

| 企业类型 | 政策内容 | 报表填列 |
|---|---|---|
| 购置用于环境保护、节能节水、安全生产等专用设备的投资额税额抵免 | 企业购置并实际使用《环境保护专用设备企业所得税优惠目录》《节能节水专用设备企业所得税优惠目录》和《安全生产专用设备企业所得税优惠目录》规定的环境保护、节能节水、安全生产等专用设备的，该专用设备的投资额的 10% 可以从企业当年的应纳税额中抵免；当年不足抵免的，可以在以后 5 个纳税年度结转抵免。<br>【注】上述购置固定资产的进项税额其适用优惠政策具体处理如下：①抵扣过进项税额的，专用设备投资额不包括进项税额；②不允许抵扣进项税额的，专用设备投资额应为增值税专用发票上注明的价税合计金额；③企业购买专用设备取得普通发票的，其专用设备投资额为普通发票上注明的金额 | A107050《税额抵免优惠明细表》 |

## 【典型题例分析】

### 一、纳税人

【单项选择题】根据企业所得税法律制度规定，下列各项中，不属于企业所得税纳税人的是（    ）。

A. 事业单位　　　　B. 合伙企业　　　　C. 社会团体　　　　D. 民办非企业单位

【答案】B

【解析】企业所得税纳税人包括各类企业、事业单位、社会团体、民办非企业单位和从事经营活动的其他组织，但不包括个人独资企业和合伙企业。

### 二、征税范围

【多项选择题】韩国某公司，取得的下列各项所得中，应按规定在中国缴纳企业所得税的有（    ）。

A. 转让位于中国的不动产取得的所得

B. 取得美国某公司分配的税后股息所得

C. 到中国境内某公司提供技术咨询服务所得

D. 借款给中国的一家公司，取得的利息所得

【答案】ACD

【解析】选项 B，韩国的公司取得来自美国某公司的股息所得，跟中国境内没有关系，不在中国纳税。

### 三、税收优惠

【多项选择题】企业从事下列项目所得，免征企业所得税的有（    ）。

A. 企业受托从事蔬菜种植

B. 企业委托个人饲养家禽

C. 企业外购菜叶分包后销售

D. 农机作业和维修

【答案】ABD

【解析】选项 C，企业购买农产品后直接进行贸易销售活动产生的所得，不能享受农、林、牧、渔业项目的税收优惠政策。

## 【职业能力训练】

### 一、单项选择题

1. 以下项目中属于企业所得税纳税人的是（    ）。（知识点：纳税人）

A. 个人独资企业　　　　　　　　B. 合伙企业

C. 一人有限责任公司　　　　　　D. 居民个人

2. 按照企业所得税法的规定，下列企业不缴纳企业所得税的是（    ）。（知识点：纳税人）

A. 国有企业　　　　　　　　　　B. 私营企业

C. 个人独资企业　　　　　　　　D. 外商投资企业

3. 根据企业所得税法的规定，下列各项中属于非居民企业的是（    ）。（知识点：纳税人）

A. 依法在外国成立但实际管理机构在中国境内的企业

B. 在中国境内成立的外商独资企业

C. 在中国境内未设立机构、场所，但有来源于中国境内所得的企业

D. 依法在中国境外成立，在中国境内未设立机构、场所，也没有来源于中国境内所得的企业

4. 下列所得中不属于企业所得税征税范围的是（    ）。（知识点：征税范围）

A. 居民企业来源于境外的所得

B. 非居民企业来源于中国境外，且与所设机构没有实际联系的所得

C. 非居民企业来源于中国境内的所得

D. 在中国境内设立机构、场所的非居民企业取得的境内所得

5. 下列各项中，按照负担、支付所得的企业所在地，确定所得来源地的是（    ）。（知识点：所得来源地）

A. 销售货物所得　　　　　　　　B. 权益性投资资产转让所得

C. 动产转让所得　　　　　　　　D. 租金所得

6. 根据企业所得税法律制度规定，以下适用 15% 企业所得税税率的是（    ）。（知识点：税率）

A. 在中国境内未设立机构、场所的非居民企业

B. 在中国境内设立机构、场所但其所得与所设机构、场所没有实际联系的非居民企业

C. 在中国境内设立机构、场所且其所得与所设机构、场所有实际联系的非居民企业

D. 国家重点扶持的高新技术企业

7. 根据企业所得税法律制度规定，企业的下列收入中，属于免税收入范围的是（    ）。

（知识点：税收优惠政策）

    A. 财政拨款                          B. 租金收入

    C. 产品销售收入                    D. 国债利息收入

    8. 企业以《资源综合利用企业所得税优惠目录》规定的资源为主要原材料，生产国家非限制和非禁止并符合国家和行业相关标准的产品取得的收入，减按（    ）计入收入总额。（知识点：税收优惠政策）

    A. 10%            B. 90%           C. 20%          D. 50%

    9. 根据企业所得税法律制度规定，企业为开发新技术、新产品、新工艺发生的研究开发费用，未形成无形资产计入当期损益的，在按规定据实扣除的基础上，按照研究开发费用的一定比例扣除，该比例为（    ）。（知识点：税收优惠政策）

    A. 10%            B. 20%           C. 175%         D. 75%

    10. 根据企业所得税法律制度规定，下列所得中，免征企业所得税的是（    ）。（知识点：税收优惠政策）

    A. 海水养殖         B. 内陆养殖         C. 花卉种植         D. 家禽饲养

    11. 一个纳税年度内，居民企业技术转让所得不超过（    ）万元的部分，免征企业所得税；超过部分，减半征收企业所得税。（知识点：税收优惠政策）

    A. 5              B. 20             C. 10           D. 500

    12. 创业投资企业采取股权投资方式投资于未上市的中小高新技术企业 2 年以上的，可按其投资额的 70% 在股权投资持有期满 2 年的当年抵扣该创业投资企业的（    ），当年不足抵扣的，可在以后纳税年度结转抵扣。（知识点：税收优惠政策）

    A. 应纳税所得额                  B. 应纳税额

    C. 利润总额                      D. 收入总额

    13. 企业购置用于环境保护、节能节水、安全生产专用设备投资额的 10% 可以从企业当年的（    ）中抵免；当年不足抵免的，可在以后 5 个纳税年度结转抵免。（知识点：税收优惠政策）

    A. 应纳税所得额     B. 应纳税额         C. 利润总额         D. 收入总额

## 二、多项选择题

    1. 根据企业所得税法律制度规定，下列各项中，不属于企业所得税纳税人的有（    ）。（知识点：纳税人）

    A. 有限责任公司                  B. 股份有限公司

    C. 个人独资企业                  D. 合伙企业

    2. 根据企业所得税法律制度规定，以下各项中，属于非居民企业的有（    ）。（知识点：纳税人）

    A. 在美国设立的甲公司，实际管理机构设在美国，且未在中国境内设立机构、场所，没有来源于中国境内的所得

    B. 在美国设立的乙公司，实际管理机构设在美国，且未在中国境内设立机构、场所，但有一笔来源于中国境内的所得

C. 在美国设立的丙公司，实际管理机构设在北京

D. 在美国设立的丁公司，实际管理机构设在美国，在北京设立了机构场所从事生产经营活动

3. 下列关于居民企业和非居民企业的说法，符合企业所得税法规定的有（　　　　）。（知识点：征税范围）

A. 居民企业应当就其来源于中国境内、境外所得缴纳企业所得税

B. 非居民企业在中国境内设立机构、场所的，其机构、场所取得的来源于中国境内、境外所得都要缴纳企业所得税

C. 非居民企业在中国境内设立机构、场所的，只就其机构、场所取得的来源于中国境内所得缴纳企业所得税

D. 非居民企业在中国境内未设立机构、场所的，只就其中国境内所得缴纳企业所得税

4. 根据企业所得税法律制度规定，以下关于企业所得来源地确定的表述正确的有（　　　　）。（知识点：征税范围）

A. 销售货物所得，为交易活动发生地

B. 提供劳务所得，为劳务发生地

C. 不动产转让所得，为不动产所在地

D. 利息、租金、特许权使用费所得，为负担支付所得的企业、机构或个人住所地

5. 根据企业所得税法律制度规定，以下适用25%税率征收企业所得税的有（　　　　）。（知识点：税率）

A. 居民企业

B. 在中国境内设立机构、场所且其所得与所设机构、场所有实际联系的非居民企业

C. 国家重点扶持的高新技术企业

D. 符合条件的小型微利企业

6. 根据企业所得税法律制度规定，下列各项中，属于企业所得税免税收入的有（　　　　）。（知识点：税收优惠政策）

A. 符合条件的非营利组织的收入

B. 在中国境内设立机构、场所的非居民企业从居民企业取得与该机构、场所有实际联系的股息、红利等权益性投资收益

C. 国债利息收入

D. 符合条件的居民企业之间的股息、红利等权益性投资收益

7. 根据企业所得税法律制度规定，下列各项中，在计算企业所得税时，可以享受"三免三减半"税收优惠的有（　　　　）。（知识点：税收优惠政策）

A. 企业购置用于环境保护、节能节水、安全生产专用设备投资额

B. 创业投资企业采取股权投资方式投资于未上市的中小高新技术企业所取得的投资收益

C. 企业从事符合条件的环境保护、节能节水项目的所得

D. 企业从事国家重点扶持的公共基础设施项目的投资经营所得

8. 根据企业所得税法律制度规定，下列各项中，在计算企业所得税时，可以享受"加计扣除"税收优惠的有（　　　　）。（知识点：税收优惠政策）

    A. 企业安置残疾人员所支付的工资

    B. 企业为开发新技术、新产品、新工艺发生的研究开发费用

    C. 企业业务招待费

    D. 企业广告宣传费

**三、判断题**

    1. 居民企业应当仅就其来源于中国境内的所得缴纳企业所得税。（知识点：纳税人）

                                            （    ）

    2. 在美国设立的丙公司，实际管理机构设在北京，丙公司应就来源于中国境内、境外的全部所得在中国缴纳企业所得税。（知识点：纳税人）          （    ）

    3. 企业所得税的征税范围包括居民企业来源于境内和境外的各项所得，以及非居民企业来源于境外的各项所得。（知识点：征税范围）         （    ）

    4. 在中国境内设立机构、场所的非居民企业连续持有居民企业公开发行并上市流通的股票不足 12 个月取得的投资收益免征企业所得税。（知识点：税收优惠政策）  （    ）

    5. 非营利组织从事营利活动取得的收入免征企业所得税。（知识点：税收优惠政策）

                                              （    ）

    6. 甲公司 2020 年开发一项新工艺，发生的研究开发费用为 80 万元，尚未形成无形资产，计入当期损益。在甲公司计算当年企业所得税应纳税所得额时，该项研究开发费用可以扣除的数额为 140 万元。（知识点：税收优惠政策）         （    ）

    7. 企业承包建设国家重点扶持的公共基础设施项目，可以自该承包项目取得第一笔生产经营收入所属纳税年度起，第 1 年至第 3 年免征企业所得税，第 4 年至第 6 年减半征收企业所得税。（知识点：税收优惠政策）         （    ）

# 学习任务 5.2　企业所得税税额计算

## 【学习目标】

掌握企业所得税应纳税所得额及应纳所得税额的计算原理和方法，能计算居民企业和非居民企业的应纳所得税额。

## 【重点与难点】

重点：应纳税所得额和应纳税额的计算

难点：纳税调整增加额与减少额计算　免税、减计收入及加计扣除金额计算　可弥补亏损金额的计算　年终汇算清缴应纳税额计算

## 【知识点回顾】

### 一、应纳税所得额的计算

应纳税所得额的计算见表 5-10。

表 5-10　应纳税所得额的计算

| 项目 | 内容 |
|---|---|
| 应纳税所得额定义 | 是指纳税人每一纳税年度的收入总额减除不征税收入、免税收入、各项扣除以及允许弥补的以前年度亏损后的余额。它是企业所得税的计税依据 |
| 税法定义公式 | 应纳税所得额 = 收入总额 - 不征税收入 - 免税收入 - 各项扣除金额 - 允许弥补的以前年度亏损 |
| 报表设计公式 | 应纳税所得额 = 利润总额 + 纳税调整增加额 - 纳税调整减少额 + 境外应税所得抵减境内亏损 - 弥补以前年度亏损<br>【注】上式"纳税调整减少额"包括了"免税、减计收入及加计扣除""所得减免""抵扣应纳税所得额" |

### 二、纳税调整项目确定

纳税调整项目的内容见表 5-11。

表 5-11　纳税调整项目内容

| 项目种类 | 内容 | 调整方式 |
|---|---|---|
| 收入类调整项目 | （1）视同销售收入，包括企业发生的非货币性资产交换，用于市场推广或销售、交际应酬、职工奖励或福利、股息分配、对外捐赠及其他改变资产所有权属的用途。<br>【金额的确认】自制的资产，应按企业同类资产同期对外销售价格确定销售收入；外购资产或服务不以销售为目的，用于替代职工福利费用支出，且购置后在一个纳税年度内处置的，可以按照购入价格确认视同销售收入 | 调增 |
| | （2）未按权责发生制原则确认的收入，包括跨期收取的租金、利息、特许权使用费收入，分期确认收入，政府补助递延收入等 | 调增或调减 |
| | （3）投资收益，包括投资方拥有被投资方资产净额与初始投资成本之间差额调整、被投资方发生盈亏调整、被投资方宣告分红调整及处置资产确认收益调整 | 调增或调减 |
| | （4）长期股权投资会计上确认的成本大于计税基础，其差额应调减纳税所得额 | 调减 |
| | （5）交易性金融资产初始投资时，由于会计与税法上对手续费处理不同而产生的差异 | 调增 |
| | （6）公允价值变动净损益 | 调增或调减 |
| | （7）不征税收入，包括财政拨款、行政事业性收费、政府性基金及其他 | 调减 |
| | （8）销售折扣、折让与退回。商业折扣方式销售货物，对纳税人未开具合规的票据而导致税法与会计确认收入差异的调整 | 调增 |

| 项目种类 | 内容 | 调整方式 |
|---|---|---|
| 扣除类调整项目 | （1）视同销售成本 | 调减 |
| | （2）职工薪酬<br>① 工资薪金支出：合理的工资薪金支出准予扣除。<br>② 职工福利费：不超过工资薪金总额 14% 的部分准予扣除。<br>③ 职工教育经费：超过工资薪金总额 8% 的部分，准予扣除；超过部分，准予在以后纳税年度结转扣除。<br>④ 工会经费：不超过工资薪金总额 2% 的部分，准予扣除。<br>⑤ 企业为投资者或者职工支付的补充养老保险费、补充医疗保险费，在规定的范围和标准内的准予扣除。<br>⑥ 企业为全体雇员按照国家规定比例向社保经办部门缴纳的基本医疗保险费、基本养老保险费、失业保险费、工伤保险费和生育保险费可据实税前扣除，但对提而未缴的部分，不得扣除。企业支付给员工的合理的工伤事故赔偿款，可在税前扣除。<br>⑦ 企业在规定的范围和标准内为职工缴纳的住房公积金允许税前扣除 | 调增或调减 |
| | （3）业务招待费支出，按照发生额的 60% 扣除，但最高不得超过当年销售（营业）收入的 5‰ | 调增 |
| | （4）广告费和业务宣传费支出，不超过当年销售（营业）收入 15% 的部分准予扣除；超过部分准予在以后纳税年度结转扣除 | 调增或调减 |
| | （5）企业发生的公益性捐赠支出，在年度利润总额 12% 以内的部分，准予在计算应纳税所得额时扣除；超过部分准予结转以后三年内税前扣除 | 调增 |
| | （6）企业在生产经营活动中发生的合理的不需要资本化的利息支出，准予扣除 | 调增 |
| | （7）纳税人的各种行政性的罚金、罚款和被没收财物损失，不得扣除 | 调增 |
| | （8）纳税人年度实际发生的税收滞纳金不得扣除 | 调增 |
| | （9）企业发生的与生产经营活动无关的各种非广告性赞助支出，不得扣除 | 调增 |
| | （10）与未实现融资收益相关在当期确认的财务费用，不得扣除 | 调增 |
| | （11）不征税收入用于支出所形成的费用，不得扣除 | 调增 |
| | （12）与取得收入无关的支出，不得扣除 | 调增 |
| 资产类调整项目 | （1）资产折旧、摊销。包括固定资产折旧、无形资产摊销、长期待摊费用 | 调增或调减 |
| | （2）资产减值准备。纳税人按照国务院财政、税务主管部门的规定条件和标准范围内提取的减值准备金和风险准备金，准予在计算应纳税所得额时扣除。未经财政、税务部门核实的准备金，不得扣除 | 调增 |
| | （3）资产损失。准予在企业所得税税前扣除的资产损失包括实际资产损失和法定资产损失。实际资产损失在实际发生且会计上已作损失处理的年度申报扣除；法定资产损失在企业向主管税务机关提供证据资料证明该项资产已符合法定资产损失确认条件，且会计上已作损失处理的年度申报扣除。企业发生的资产损失，应按规定的程序和要求向主管税务机关申报后方能在税前扣除；未经申报的损失，不得在税前扣除 | 调增 |

续表

| 项目种类 | 内容 | 调整方式 |
|---|---|---|
| 特殊事项调整项目 | 包括企业重组、政策性搬迁、特殊行业准备金及房地产企业特定业务计算的纳税调整额 | 调增或调减 |
| 特别纳税调整应税所得 | 包括对纳税人转让定价、资本弱化、避税港避税及其他避税情况所进行的税务调整 | 调增或调减 |

### 三、亏损弥补的确认

（1）境外应税所得抵减境内亏损，是指纳税人在计算缴纳企业所得税时，其境外营业机构的盈利可以弥补境内营业机构的亏损。

（2）弥补以前年度亏损。企业某一纳税年度发生的亏损，可以用下一纳税年度的税前所得弥补，下一纳税年度的税前所得不足弥补的，可以逐年延续弥补，但延续弥补期最长不得超过 5 年。高新技术企业和科技型中小企业亏损弥补期延长至 10 年。

### 四、应纳所得税额的计算

应纳所得税额的计算见表 5-12。

表 5-12　应纳所得税额的计算

| 适用范围 | | 内容 |
|---|---|---|
| 居民企业查账征收方式下应纳税额的计算 | （1）预缴所得税 | ① 按月度或季度实际利润额计算预缴。<br>　　本月（季）应纳税额 = 实际利润累计额 × 税率 − 减免所得税额 −<br>　　　　　　　　　　　　累计已预缴所得税额<br>② 按上一纳税年度应纳税所得额的平均额计算预缴。<br>　　本月（季）应纳税额 = 上一纳税年度应纳税所得额 ÷ 12（或 4）× 税率 |
| | （2）年终汇算清缴 | 应纳税额 = 应纳税所得额 × 税率（25%）− 减免所得税额 −<br>　　　　　抵免所得税额 + 境外所得应补税额 |
| 居民企业核定征收方式下应纳所得税额的计算 | | 包括核定应税所得率和核定应纳所得额两种。其中，核定应税所得率方式的，应纳所得税税额的计算公式如下：<br>应纳税额 = 应纳税所得额 × 适用税率<br>其中：应纳税所得额 = 收入总额 × 应税所得率<br>　　　　　　　　　 = 成本费用支出额 ÷（1 − 应税所得率）× 应税所得率 |
| 非居民企业应纳所得税额的计算 | | 应扣缴企业所得税额 = 应纳税所得额 × 实际征收率（10%）<br>其中，应纳税所得额按下列方法确定：股息、红利等权益性投资收益和利息、租金、特许权使用费所得，以收入全额为应纳税所得额；转让财产所得，以收入全额减除财产净值后的余额为应纳税所得额；其他所得，参照前两项规定的方法计算应纳税所得额 |

## 【典型题例分析】

【计算题】大地公司为居民企业，2019 年经营成果如下：① 营业收入 5 000 万元。

② 营业成本 2 000 万元。③ 销售费用 1 000 万元（某中广告费 800 万元，业务招待费 60 万元）；管理费用 400 万元（其中业务招待费 20 万元，新产品技术开发费 200 万元）；财务费用 500 万元，其中支付某商业银行贷款利息 400 万元（贷款本金为 5 000 万元），支付某企业利息 100 万元（借款本金为 1 000 万元）。④ 销售税金 1 200 万元（其中增值税 1 000 万元）。⑤ 投资收益 100 万元，该收益为持有某上市公司股票（作为交易性金融资产核算，已持有了 2 年）分得现金股利。⑥ 营业外收入 500 万元（其中技术转让所得 300 万元），营业外支出 25.2 万元，其中环保部门罚款 20 万元，交通罚款 0.2 万元，固定资产清理损失 5 万元。除上述资料外，该企业无其他纳税调整事项。

要求：根据上述资料，按顺序回答下列问题，涉及纳税调整的题目请写明调增、调减或不需要调整。

（1）计算该企业 2019 年度利润总额；

（2）广告费用应调整的应纳税所得额；

（3）业务招待费应调整的应纳税所得额；

（4）新产品技术开发费应调整的应纳税所得额；

（5）利息支出应调整的应纳税所得额；

（6）投资收益应调整的应纳税所得额；

（7）技术转让所得应调整的应纳税所得额；

（8）营业外支出应调整的应纳税所得额；

（9）计算该企业 2019 年应纳税所得额；

（10）计算该企业 2019 年应交纳的企业所得税。

【答案】

（1）利润总额 = 5 000 − 2 000 − 1 000 − 400 − 500 − 200 + 100 + 500 − 25.2 = 1 474.8（万元）

（2）广告费。广告费扣除限额 = 5 000 × 15% = 750（万元）< 实际发生额 800 万元，纳税调增额 = 800 − 750 = 50（万元）。

（3）业务招待费。实际发生额的 60% =（20 + 60）× 60% = 48（万元）> 营业收入的 5‰ = 5 000 × 5‰ = 25（万元）。

业务招待费扣除限额 = 25（万元）< 实际发生额 80 万元，纳税调增额 = 80 − 25 = 55（万元）。

（4）新产品技术开发费。加计扣除 75%，纳税调减额 = 200 × 75% = 150（万元）。

（5）利息支出。支付商业银行利息支出不用调整；支付某企业的利息支出应纳税调增，纳税调增额 = 100 − 1 000 × 400/5 000 = 20（万元）。

（6）投资收益。居民企业之间的股息、红利所得免税，纳税调减额 = 100（万元）。

（7）技术转让所得。企业转让所得在 500 万元以内的部分免税，纳税调减额 = 300（万元）。

（8）营业外支出。行政罚款不得扣除，全额调增，纳税调增额 = 20 + 0.2 = 20.2（万元），固定资产清理损失可在税前扣除，不用调整。

（9）应纳税所得额 = 1 474.8 + 50 + 55 − 150 + 20 − 100 − 300 + 20.2 = 1 070（万元）

（10）应交所得税 = 1 070 × 25% = 267.5（万元）

## 【职业能力训练】

**一、单项选择题**

1. 根据企业所得税法律制度规定，下列关于销售货物确认收入实现时间的表述，正确的是（　　）。（知识点：收入类调整项目）

　　A. 销售商品采用托收承付方式的，在签订合同时确认

　　B. 销售商品采用支付手续费方式委托代销的，在销售时确认

　　C. 销售商品采用预收款方式的，在发出商品时确认

　　D. 销售商品需要安装的，在商品发出时确认

2. 根据企业所得税法律制度规定，下列各项中，应计入应纳税所得额的是（　　）。（知识点：收入类调整项目）

　　A. 事业单位从事营利性活动取得的收入

　　B. 企业转让国债取得的收入

　　C. 纳入预算管理的事业单位取得的财政拨款

　　D. 企业取得的国债利息收入

3. 企业在计算企业所得税应纳税所得额时，自产或外购货物发生的下列行为中，不视同销售货物、转让财产或者提供劳务的是（　　）。（知识点：收入类调整项目）

　　A. 用于个人福利　　B. 捐赠　　　　　　C. 偿债　　　　　　D. 用于基建

4. 根据企业所得税法律制度规定，下列各项中，在计算企业所得税应纳税所得额时，不得扣除的是（　　）。（知识点：扣除类调整项目）

　　A. 向投资者支付的股息　　　　　　B. 税收滞纳金

　　C. 违反合同的违约金　　　　　　　D. 违反经营的行政处罚

5. 根据企业所得税法律制度规定，下列支出中，在计算企业所得税应纳税所得额时，允许按照税法规定标准扣除的是（　　）。（知识点：扣除类调整项目）

　　A. 税收滞纳金　　　　　　　　　　B. 企业拨款的工会经费

　　C. 非广告性质的赞助支出　　　　　D. 企业所得税税款

6. 根据企业所得税法律制度规定，在计算企业所得税应纳税所得额时，除国务院财政、税务主管部门另有规定外，下列费用支出中，其支出不超过规定比例准予扣除，超过部分准予在以后纳税年度结转扣除的是（　　）。（知识点：扣除类调整项目）

　　A. 工会经费　　　　　　　　　　　B. 社会保险费

　　C. 职工福利费　　　　　　　　　　D. 职工教育经费

7. 根据企业所得税法律制度规定，下列各项捐赠中，在计算应纳税所得额时准予按利润总额一定比例计算限额扣除的是（　　）。（知识点：扣除类调整项目）

　　A. 纳税人直接向某学校的捐赠

　　B. 纳税人通过关联企业向自然灾害地区的捐赠

　　C. 纳税人通过电视台向灾区的捐赠

　　D. 纳税人通过市民政部门向贫困地区的捐赠

8. 根据企业所得税法律制度规定，下列各项中，准予在企业所得税前扣除的是（　　）。

（知识点：扣除类调整项目）

    A. 支付违法经营的罚款　　　　　　B. 被没收的财物损失

    C. 支付的税收滞纳金　　　　　　　D. 支付银行加收的罚息

9. 根据企业所得税法律制度规定，下列各项中，可以在企业所得税税前扣除的是（　　　　）。（知识点：扣除类调整项目）

    A. 未经核定的准备金支出

    B. 纳税人因买卖合同纠纷而支付的诉讼费

    C. 纳税人向关联企业支付的管理费

    D. 企业缴纳的增值税

10. 纳税人通过国内非营利的社会团体、国家机关的公益救济性捐赠，在年度（　　　　）12% 以内的部分准予扣除。（知识点：扣除类调整项目）

    A. 收入总额　　　　　　　　　　　B. 应纳税所得额

    C. 纳税调整后所得额　　　　　　　D. 利润总额

11. 某农场外购奶牛支付价款 20 万元，依据企业所得税相关规定，税前扣除方法为（　　　　）。（知识点：资产类调整项目）

    A. 一次性在税前扣除

    B. 按奶牛寿命在税前分期扣除

    C. 按直线法以不低于 3 年折旧年限计算折旧税前扣除

    D. 按直线法以不低于 10 年折旧年限计算折旧税前扣除

12. 2019 年 1 月某公司购进一套价值 60 万元的管理软件，符合无形资产确认条件，公司按照无形资产进行核算。根据企业所得税相关规定，2019 年该公司计算应纳税所得额时摊销无形资产费用的最高金额是（　　　　）万元。（知识点：资产类调整项目）

    A. 6　　　　　　　B. 10　　　　　　　C. 30　　　　　　　D. 60

13. 2018 年某商贸公司以经营租赁方式租入临街门面，租期 10 年。2019 年 3 月公司对门面进行了改建装修，发生改建费用 20 万元。关于装修费用的税务处理，下列说法正确的是（　　　　）。（知识点：资产类调整项目）

    A. 改建费用应作为长期待摊费用处理

    B. 改建费用应从 2018 年 1 月进行摊销

    C. 改建费用可以在发生当期一次性税前扣除

    D. 改建费用应在 3 年的期限内摊销

14. 依据企业所得税的相关规定，下列资产中，不可以采用加速折旧方法的是（　　　　）。（知识点：资产类调整项目）

    A. 常年处于强震动状态的固定资产

    B. 常年处于高腐蚀状态的固定资产

    C. 单独估价作为固定资产入账的土地

    D. 由于技术进步原因产品更新换代较快的固定资产

15. 下列关于固定资产加速折旧的表述中，不正确的是（　　　　）。（知识点：资产调整项目）

    A. 对生物药品制造业，专用设备制造业等 6 个行业的企业 2014 年 1 月 1 日后新购进的

单位价值超过 500 万元固定资产，可缩短折旧年限或采取加速折旧的方法

B. 对所有企业在 2018 年 1 月 1 日至 2020 年 12 月 31 日期间新购进的设备、器具，单位价值不超过 500 万元的，允许一次性计入当期成本费用在计算应纳税所得额时扣除，不再分年度计算折旧

C. 对所有行业企业持有的单位价值不超过 10 000 元的固定资产，允许一次性计入当期成本费用在计算应纳税所得额时扣除，不再分年度计算折旧

D. 采取加速折旧方法的，可采取双倍余额递减法或者年数总和法

**二、多项选择题**

1. 根据企业所得税法律制度规定，我国企业所得税的税收优惠包括（　　　　）。（知识点：收入类调整项目）

　　A. 免税收入　　　　B. 加计扣除　　　　C. 减计收入　　　　D. 税额减免

2. 根据企业所得税法律制度规定，下列各项中准予从收入总额中扣除的项目有（　　　　）。（知识点：收入类调整项目）

　　A. 化工厂为职工向保险公司购买人寿保险的支出

　　B. 白酒的广告费

　　C. 房地产企业支付的银行罚息

　　D. 商业企业发生的资产盘亏扣除赔偿部分后的净损失

3. 根据企业所得税法律制度规定，纳税人缴纳的下列税种中，可以在企业所得税税前扣除的有（　　　　）。（知识点：扣除类调整项目）

　　A. 增值税　　　　　　　　　　　B. 土地增值税

　　C. 城镇土地使用税　　　　　　　D. 城市维护建设税

4. 根据企业所得税法律制度规定，在计算企业所得税应纳税所得额时，不得扣除的项目有（　　　　）。（知识点：扣除类调整项目）

　　A. 非广告性赞助支出　　　　　　B. 税务机关的罚款

　　C. 人民法院的罚金　　　　　　　D. 与取得收入无关的费用支出

5. 根据企业所得税法律制度规定，在计算企业所得税应纳税所得额时，下列各项中，不得扣除的有（　　　　）。（知识点：扣除类调整项目）

　　A. 企业之间支付的管理费

　　B. 企业内营业机构之间支付的租金

　　C. 企业内营业机构之间支付的特许权使用费

　　D. 非银行企业内营业机构之间支付的利息

6. 采用间接法计算应纳税所得额时，下列项目中应在会计利润基础上调整增加额的项目有（　　　　）。（知识点：扣除类调整项目）

　　A. 查补的增值税　　　　　　　　B. 利息费用超部分

　　C. 超标的公益救济性捐赠　　　　D. 超标的职工教育经费支出

7. 下列项目中，计算应纳税所得额时应在会计利润的基础上调整减少额的项目有（　　　　）。（知识点：扣除类调整项目）

A. 查补的消费税          B. 多提的职工福利费

C. 国库券利息收入         D. 多列的无形资产摊销费

8. 根据现行《企业所得税法》规定，纳税人取得下列支出中，可以在计算应纳税所得额时加计扣除的有（　　　　　）。（知识点：扣除类调整项目）

A. 业务招待费           B. 安置残疾人员所支付的工资

C. 开发新工艺发生的研究开发费用    D. 开发新产品发生的研究开发费用

9. 根据现行《企业所得税法》规定，下列项目可以在计算企业应纳税所得额时税前扣除的有（　　　　　）。（知识点：扣除类调整项目）

A. 对外投资而向银行借入资金的利息    B. 逾期的银行流动资金借款罚息

C. 取得银行流动资金借款的利息支出    D. 建造生产车间借款的利息支出

10. 根据企业所得税法律制度规定，在计算应纳税所得额时，不得计算折旧扣除的固定资产有（　　　　　）。（知识点：资产类调整项目）

A. 房屋建筑物以外未投入使用的固定资产

B. 以经营租赁方式租入的固定资产

C. 以融资租赁方式租出的固定资产

D. 已提足折旧继续使用的固定资产

11. 根据企业所得税法律制度规定，企业的固定资产由于技术进步等原因，确实需要加速折旧的，可以采用的加速折旧方法有（　　　　　）。（知识点：资产类调整项目）

A. 年数总和法

B. 直线法

C. 双倍余额递减法

D. 缩短折旧年限，但最低折旧年限不得低于法定折旧年限的 50%

12. 下列有关固定资产折旧说法正确的是（　　　　　）。（知识点：资产类调整项目）

A. 电子设备的最低折旧年限为 5 年

B. 以融资租赁方式租出的固定资产可以计算折旧扣除

C. 固定资产按照直线法计算的折旧，准予扣除

D. 单独估价作为固定资产入账的土地不得税前扣除

13. 下列说法正确的有（　　　　　）。（知识点：资产类调整项目）

A. 林木类生产性生物资产最低折旧年限为 10 年

B. 生产性生物资产按照产量法计算的折旧准予扣除

C. 受让的无形资产，有关合同约定使用年限为 3 年的，可以按照约定的使用年限分期摊销

D. 外购商誉的支出在企业整体转让或者清算时准予扣除

14. 企业发生的下列支出中，可在发生当期直接在企业所得税税前扣除的是（　　　　　　　）。（知识点：资产类调整项目）

A. 租入固定资产的改建支出

B. 固定资产的日常修理支出

C. 已足额提取折旧的固定资产的改建支出

D. 固定资产按税法规定计提的折旧费

15. 下列资产损失，应以清单申报的方式向税务机关申报扣除的有（                ）。（知识点：资产类调整项目）

A. 企业被盗的固定资产或存货发生的净损失

B. 企业固定资产达到或超过使用年限而正常报废清理的损失

C. 企业生产性生物资产达到或超过使用年限而正常死亡发生的资产损失

D. 企业在正常经营管理活动中，按照公允价格销售、转让、变卖非货币资产的损失

16. 企业在对 2018 年购进的固定资产计算企业所得税应纳税所得额时，可以一次性计入成本费用扣除的有（                ）。（知识点：资产类调整项目）

A. 2018 年 1 月 1 日至 2020 年 12 月 31 日期间新购进的，单位价值不超过 500 万元的设备、器具

B. 2014 年 1 月 1 日起，所有行业新购进的单位价值不超过 100 万元的专门用于研发的仪器、设备

C. 2014 年 1 月 1 日起，所有行业持有的单位价值不超过 5 000 元的固定资产

D. 信息技术服务公司购进价值为 80 万元的研发专用设备

17. 下列关于在 2018 年 1 月 1 日至 2020 年 12 月 31 日期间，可一次性扣除的固定资产的说法正确的有（                ）。（知识点：资产类调整项目）

A. 单位价值不超过 500 万元的新购进的设备、器具

B. "购进"包括以货币形式购进和自行建造

C. 自建的固定资产以竣工结算前发生的支出确定单位价值

D. 企业可以根据自身生产经营核算需要，自行选择是否享受一次性扣除，未选择享受该政策的，以后年度不得再变更

### 三、判断题

1. 境内甲公司（居民企业，适用税率 25%）持有境内乙公司（居民企业，适用税率 15%）10% 的股权，2019 年甲公司从乙公司分回 80 万元红利（税后利润），甲公司的此项红利所得属于免税收入，不需计算缴纳企业所得税。（知识点：收入类调整项目）  （    ）

2. 居民企业直接投资于其他居民企业所取得的投资收益免征企业所得税。（知识点：收入类调整项目）  （    ）

3. 在中国境内设立机构、场所的非居民企业从居民企业取得与该机构、场所有实际联系的股息、红利等权益性投资收益，免征企业所得税。（知识点：收入类调整项目）（    ）

4. 非营利组织的收入免征企业所得税。（知识点：收入类调整项目）  （    ）

5. 企业参加财产保险，按照有关规定缴纳的保险费准予扣除。（知识点：扣除类调整项目）  （    ）

6. 在计算应纳税所得额时，未投入使用的"房屋、建筑物"计提的折旧可以扣除。（知识点：资产类调整项目）  （    ）

7. 企业不征税收入用于支出所形成的费用或财产，不得扣除或计算对应的折旧、摊销扣除。（知识点：资产类调整项目）  （    ）

8. 企业按照市场公平交易原则，通过各种交易场所、市场等买卖债券、股票、期货、基金以及金融衍生产品等发生的损失，应以清单申报的方式向税务机关申报扣除。（知识点：资产类调整项目）　　　　　　　　　　　　　　　　　　　　（　　）

9. 生物药品制造小微企业 2018 年 1 月 1 日后新购进的研发和生产经营共用的单位价值 80 万元的仪器，在计算企业所得税应纳税所得额时，可以一次性计入成本费用扣除。（知识点：资产类调整项目）　　　　　　　　　　　　　　　　　　　　　　（　　）

10. 企业固定资产会计折旧年限短于税法规定的最低折旧年限，其按会计折旧年限计提的折旧高于按税法规定的最低折旧年限计提的折旧部分，应纳税调减。（知识点：资产类调整项目）　　　　　　　　　　　　　　　　　　　　　　　　　　　（　　）

## 四、计算题

1. 甲企业 2019 年发生合理的工资薪金支出 100 万元，发生职工福利费 18 万元，职工教育经费 1.5 万元。根据企业所得税法律制度规定，甲企业计算 2019 年企业所得税应纳税所得额时，准予扣除的职工福利费和职工教育经费金额合计为（　　）。（知识点：扣除类调整项目）

  A. $100 \times 14\% + 1.5 = 15.5$（万元）   B. $100 \times 14\% + 100 \times 8\% = 22$（万元）

  C. $18 + 1.5 = 19.5$（万元）    D. $18 + 100 \times 8\% = 26$（万元）

2. 2019 年甲企业取得销售收入 3 000 万元，广告费支出 400 万元，上年结转广告费 60 万元。根据企业所得税法律制度规定，甲企业 2019 年准予扣除的广告费是（　　）万元。（知识点：扣除类调整项目）

  A. 460    B. 510    C. 450    D. 340

3. 甲公司 2019 年度利润总额 80 万元，通过公益性社会团体向某灾区捐赠 2 万元，直接向某学校捐款 5 万元。根据企业所得税法律制度规定，该公司在计算企业所得税应纳税所得额时可以扣除的捐赠支出为（　　）万元。（知识点：扣除类调整项目）

  A. 2    B. 5    C. 7    D. 9.6

4. 甲企业 2019 年利润总额为 2 000 万元，工资薪金支出为 1 500 万元，已知在计算企业所得税应纳税所得额时，公益性捐赠支出、职工福利费支出、职工教育经费支出的扣除比例分别为不超过 12%、14% 和 8%。下列支出中，允许在计算 2019 年企业所得税应纳税所得额时全额扣除的有（　　）。（知识点：扣除类调整项目）

  A. 公益性捐赠支出 200 万元

  B. 职工福利费支出 160 万元

  C. 职工教育经费支出 40 万元

  D. 2018 年 7 月至 2019 年 6 月期间的厂房租金支出 50 万元

5. 某境内居民企业 2019 年销售收入 3 000 万元，固定资产处置净收益 30 万元，业务招待费支出 30 万元。根据企业所得税法律制度规定，该企业在计算应纳税所得额时，准予税前扣除的业务招待费支出是（　　）万元。（知识点：扣除类调整项目）

  A. 30    B. 15    C. 15.15    D. 18

6. 某公司 2019 年度支出合理的工资薪金总额 1 000 万元，按规定标准为职工缴纳基本社会保险费 150 万元，为公司高管缴纳商业保险 30 万元。根据企业所得税法律制度规定，该公司 2019 年度发生上述保险费在计算应纳税所得额时准予扣除的数额为（  ）万元。（知识点：扣除类调整项目）

    A. 30        B. 150        C. 180        D. 1 150

    7. 2019 年度某企业通过政府向灾区捐款 100 万元，直接向受灾小学捐款 20 万元，两笔捐款均在营业外支出中列支。该企业当年的利润总额为 1 000 万元。假设不考虑其他纳税调整事项，根据企业所得税法律制度规定，该企业 2019 年度应纳税所得额为（  ）万元。（知识点：扣除类调整项目）

    A. 1 000        B. 1 020        C. 1 120        D. 1 070

    8. 2017 年 4 月 1 日，甲创业投资企业采取股权投资方式向未上市的取得高新技术企业资格的乙公司（该公司属于中小企业）投资 120 万元，股权持有至 2019 年 6 月 1 日，甲创业投资企业 2019 年度计算应纳税所得额时，对乙公司的投资额可以抵免的数额为（  ）万元。（知识点：税收优惠）

    A. 0        B. 84        C. 96        D. 108

    9. 境外甲企业在我国境内未设立机构、场所。2019 年 8 月，甲企业向我国居民企业乙公司转让了一项配方，取得转让收入 1 000 万元。根据企业所得税法律制度规定，甲企业就该项转让所得应向我国缴纳的企业所得税税额为（  ）万元。（知识点：扣缴税额计算）

    A. 250        B. 200        C. 150        D. 100

**五、综合分析题**

    1. 甲企业是国家重点扶持的环保高新技术企业，主要从事节能减排技术改造，2019 年有关财务数据如下：

    （1）全年产品销售收入 4 000 万元。

    （2）全年实际发生合理的工资薪金支出 200 万元，职工福利费 34 万元，职工教育经费 5 万元，拨缴工会经费 4 万元，按规定缴纳的基本社会保险 56 万元。

    （3）业务招待费支出 30 万元。

    （4）新技术研丌发费用 400 万元（未形成无形资产计入当期损益）。

    （5）当年闲置厂房计提折旧 15 万元，未投入使用的机器设备计提折旧 10 万元。

    （6）直接向某养老院捐赠 20 万元。

    （7）发生非广告性质的赞助支出 8 万元。

    （8）购入运输车辆支付价款 20 万元。

    已知甲企业 2017 年取得第 1 笔生产经营收入。

    要求：根据上述资料回答下列问题。

    （1）甲企业在计算企业所得税应纳税所得额时，业务招待费税前扣除限额是（  ）万元。

    A. 18        B. 20        C. 30        D. 12

    （2）甲企业在计算企业所得税应纳税所得额时，下列各项中，准予全额在税前扣除的是（      ）。

    A. 职工福利费 34 万元         B. 职工教育经费 5 万元

    C. 工会经费 4 万元           D. 社会保险费 56 万元

（3）甲企业在计算企业所得税应纳税所得额时，下列表述中，正确的是（      ）。

    A. 闲置厂房计提的折旧 15 万元可以在税前扣除

    B. 未投入使用的机器设备计提的 10 万元折旧不得在税前扣除

    C. 发生的非广告性质的赞助支出 8 万元不得在税前扣除

    D. 甲企业直接向某养老院捐赠的 20 万元不得在税前扣除

（4）甲企业在计算企业所得税应纳税的得额时，下列表述中，正确的是（      ）。

    A. 新技术研发费用可以加计扣除 300 万元

    B. 甲企业可以享受"三免三减半"优惠政策

    C. 购入的运输车辆 20 万元可以享受税额抵免优惠政策

    D. 甲企业适用 15% 的企业所得税税率

2. 甲企业为居民企业，2019 年度有关经济业务如下：

（1）产品销售收入 800 万元，销售边角料收入 40 万元，国债利息收入 5 万元。

（2）以产品抵偿债务，该批产品不含增值税售价 60 万元。

（3）实发合理工资、薪金总额 100 万元，发生职工教育经费 1.5 万元，职工福利费 15 万元，工会经费 1 万元。

（4）支付人民法院诉讼费 3 万元，税收滞纳金 4 万元，合同违约金 5 万元，银行罚息 6 万元。

（5）因管理不善一批材料被盗，原材料成本 10 万元，增值税进项税额 1.3 万元，取得保险公司赔款 6 万元，原材料损失已经税务机关核准。

要求：根据上述资料回答下列问题。

（1）甲企业下列收益中，计算企业所得税时，应计入收入总额的是（      ）。

    A. 国债利息收入 5 万元         B. 产品销售收入 800 万元

    C. 销售边角料收入 40 万元       D. 以产品抵偿债务 60 万元

（2）甲企业的下列支出，计算企业所得税时，准予全部扣除的是（      ）。

    A. 工资、薪金总额 100 万元     B. 职工教育经费 1.5 万元

    C. 职工福利费 15 万元        D. 工会经费 1 万元

（3）甲企业下列支出中，计算企业所得税时，不准扣除的是（      ）。

    A. 税收滞纳金 4 万元         B. 银行罚息 6 万元

    C. 合同违约金 5 万元         D. 支付人民法院诉讼费 3 万元

（4）甲企业在计算企业所得税应纳税所得额时，准予扣除原材料损失金额（      ）万元。

    A. 2.3         B. 4         C. 11.3         D. 5.3

3. 甲公司为居民企业，2019 年度有关经济业务如下：

（1）取得产品销售收入 2 000 万元、国债利息收入 15 万元、银行存款利息收入 5 万元，逾期未退包装物押金取得不含增值税收入 0.5 万元。

（2）支付职工困难补助3万元、职工交通补贴2.5万元、职工食堂人员工资15万元；缴纳生产工人基本养老保险费40万元。

（3）新技术研究开发费用30万元，已计入管理费用。

（4）支付税收滞纳金2万元，直接向贫困山区捐款5万元，向街道办赞助支出6万元。

（5）当年向投资者分配利润100万元。

要求：根据上述资料回答下列问题。

（1）甲公司下列收入中，在计算企业所得税应纳税所得额时，应计入收入总额的有（　　　）。

A. 国债利息收入15万元　　　　　　　B. 银行存款利息收入5万元

C. 逾期未退包装物押金收入0.5万元　　D. 产品销售收入2 000万元

（2）甲公司下列支出中，在计算企业所得税应纳税所得额时，不准扣除的有（　　　）。

A. 向街道办赞助支出6万元　　　　　　B. 税收滞纳金2万元

C. 向贫困山区捐款5万元　　　　　　　D. 向投资者分配利润100万元

（3）甲公司在计算企业所得税应纳税所得额时，准予扣除的新技术研究开发费用总额的下列计算中，正确的是（　　　）。

A. $30 \times (1 + 75\%) = 52.5$（万元）　　　B. $30 \times 50\% = 15$（万元）

C. $30 \times (1 + 50\%) = 45$（万元）　　　　D. $30 \times 100\% = 30$（万元）

（4）下列选项中，属于职工福利费范畴的是（　　　）。

A. 职工困难补助3万元　　　　　　　　B. 职工交通补贴2.5万元

C. 职工食堂人员工资15万元　　　　　　D. 生产工人基本养老保险费40万元

# 学习任务5.3　企业所得税会计核算

## 【学习目标】

掌握资产负债表债务法和应付税款法核算原理和方法。

## 【重点与难点】

重点：资产负债表债务法和应付税款法比较

难点：递延所得税资产和递延所得税负债的确认

## 【知识点回顾】

### 一、资产负债表债务法

1. 资产负债表债务法含义及核算程序（见表5-13）

表 5-13    资产负债表债务法含义及核算程序

| 要点 | 具体内容 |
|------|----------|
| 含义 | 　　资产负债表债务法是指从资产负债表出发，通过比较资产负债表上列示的资产、负债按企业会计准则确定的账面价值与按税法确定的计税基础，对两者之间的差额分为应纳税暂时性差异与可抵扣暂时性差异，确认相关的递延所得税负债与递延所得税资产，最终确认所得税费用的所得税会计核算方法 |
| 核算程序 | 　　① 按企业会计准则规定，确定资产负债表中除递延所得税资产和递延所得税负债以外的其他资产和负债项目的账面价值。<br>　　② 按企业会计准则中对资产和负债计税基础的确定方法，以适用的税收法规为基础，确定资产负债表中有关资产、负债项目的计税基础。<br>　　③ 比较资产、负债的账面价值与其计税基础，分应纳税暂时性差异与可抵扣暂时性差异，确定该资产负债表日与应纳税暂时性差异及可抵扣暂时性差异相关的递延所得税负债和递延所得税资产的应有金额，并将该金额与期初递延所得税负债和递延所得税资产余额对比，确定当期应予进一步确认的递延所得税负债和递延所得税资产的金额或应予转销的金额，作为构成利润表中的递延所得税。<br>　　④ 确定利润表中的所得税费用。利润表中的所得税费用包括当期所得税和递延所得税两部分。其中，当期所得税是指当期发生的交易或事项按适用的税法规定计算确定的当期应交所得税；递延所得税是当期确认的递延所得税资产和递延所得税负债金额或予以转销的金额的综合结果 |

2. 暂时性差异及种类（见表 5-14）

暂时性差异是指资产或负债的账面价值与其计税基础之间的差额。根据暂时性差异对未来期间应税金额影响不同，分为应纳税暂时性差异和可抵扣暂时性差异。

表 5-14    暂时性差异及种类

| 要点 | 应纳税暂时性差异 | 可抵扣暂时性差异 |
|------|------------------|------------------|
| 含义 | 指在确定未来收回资产或清偿负债期间的应纳税所得额时，将导致产生应税金额的暂时性差异 | 指在确定未来收回资产或清偿负债期间的应纳税所得额时，将导致产生可抵扣金额的暂时性差异 |
| 性质 | 该差异在未来期间转回时，会增加转回期间的应纳税所得额，进而增加应交所得税 | 该差异在未来期间转回时会减少转回期间的应纳税所得额，进而减少未来期间的应交所得税 |
| 确认 | 在应纳税暂时性差异产生的当期，应当确认相关的递延所得税负债 | 在可抵扣暂时性差异产生的当期，应当确认相关的递延所得税资产 |
| 情形 | 资产的账面价值大于其计税基础；负债的账面价值小于其计税基础 | 资产的账面价值小于其计税基础；负债的账面价值大于其计税基础 |

3. 资产、负债计税基础的一般规定及重要项目计税基础的确定

资产、负债计税基础是以适用的税收法规为依据确定的资产负债表中有关资产、负债项目的金额。

（1）资产的计税基础规定见表 5-15。

表 5-15 资产的计税基础

| 要点 | 资产的计税基础 |
|------|------|
| 含义 | 指企业收回资产账面价值过程中,计算应纳税所得额时按税法规定可以自应税经济利益中抵扣的金额 |
| 公式 | 资产的计税基础 = 未来可税前列支金额 |
| 重要项目 | (1)固定资产。【初始计量】入账价值一般等于计税基础;【后续计量】会计与税收处理的差异主要来自折旧及固定资产减值准备的计提 |
| | (2)无形资产。【初始计量】除内部研发形成的无形资产以外,以其他方式取得的无形资产,初始确认时的入账价值与税法规定的成本之间一般不存在差异;【后续计量】会计与税收的差异主要产生于对无形资产是否需要摊销及无形资产减值准备的计提 |
| | (3)以公允价值计量且其变动计入当期损益的金融资产(交易性金融资产) |
| | (4)投资性房地产 |
| | (5)其他计提了资产减值准备的各项资产 |

(2)负债的计税基础规定见表 5-16。

表 5-16 负债的计税基础

| 要点 | 负债的计税基础 |
|------|------|
| 含义 | 是指负债的账面价值减去未来期间计算应纳税所得额时按税法规定可予抵扣的金额 |
| 公式 | 负债的计税基础 = 账面价值 − 未来可税前列支的金额 |
| 原则 | 一般情况下,负债的确认与偿还不会影响企业的损益,也不会影响其应纳税所得额,未来期间计算应纳税所得额时按税法规定可予抵扣的金额为零,计税基础等于账面价值。但在某些情况下,负债的确认可能会影响企业的损益,进而影响不同期间的应纳税所得额,使得其计税基础与账面价值之间产生差额 |
| 重要项目 | (1)因销售商品提供售后服务等原因确认的预计负债 |
| | (2)预收账款 |
| | (3)其他负债。如企业应交未交计入其他应付款账户的罚款和滞纳金等 |

4. 特殊项目产生的暂时性差异(见表 5-17)

表 5-17 特殊项目产生的暂时性差异

| 项目 | 具体规定 |
|------|------|
| 广告宣传费超限额支出 | 某些交易或事项发生后,因不符合资产、负债的确认条件而未体现为资产负债表中的资产或负债,但按税法规定能够确定其计税基础的,其账面价值零与计税基础之间的差异构成暂时性差异 |
| 结转以后年度的未弥补亏损及税款抵减 | 按税法规定可以结转以后年度的未弥补亏损及税款抵减,虽不是因资产、负债的账面价值与计税基础不同产生的,但本质上可抵扣亏损和税款抵减与可抵扣暂时性差异具有相同的作用,均能够减少未来期间的应纳税所得额,在会计处理上,与可抵扣暂时性差异处理相同,应确认为递延所得税资产 |

| 项目 | 具体规定 |
|---|---|
| 企业合并中取得有关资产、负债产生的暂时性差异 | 企业合并中，由于企业会计准则与税法规定的不同，可能使得按会计规定确定的合并中取得的各项可辨认资产、负债的账面价值与按税法规定确定的计税基础不同，形成的暂时性差异应确认为递延所得税资产或递延所得税负债 |

5. 递延所得税资产及递延所得税负债的确认和计量（见表 5-18）

表 5-18    递延所得税资产及递延所得税负债的确认和计量

| 要点 | 递延所得税资产确认和计量 | 递延所得税负债的确认和计量 |
|---|---|---|
| 确认 | 【原则】可抵扣暂时性差异，应以未来期间可能取得的应纳税所得额为限，确认递延所得税资产<br>【账务处理】<br>借：递延所得税资产<br>　　贷：所得税费用、其他综合收益、商誉<br>【不确认的规定】如果企业发生的某项交易或事项不是企业合并，并且交易发生时既不影响会计利润也不影响应纳税所得额，且该项交易中产生的资产、负债的初始确认金额与其计税基础不同，产生可抵扣暂时性差异的，不确认递延所得税资产 | 【原则】除企业会计准则中明确规定可不确认递延所得税负债的情况外，企业对于所有的应纳税暂时性差异均应确认递延所得税负债<br>【账务处理】<br>借：所得税费用、其他综合收益、商誉<br>　　贷：递延所得税负债<br>【不确认的规定】① 企业合并中产生的商誉的账面价值与其计税基础不同而形成的应纳税暂时性差异；② 除企业合并外的其他交易或事项中，如果该项交易或事项发生时既不影响会计利润，也不影响应纳税所得额，即使形成应纳税暂时性差异，也不确认递延所得税负债 |
| 计量 | 【税率】确认递延所得税资产时，应估计相关可抵扣暂时性差异的转回时间，采用转回期间的所得税税率计算<br>【折现】无论相关的可抵扣暂时性差异转回期间如何，递延所得税资产均不予折现 | 【税率】递延所得税负债确认时适用税率的选择。确认递延所得税负债时，应以相关应纳税暂时性差异转回期间的所得税税率计算<br>【折现】无论相关的应纳税暂时性差异转回期间如何，递延所得税负债均不予折现 |

6. 所得税费用的确认和计量（见表 5-19）

表 5-19    所得税费用的确认和计量

| 项目 | 具体内容 |
|---|---|
| 所得税费用 | 【含义】是指利润表中的所得税费用，由当期所得税和递延所得税两部分构成<br>【公式】所得税费用 = 当期所得税 + 递延所得税 |
| 当期所得税 | 【含义】是指企业按税法规定计算确定的针对当期发生的交易和事项应缴纳的所得税金额<br>【公式】当期所得税 = 当期应交所得税 = 应纳税所得额 × 当期适用税率 |
| 递延所得税 | 【含义】是指按企业会计准则规定应予确认的递延所得税资产和递延所得税负债在期末应有的金额相对于原已确认金额之间的差额，即递延所得税资产及递延所得税负债的当期发生额，但不包括直接计入所有者权益的交易或事项及企业合并的所得税影响<br>【公式】递延所得税 =（期末递延所得税负债 − 期初递延所得税负债）−（期末递延所得税资产 − 期初递延所得税资产） |

## 二、应付税款法

应付税款法是将本期会计利润与应纳税所得额之间产生的差异均在当期确认所得税费用。这种核算方法的特点是，本期所得税费用等于按本期应纳税所得额与适用所得税税率计算的应交所得税税额。暂时性差异产生的影响所得税的金额，在会计报表中不反映为一项负债或一项资产。

企业采用应付税款法核算所得税时，应设置"所得税费用"账户和"应交税费——应交所得税"账户。

## 【典型题例分析】

【计算题】甲公司 2019 年度利润表中利润总额为 1 200 万元，该公司适用所得税税率为 25%，假定 2018 年年末资产负债表各项目的账面价值与其计税基础一致，2019 年发生的有关交易和事项中，会计处理与税收处理存在差异的有：① 2018 年 12 月购入设备一台，成本为 600 万元，使用年限为 10 年，净残值为零。税法规定可以采用双倍余额递减法计提折旧，会计处理按直线法计提折旧，税法与会计其他规定相同。② 存货账面价值 500 万元，计提存货跌价准备 30 万元。③ 应付违反环保法规定罚款 100 万元。④ 向关联企业提供现金捐赠 200 万元。⑤ 当年发生技术研究支出 500 万元（全部费用化）。

要求：根据上述资料，用资产负债表债务法进行会计核算。

【答案】第一步，确定资产、负债的账面价值和计税基础，并确定暂时性差异。

该公司 2019 年资产负债表相关项目金额及其计税基础如表 5-20 所示。

表 5-20　暂时性差异计算表　　　　　　　　单位：万元

| 项目 | 账面价值 | 计税基础 | 差异 | |
| --- | --- | --- | --- | --- |
| | | | 应纳税暂时性差异 | 可抵扣暂时性差异 |
| 固定资产账面价值 | 540 | 480 | 60 | |
| 存货 | 500 | 530 | | 30 |
| 其他应付款 | 100 | 100 | | |
| 合计 | | | 60 | 30 |

第二步，计算当期应交企业所得税金额。

应纳税所得额 = 1 200 − 60 + 30 + 200 + 100 − 500 × 75% = 1 095（万元）

应纳税额 = 1 095 × 25% = 273.75（万元）

第三步，计算所得税费用。

递延所得税负债 = 60 × 25% = 15（万元）

递延所得税资产 = 30 × 25% = 7.5（万元）

递延所得税 = 15 − 7.5 = 7.5（万元）

利润表中应确认的所得税费用 = 273.75 + 7.5 = 281.25（万元）

第四步，账务处理。

借：所得税费用——当期所得税费用       2 737 500

  所得税费用——递延所得税费用       75 000

  递延所得税资产           75 000

 贷：应交税费——应交所得税        2 737 500

   递延所得税负债          150 000

## 【职业能力训练】

### 一、单项选择题

1. 下列各项负债中，其计税基础为零的是（  ）。（知识点：计税基础）

A. 因欠税产生的应交未交税收滞纳金

B. 因购入存货形成的应付账款

C. 因确认保修费用形成的预计负债

D. 计提的应付职工养老保险金

2. 下列负债项目中，其账面价值与计税基础会产生差异的是（  ）。（知识点：计税基础）

A. 短期借款    B. 应付票据    C. 应付账款    D. 预计负债

3. 下列资产或负债项目的账面价值与其计税基础之间的差额，不得确认递延所得税的是（  ）。（知识点：计税基础）

A. 采用公允价值模式计量的投资性房地产

B. 期末按公允价值调增可供出售金融资产的账面价值

C. 因非同一控制下的企业合并初始确认的商誉

D. 企业因销售商品提供售后服务确认的预计负债

4. 某企业因某项事件预先确认了 50 万元的预计负债，计入当期损益，但是税法规定，需在该项费用实际发生后才准予税前扣除。则该项负债的计税基础为（  ）万元。（知识点：计税基础）

A. 100      B. 0      C. 50      D. 25

5. 一项资产的账面价值为 150 万元，计税基础为 200 万元，则产生（  ）。（知识点：计税基础）

A. 应纳税暂时性差异 150 万元    B. 可抵扣暂时性差异 200 万元

C. 可抵扣暂时性差异 50 万元    D. 应纳税暂时性差异 50 万元

6. 下列项目中，将产生可抵扣暂时性差异的是（  ）。（知识点：暂时性差异）

A. 固定资产会计折旧小于税法折旧形成的差额

B. 期末确认的交易性金融资产的公允价值增加额

C. 因环保诉讼确认的预计负债

D. 广告宣传费用超税法限额支出

7. 甲公司 2019 年 12 月因违反当地有关环保法规的规定，接到环保部门的处罚通知，要求其支付罚款 100 万元，至 2019 年 12 月 31 日该项罚款尚未支付，甲公司适用所得税税率为 25%。2019 年年末该公司上述业务产生的应纳税暂时性差异为（　　　）万元。（知识点：暂时性差异）

    A. 0　　　　　　　　B. 100　　　　　　　　C. −100　　　　　　D. 25

8. A 公司 2016 年 12 月 31 日购入价值 20 万元的设备，预计使用期 5 年，无残值。会计上采用直线法计提折旧，税法允许采用双倍余额递减法计提折旧。2019 年 12 月 31 日应纳税暂时性差异余额为（　　　）万元。（知识点：暂时性差异）

    A. 4.8　　　　　　　B. 12　　　　　　　　C. 7.2　　　　　　　D. 4

## 二、多项选择题

1. 按现行会计准则规定，"递延所得税负债"账户贷方登记的内容有（　　　）。（知识点：会计核算）

    A. 资产的账面价值大于计税基础产生的暂时性差异影响所得税费用的金额

    B. 负债的账面价值大于计税基础产生的暂时性差异影响所得税费用的金额

    C. 负债的账面价值小于计税基础产生的暂时性差异影响所得税费用的金额

    D. 递延所得税负债期初余额在贷方，因本期所得税税率上升调整的递延所得税负债金额

2. 按现行会计准则规定，"递延所得税资产"账户借方登记的内容有（　　　）。（知识点：会计核算）

    A. 资产负债表日递延所得税资产应有余额小于"递延所得税资产"账户余额的差额

    B. 资产负债表日递延所得税资产应有余额大于"递延所得税资产"账户余额的差额

    C. 企业合并中取得资产负债的入账价值与其计税基础不同而形成可抵扣暂时性差异，于购买日应确认的递延所得税资产

    D. 与直接计入所有者权益的交易或事项相关的递延所得税资产

3. 在确认递延所得税资产时，可能涉及的会计科目有（　　　）。（知识点：会计核算）

    A. 所得税费用　　　　　　　　　　B. 预计负债

    C. 其他综合收益　　　　　　　　　D. 商誉

4. 采用资产负债表债务法核算所得税的情况下，影响当期所得税费用的因素除了本期应交所得税外，还有（　　　）。（知识点：会计核算）

    A. 本期发生的暂时性差异所产生的递延所得税负债

    B. 本期转回的暂时性差异所产生的递延所得税资产

    C. 本期发生的暂时性差异所产生的递延所得税资产

    D. 本期转回的暂时性差异所产生的递延所得税负债

## 三、判断题

1. 自行建造的固定资产，以竣工结算前发生的支出为计税基础。（知识点：计税基础）
                             （　　　）

2. 外购的生产性生物资产，以购买价款和支付的相关税费为企业所得税的计税基础。（知识点：计税基础）
                             （　　　）

3. 企业内部研发形成的无形资产，在初始确认时账面价值和计税基础之间存在差异，企业应确认相应的递延所得税。（知识点：计税基础）                （    ）

4. 资产账面价值大于其计税基础，产生可抵扣暂时性差异；负债账面价值小于其计税基础，产生应纳税暂时性差异。（知识点：计税基础）                （    ）

5. 企业合并中产生的商誉，其账面价值和计税基础不同形成的应纳税暂时性差异，企业会计准则中规定不确认相关递延所得税负债。（知识点：会计核算）        （    ）

6. 确认递延所得税资产时，应估计相关可抵扣暂时性差异的转回时间，采用转回期间适用的所得税税率为基础计算确定。（知识点：会计核算）            （    ）

## 四、计算题

1. 甲公司 2019 年发生研究开发支出 10 000 000 元，其中研究阶段支出 2 000 000 元，开发阶段符合资本化条件前发生的支出 2 000 000 元，符合资本化条件后发生的支出 6 000 000 元。假定开发形成的无形资产在 2019 年投入使用。则该公司 2019 年所得税汇算清缴时有关研发支出的下列处理正确的有（    ）。（知识点：计税基础）

A. 计算会计利润时扣除的研究开发支出为 4 000 000 元

B. 可税前扣除的研究开发支出为 7 000 000 元

C. 该无形资产初始确认时的计税基础为 10 500 000 元

D. 产生可抵扣暂时性差异 4 500 000 元，初始确认的可抵扣暂时性差异，不确认为递延所得税资产

2. 甲公司 2019 年发生广告费 7 800 000 元，当年该公司实现的营业收入为 40 000 000 元。下列处理正确的有（    ）。（知识点：递延所得税）

A. 当年允许税前扣除的广告费为 6 000 000 元

B. 可结转以后年度税前扣除的广告费为 1 800 000 元

C. 广告费用超支额的计税基础为 1 800 000 元

D. 产生可抵扣暂时性差异 1 800 000 元，确认递延所得税资产 450 000 元

3. 甲公司 2017 年 12 月 1 日购入一项环保设备，原价 1 500 万元，预计使用年限 10 年，预计净残值为 0，会计处理时按双倍余额递减法计提折旧，税法规定按直线法计提折旧，预计使用年限、净残值同会计处理。2019 年年末该项固定资产的市场价为 900 万元，甲公司所得税税率为 25%。对该设备甲公司 2019 年度进行的所得税处理正确的有（    ）。（知识点：递延所得税）

A. 2019 年年末应计提固定资产减值准备 60 万元

B. 该固定资产 2019 年年末的账面价值为 900 万元

C. 该固定资产 2019 年年末的计税基础为 1 200 万元

D. 确认递延所得税资产 37.5 万元

4. 某企业 2019 年以融资租赁方式租入一项固定资产，该项固定资产在租赁日的公允价值为 1 700 万元，最低租赁付款额的现值为 1 500 万元。租赁合同中约定，租赁期内总的付款额为 1 900 万元。假定不考虑在租入固定资产过程中发生的相关费用。则 2019 年年末该企业下列税务处理正确的有（    ）。（知识点：递延所得税）

A. 该固定资产的账面价值为 1 500 万元

B. 该固定资产的计税基础为 1 900 万元

C. 该固定资产的计税基础为 1 700 万元

D. 确认递延所得税资产 0 万元

5. 某企业 2019 年年末持有一项交易性金融资产，账面成本为 1 000 万元，期末公允价值为 1 500 万元。假设企业所得税税率为 25%，递延所得税资产和递延所得税负债均无期初余额。下列说法正确的有（　　　）。（知识点：递延所得税）

A. 产生应纳税暂时性差异 500 万元

B. 确认递延所得税负债 125 万元

C. 产生可抵扣暂时性差异 500 万元

D. 确认递延所得税资产 125 万元

6. W 企业于 2018 年 12 月 31 日购入一栋写字楼，并于当日对外出租，购置成本为 1 200 万元，会计上采用公允价值模式进行后续计量。税法上对该写字楼采用直线法计提折旧，预计使用年限为 20 年，预计净残值为零。2019 年年末，该房产的公允价值为 1 600 万元，企业适用的所得税税率为 25%，则 2019 年年末关于该投资性房地产的下列说法正确的有（　　　）。（知识点：递延所得税）

A. 账面价值为 1 600 万元　　　　　　B. 计税基础为 1 140 万元

C. 确认递延所得税负债 115 万元　　　D. 增加所得税费用 115 万元

7. 甲公司于 2019 年发生经营亏损 1 000 万元，按照税法规定该亏损可用以后 5 个年度的税前利润弥补。该公司预计其未来 5 年期间能够产生的应纳税所得额为 800 万元。甲公司适用的所得税税率为 25%，无其他纳税调整事项，则甲公司 2019 年对上述事项的所得税会计处理错误的有（　　　）。（知识点：递延所得税）

A. 确认递延所得税资产 250 万元

B. 确认递延所得税负债 250 万元

C. 确认递延所得税负债 200 万元

D. 不确认递延所得税资产或递延所得税负债

## 五、综合分析题

飞达公司系 2018 年新设立的居民企业，适用所得税税率为 25%，假定 2018 年年末资产负债表各项目的账面价值与其计税基础一致。2019 年度利润表显示的利润总额为 2 000 万元，2019 年该公司企业所得税备查登记簿中有如下记录（除所列记录外，不考虑其他差异）：

（1）管理费用——研究与开发费 50 万元；

（2）公允价值变动损益（贷方）20 万元；

　　　交易性金融资产——成本 40 万元，

　　　交易性金融资产——公允价值变动 20 万元；

（3）资产减值损失——存货跌价准备 35 万元，

　　　存货账面余额合计 2 035 万元；

（4）营业外支出——工商行政罚款 20 万元。

要求：根据上述资料，按序号计算回答下列问题：

（1）判断上述事项中哪些事项会形成暂时性差异；

（2）计算暂时性差异的发生额；

（3）判断并计算应确认的递延所得税资产或递延所得税负债金额；

（4）计算 2019 年应纳所得税额；

（5）计算 2019 年利润表中的所得税费用金额；

（6）编制所得税会计分录。

# 学习任务 5.4　企业所得税纳税申报

## 【学习目标】

掌握企业所得税纳税地点、纳税期限的法律规定，能填制企业所得税的纳税申报表。

## 【重点与难点】

重点：企业所得税纳税申报表的填制

难点：企业所得税汇算清缴纳税申报表的填制

## 【知识点回顾】

### 一、纳税期限

企业所得税纳税期限见表 5-21。

表 5-21　企业所得税纳税期限

| 情形 | 具体规定 |
| --- | --- |
| 一般 | 按年计算，分月或分季预缴。月份或季度终了 15 日内报送预缴申报表，年度终了之日起 5 个月内报送年度申报表 |
| 年度中间开业或终止活动的 | 实际经营期不足 12 个月的，以其实际经营期为一个纳税年度 |
| 依法清算的 | 以清算期为一个纳税年度 |

### 二、纳税地点

企业所得税纳税地点见表 5-22。

表 5-22 企业所得税纳税地点

| 纳税人 | 纳税地点 |
|---|---|
| 居民企业 | 登记注册地 |
| | 登记注册地在境外的，为实际管理机构所在地 |
| 非居民企业 | 在中国境内设立机构、场所取得的来源于中国境内的所得，以及发生在中国境外但与其所设机构、场所有实际联系的所得，为机构、场所所在地 |
| | 在中国境内未设立机构、场所的，或虽设立机构、场所但取得的所得与其所设机构、场所没有实际联系的，其来源于中国境内的所得缴纳企业所得税，为扣缴义务人所在地 |

## 【典型题例分析】

【单项选择题】下列关于企业所得税纳税申报表述不正确的是（ ）。

A. 企业所得税只能分季预缴

B. 企业清算时，应当以清算期间作为一个纳税年度

C. 企业在年度中间终止经营活动的，应当自实际经营终止之日起 60 日内，向税务机关办理当期企业所得税汇算清缴

D. 企业在一个纳税年度中间开业，或者终止经营活动，使该纳税年度的实际经营期不足 12 个月的，应当以其实际经营期为一个纳税年度

【答案】A

【解析】企业所得税应分月或分季预缴。

## 【职业能力训练】

### 一、单项选择题

1. 关于企业所得税纳税年度规定的下列说法中，错误的是（ ）。（知识点：纳税期限）

A. 企业所得税一般以公历 1 月 1 日起至 12 月 31 日止为一个纳税年度计算纳税

B. 企业在一个纳税年度中间开业，或终止经营活动，实际经营期不足 12 个月的，以实际经营期为一个纳税年度

C. 企业依法清算时，以清算期为一个纳税年度

D. 企业所得税一般以农历 1 月 1 日起至 12 月 31 日止为一个纳税年度计算纳税

2. 企业应当自年度终了之日起（ ）内，向税务机关报送年度企业所得税纳税申报表，并汇算清缴，结清应缴应退税款。（知识点：纳税期限）

A. 5 个月　　　　B. 4 个月　　　　C. 3 个月　　　　D. 1 个月

3. 企业在年度中间终止经营活动的，应自实际经营终止之日起（ ）内，向税务机关办理当期企业所得税汇算清缴。（知识点：纳税期限）

A. 30 天　　　　B. 60 天　　　　C. 90 天　　　　D. 120 天

4. 关于企业所得税纳税地点的下列说法中，不正确的是（ ）。（知识点：纳税地点）

A. 凡居民企业均应以企业登记注册地为纳税地点

B. 居民企业登记注册地在境外的，以实际管理机构所在地为纳税地点

C. 非居民企业在中国境内设立两个或两个以上机构、场所的，经批准可以选择由其主要机构、场所汇总缴纳企业所得税

D. 非居民企业在中国境内未设立机构、场所的，其来源于中国境内的所得缴纳企业所得税，以扣缴义务人所在地为纳税地点

5. 填制纳税申报表时，下列各项中，不需在"免税、减计收入及加计扣除优惠明细表"反映的是（    ）。（知识点：纳税申报表填制）

A. 国债利息收入

B. 符合条件的非营利组织收入

C. 符合条件的居民企业之间的股息、红利等权益性投资收益

D. 财政拨款

6. 下列各项中，不属于企业所得税纳税申报主表 A100000 第 26 行"减：减免所得税额"项目内容的是（    ）。（知识点：纳税申报表填制）

A. 符合条件的小型微利企业享受优惠税率减征的所得税额

B. 国家需要重点扶持的高新技术企业享受减征的所得税额

C. 民族自治地方企业享受减征或免征的属于地方分享的所得税额

D. 企业购置用于环境保护、节能节水、安全生产专用设备投资额的 10% 从企业当年的应纳税额中抵免的税额

7. 下列各项中，不属于企业所得税纳税申报主表 A100000 第 20 行"减：所得减免"项目内容的是（    ）。（知识点：纳税申报表填制）

A. 企业从事蔬菜、谷物、薯类、油料、豆类、棉花、麻类、糖料、水果、坚果种植等免征企业所得税项目所得

B. 企业从事花卉、茶等享受减半征收企业所得税项目所得

C. 企业从事国家重点扶持的公共基础设施项目的投资经营所得

D. 创业投资企业采取股权投资方式投资于未上市的中小高新技术企业 2 年以上的，可按其投资额的 70% 在股权投资持有期满 2 年的当年抵扣该创业投资企业的应纳税所得额

**二、多项选择题**

1. 企业在企业所得税汇算清缴时，对取得的"符合条件的居民企业之间的股息、红利等权益性投资收益"，属于免税收入，应填制如下报表（        ）。（知识点：纳税申报表填制）

A. A107011 "符合条件的居民企业之间的股息、红利等权益性投资收益优惠明细表"

B. A107010 "免税、减计收入及加计扣除优惠明细表"

C. A105000 "纳税调整项目明细表"

D. A100000 "中华人民共和国企业所得税年度纳税申报表（A 类）"

2. 关于"企业以《资源综合利用企业所得税优惠目录》规定的资源为主要原材料，生产国家非限制和非禁止并符合国家和行业相关标准的产品取得的收入，减按 90% 计入收入

总额"这项税收优惠政策的下列说法正确的有（　　　　）。（知识点：纳税申报表填制）

A. 本政策属于"减计收入"优惠

B. 应填制附表 A107012"综合利用资源生产产品取得的收入优惠明细表"

C. 应填制附表 A107010"免税、减计收入及加计扣除优惠明细表"第 16 行"（一）综合利用资源生产产品取得的收入"

D. 应填制主表 A100000 第 17 行"减：免税、减计收入及加计扣除"

3. 关于"加计扣除"税收优惠政策的下列说法正确的有（　　　　）。（知识点：纳税申报表填制）

A. "企业为开发新技术、新产品、新工艺发生的研究开发费用，未形成无形资产计入当期损益的，在按规定据实扣除的基础上，再按研究开发费用的 75% 加计扣除；形成无形资产的，按无形资产成本的 175% 摊销"属于加计扣除税收优惠

B. "企业安置残疾人员所支付的工资加计扣除，是指企业安置残疾人员的，在据实扣除其支付给残疾职工工资的基础上，再按支付给残疾职工工资的 100% 加计扣除"属于加计扣除税收优惠

C. "加计扣除"税收优惠，应先填制表 A107014，再填制附表 A107010 和主表 A100000 第 17 行"减：免税、减计收入及加计扣除"

D. "加计扣除"税收优惠，应先填制表 A107014，再填制主表 A100000 第 17 行"减：免税、减计收入及加计扣除"

4. 关于"一个纳税年度内，居民企业技术转让所得不超过 500 万元的部分，免征企业所得税；超过 500 万元的部分，减半征税"税收优惠的下列说法正确的有（　　　　）。（知识点：纳税申报表填制）

A. 本政策属于"减、免税所得"优惠

B. 应填制附表 A107020"所得减免优惠明细表"

C. 应填制附表 A107010"免税、减计收入及加计扣除优惠明细表"

D. 应填制主表 A100000 第 20 行"减：所得减免"

5. 关于主表 A100000 中"减：减免所得税额"和"减：抵免所得税额"项目的下列说法正确的有（　　　　）。（知识点：纳税申报表填制）

A. "企业购置用于环境保护、节能节水、安全生产专用设备投资额的 10% 可以从企业当年的应纳税额中抵免；当年不足抵免的，可在以后 5 个纳税年度结转抵免"的所得税优惠填制"减：抵免所得税额"项

B. "符合规定条件的小型微利企业享受优惠税率减征的所得税额"填制"减：减免所得税额"项

C. "国家需要重点扶持的高新技术企业享受减征的所得税额"填制"减：减免所得税额"项

D. "企业从事花卉、茶种植，减半征收企业所得税"填制"减：减免所得税额"项

6. 下列关于视同销售的说法正确的有（　　　　）。（知识点：纳税申报表填制）

A. 视同销售收入是指会计处理不确认销售收入而税法规定应计税的收入

B. 视同销售业务主要包括企业发生的非货币性资产交换，以及将资产用于市场推广或销售、交际应酬、职工奖励或福利、股息分配、对外捐赠及其他改变资产所有权属的用途

C. 企业外购资产或服务不以销售为目的，用于替代职工福利费用支出，且购置后在一个纳税年度内处置的，可以按照购入价格确认视同销售收入

D. 视同销售业务在企业所得税纳税申报时，应填制附表 A105010 和 A105000

7. 企业所得税纳税申报时，下列各项中，应在附表 A105020 "未按权责发生制确认收入纳税调整明细表"中填列的有（　　　　　）。（知识点：纳税申报表填制）

A. 跨期收取的租金、利息、特许权使用费收入

B. 分期收款方式销售货物收入

C. 持续时间超过 12 个月的建造合同收入

D. 政府补助递延收入

### 三、判断题

1. 企业应当在办理注销登记后，就其清算所得向税务机关申报并依法缴纳企业所得税。（知识点：纳税期限）　　　　　　　　　　　　　　　　　　　　　　（　　　）

2. 纳税人在纳税年度内亏损的，可以不向当地主管税务机关报送所得税申报表和年度会计报表。（知识点：纳税期限）　　　　　　　　　　　　　　　　　　　　（　　　）

3. 企业应当自月份或者季度终了之日起 10 日内，向税务机关报送预缴企业所得税纳税申报表，预缴税款。（知识点：纳税期限）　　　　　　　　　　　　　　　　（　　　）

4. 除税收法律、行政法规另有规定外，居民企业以企业登记注册地为纳税地点，但登记注册地在境外的，以实际管理机构所在地为纳税地点。（知识点：纳税地点）　（　　　）

### 四、综合分析题

宏业股份有限公司为居民企业，2019 年境内经营业务账户资料如下：

（1）取得销售收入 2 500 万元；

（2）销售成本 1 100 万元；

（3）发生销售费用 670 万元（其中广告费 450 万元），管理费用 480 万元（其中业务招待费 15 万元、新技术的研究开发费用为 40 万元），财务费用 60 万元；

（4）销售税金 160 万元（含增值税 120 万元）；

（5）营业外收入 70 万元，营业外支出 50 万元（含通过公益性社会团体向贫困山区捐款 36.24 万元，支付税收滞纳金 6 万元）；

（6）连续 12 个月以上的权益性投资收益 34 万元（已在投资方所在地按 15% 的税率缴纳了所得税）；

（7）计入成本、费用中的实发工资总额 150 万元，拨缴职工工会经费 3 万元，支出职工福利费 23 万元，职工教育经费 6 万元。

该公司 2019 年已预缴了企业所得税 50 万元。

宏业股份有限公司在 A、B 两国设有分支机构，在 A 国机构的税后所得为 28 万元，A 国所得税税率为 30%；在 B 国机构的税后所得为 24 万元，B 国所得税税率为 20%。在 A、B 两国已分别缴纳所得税 12 万元、6 万元。假设在 A、B 两国应税所得额的计算与我国税法相同。

要求：计算该公司 2019 年应补缴的企业所得税税额，并编制企业所得税纳税申报表。

# 项目六
# 个人所得税会计

## 学习任务 6.1　个人所得税纳税人、征税范围和税率确定

### 【学习目标】

（1）能确定纳税人身份，区分 9 类应税所得项目，并选择其适用税率。

（2）熟悉个人所得税的税收优惠政策，并能正确运用。

### 【重点与难点】

重点：纳税人认定　征税范围确定　税率选择　税收优惠政策运用

难点：征税范围确定及税收优惠政策运用

### 【知识点回顾】

#### 一、个人所得税纳税人认定

个人所得税的纳税人为自然人，依据住所和居住时间两个标准分为居民纳税人和非居民纳税人，分别承担不同的纳税义务。个人所得税纳税人认定见表 6-1。

表 6-1　个人所得税纳税人认定

| 分类 | 判断标准 | 纳税义务 | 类别 |
|---|---|---|---|
| 居民纳税人 | （1）在中国境内有住所。<br>（2）在中国境内无住所，一个纳税年度在中国境内居住累计满 183 天 | 负无限纳税义务：境内所得和境外所得 | （1）中国公民和外国侨民。<br>（2）一个纳税年度在中国境内居住累计满 183 天的外国人、海外侨胞和香港、澳门、台湾同胞 |
| 非居民纳税人 | （1）在中国境内无住所且不居住。<br>（2）在中国境内无住所且一个纳税年度居住不满 183 天 | 负有限纳税义务：境内所得 | 在一个纳税年度内没有在中国境内居住或在中国境内居住累计不满 183 天的外籍人员、华侨或香港、澳门、台湾同胞 |

## 二、个人所得税征税范围确定

### （一）征税范围

我国个人所得税采取分项征收，税法列举了 9 项应税所得项目，见表 6-2。

表 6-2　个人所得税征税范围

| 税目 | 重点 |
|---|---|
| 1. 工资、薪金所得 | 是指个人因任职或受雇而取得的各项所得。其中：<br>（1）工资、薪金、年终加薪、劳动分红不分种类和取得情况，一律按"工资、薪金所得"项目征税。<br>（2）奖金、津贴、补贴视不同情况处理。以下补贴、津贴不属于工资薪金性质所得，不征个人所得税：托儿补助费、差旅费津贴、误餐补助，以及执行公务员工资制度未纳入基本工资总额的补贴、津贴和家属成员的副食品补贴 |
| 2. 劳务报酬所得 | 是指个人独立从事非雇佣的各种劳务所得。<br>（1）对商品营销活动中，企业和单位对营销成绩突出的非雇员以培训班、研讨会、工作考察等名义组织的旅游活动，通过免收差旅费、旅游费对个人实行的营销业绩奖励，按"劳务报酬所得"税目征税。<br>（2）个人不在公司任职、受雇，仅在公司担任董事、监事而取得的董事费、监事费按"劳务报酬所得"税目征税；个人在公司任职、受雇同时兼任董事、监事的，应将取得的董事费、监事费，按"工资、薪金所得"税目征税。<br>（3）个人兼职取得的收入应按照"劳务报酬所得"税目征税；退休人员再任职取得的收入按"工资、薪金所得"税目征税 |
| 3. 稿酬所得 | 是指个人以图书、报刊形式出版、发表作品而取得的所得。<br>（1）财产继承人取得的稿酬，按"稿酬所得"税目征收个人所得税。<br>（2）任职、受雇于报纸、杂志等单位的记者、编辑等专业人员，在本单位的报纸、杂志上发表作品取得的所得，按"工资、薪金所得"项目征税。<br>（3）出版社的专业作者撰写、编写或翻译的作品，由本社以图书形式出版而取得的稿费收入，应按"稿酬所得"项目征税 |
| 4. 特许权使用费所得 | 是指个人提供专利权、商标权、著作权、非专利技术以及其他特许权取得的所得<br>（1）作者将自己的文字作品手稿原件或复印件公开拍卖取得的所得，按"特许权使用费所得"项目征税<br>（2）剧本作者从电影、电视剧的制作单位取得的剧本使用费，不区分剧本的使用方是否为其任职单位，统一按"特许权使用费所得"项目征税 |

续表

| 税目 | 重点 |
|---|---|
| 5. 经营所得 | （1）个体工商户从事生产、经营活动取得的所得，个人独资企业投资人、合伙企业的个人合伙人来源于境内注册的个人独资企业、合伙企业生产、经营的所得。<br>（2）个人依法从事办学、医疗、咨询以及其他有偿服务活动取得的所得。<br>（3）个人对企业、事业单位承包经营、承租经营以及转包、转租取得的所得。<br>（4）个人从事其他生产、经营活动取得的所得 |
| 6. 财产租赁所得 | 是指个人出租建筑物、土地使用权、机器设备、车船以及其他财产取得的所得 |
| 7. 财产转让所得 | 是指个人转让有价证券、股权、合伙企业中的财产份额、不动产、机器设备、车船以及其他财产取得的所得 |
| 8. 利息、股息、红利所得 | 是指个人拥有债权、股权取得的利息、股息、红利所得 |
| 9. 偶然所得 | 是指个人得奖、中奖、中彩以及其他偶然性质的所得 |

## （二）个人所得来源地确定

个人所得来源地确定见表 6-3。

### 表 6-3　个人所得来源地确定

| 项目 | 来源地确认标准 |
|---|---|
| 基本规定 | （1）工资、薪金所得为纳税人任职、受雇的公司、企事业单位、国家机关、社会团体、部队、学校等单位或经济组织所在地<br>（2）劳务报酬所得为劳务活动发生地<br>（3）稿酬所得为支付或负担主体的所在地<br>（4）特许权使用费所得为资产的使用地<br>（5）经营所得为生产、经营活动发生地<br>（6）财产租赁所得为被租赁财产的使用地<br>（7）不动产转让所得为不动产坐落地<br>（8）动产转让所得为动产转让行为发生地<br>（9）利息、股息、红利所得为支付利息、股息、红利的企业、机构、组织的所在地 |
| 数月奖金以及股权激励所得 | （1）无住所个人在境内履职或者执行职务收到的数月奖金或者股权激励所得，归属于境外工作期间的部分，为来源于境外的工资薪金所得。<br>（2）无住所个人停止在境内履约或者执行职务离境后收到的数月奖金或者股权激励所得，对属于境内工作期间的部分，为来源于境内的工资薪金所得。<br>（3）无住所个人一个月内取得的境内外数月奖金或者股权激励包含归属于不同期间的多笔所得，应当先分别按照税法规定计算不同归属期间来源于境内的所得，然后再加总计算当月来源于境内的数月奖金或者股权激励收入额 |

续表

| 项目 | 来源地确认标准 |
|---|---|
| 董事、监事及高层管理人员报酬所得 | 对于担任境内居民企业的董事、监事及高层管理职务的个人，无论是否在境内履行职务，其取得由境内居民企业支付或者负担的董事费、监事费、工资薪金或者其他类似报酬（包含数月奖金和股权激励），均属于来源于境内的所得 |

## 三、个人所得税税率

个人所得税税率见表 6-4。

表 6-4　个人所得税税率

| 纳税人及缴纳方式 | 居民个人 | | | 非居民个人 |
|---|---|---|---|---|
| | 自行汇算清缴 | 预扣预缴 | | 代扣预缴或自行申报 |
| 税率或预扣预缴率或代扣代缴率 | （综合所得）七级超额累进税率 | （工资、薪金）七级超额累进税率（3%~45%） | | （工资、薪金，劳务报酬，稿酬，特许权使用费）七级超额累进税率（3%~45%） |
| | | （劳务报酬）三级超额累进税率（20%~40%） | | |
| | | （稿酬、特许权使用费）比例税率（20%） | | |
| | （经营所得）五级超额累进税率（5%~35%） | | | — |
| | （财产转让所得，财产租赁所得，利息、股息、红利所得，偶然所得）比例税率（20%）【注】个人按市场价格出租住房租金所得，减按 10% 征税 | | | |

## 四、个人所得税税收优惠

个人所得税税收优惠见表 6-5。

表 6-5　个人所得税税收优惠

| 类别 | 具体内容 |
|---|---|
| 免税项目 | （1）省级人民政府、国务院部委和中国人民解放军军以上单位，以及外国组织、国际组织颁发的科学、教育、技术、文化、卫生、体育、环境保护等方面的奖金。<br>（2）国债和国家发行的金融债券利息。<br>（3）按照国务院规定发给的政府特殊津贴、院士津贴，以及国务院规定免纳个人所得税的其他补贴、津贴。<br>（4）福利费、抚恤金和救济金。<br>（5）保险赔偿。<br>（6）军人的转业费、复员费、退役金。<br>（7）按照国家统一规定发给干部、职工的安家费、退职费、基本养老金或退休费、离休费、离休生活补助费。<br>（8）依照有关法律规定应予免税的各国驻华使领馆、领事馆的外交代表、领事官员和其他人员的所得。<br>（9）中国政府参加的国际公约、签订的协议中规定的免税所得。<br>（10）国务院规定的其他免税所得 |

续表

| 类别 | 具体内容 |
|---|---|
| 减税项目 | 残疾、孤老人员和烈属的所得；因严重自然灾害造成重大损失的 |
| 暂免项目 | （1）个人举报、协查各种违法、犯罪行为而取得的奖金。<br>（2）个人办理代扣代缴税款手续，按规定收取的扣缴手续费。<br>（3）个人转让自用达 5 年以上并且是唯一的家庭居住用房取得的所得。<br>（4）对个人购买福利彩票、赈灾彩票、体育彩票，一次中奖收入在 1 万元（含）以下的，以及个人取得单张有奖发票奖金所得不超过 800 元（含）的，暂免征收个人所得税。<br>（5）保险业务员佣金中的展业成本，免征个人所得税。<br>（6）达到离休、退休年龄，但确因工作需要，适当延长离休、退休年龄的高级专家，其在延长离休、退休期间的工资、薪金所得，视同离休、退休工资免征个人所得税。<br>（7）符合条件的社会保险和住房公积金及其存储利息。<br>（8）个人领取原提存的住房公积金、医疗保险金、基本养老保险金及失业人员领取的失业保险金免税 |
| 外籍个人有关津贴、补贴的政策 | （1）外籍个人以非现金形式或实报实销形式取得的住房补贴、伙食补贴、搬迁费、洗衣费。<br>（2）外籍个人按合理的标准取得的内地、境外出差补贴。<br>（3）外籍个人取得的探亲费、语言训练费、子女教育费等，经当地税务机关审核批准为合理的部分。<br>（4）外籍个人从外商投资企业取得的股息、红利所得。<br>（5）符合下列条件之一的外籍专家取得的工资、薪金所得：根据世界银行专项贷款协议由世界银行直接派往我国工作的外国专家；联合国组织直接派往我国工作的专家；为联合国援助项目来华工作的专家；援助国派往我国专为该国援助项目工作的专家；根据两国政府签订的文化交流项目来华工作 2 年以内的文教专家，其工资、薪金所得由该国负担的；根据我国大专院校国际交流项目来华工作 2 年以内的文教专家，其工资、薪金所得由该国负担的；通过民间科研协定来华工作的专家，其工资、薪金由该国负担的。<br>　　2019 年 1 月 1 日至 2021 年 12 月 31 日期间，可选择享受上述优惠政策，也可选择享受个人所得税专项附加扣除政策；2022 年 1 月 1 日起，不再使用上述政策，全部按规定享受专项附加扣除 |

| 无住所个人工资、薪金暂免优惠规定 | 居住天数 | 纳税人性质 | 境内所得 | | 境外所得 | |
|---|---|---|---|---|---|---|
| | | | 境内支付 | 境外支付 | 境内支付 | 境外支付 |
| | ≤90 天 | 非居民纳税人 | √ | 免税 | ×（不包括高管） | × |
| | 90 天~183 天 | 非居民纳税人 | √ | √ | ×（不包括高管） | × |
| | 183 天~6 年（连续） | 居民纳税人 | √ | √ | √ | 免税 |
| | ≥6 年 | 居民纳税人 | √ | √ | √ | √ |

注："√"表示支付，"×"表示不支付。

## 【典型题例分析】

### 一、个人所得税纳税人

【多项选择题】根据个人所得税法律制度规定，在中国境内无住所但取得所得的下列外籍个人中，属于中国居民纳税人的有（　　　　　　）。

A. M 国甲，在华工作 6 个月

B. N 国乙，2019 年 1 月 10 日入境，2019 年 6 月 1 日离境

C. X 国丙，2019 年 2 月 1 日入境，2020 年 12 月 25 日离境

D. Y 国丁，2019 年 3 月 1 日入境，4 月 1 日至 4 月 20 日离境 20 天，4 月 21 日至 12 月 25 日全部在中国

【答案】CD

【解析】选项 A、B，在 1 个纳税年度内，在中国境内居住累计不满 183 天；选项 C，在 2019 年和 2020 年每个纳税年度内，在中国境内居住累计均满 183 天；选项 D，2019 年在中国境内累计居住满 183 天。

## 二、个人所得税征税范围

【判断题】个人对企事业单位承包、承租经营后，工商登记改变为个体工商户的，取得的承包、承租经营所得，按"经营所得"项目缴纳个人所得税。（        ）

【答案】对

【解析】经营所得是指：个体工商户从事生产、经营活动取得的所得，个人独资企业投资人、合伙企业的个人合伙人来源于境内注册的个人独资企业、合伙企业生产、经营的所得；个人依法从事办学、医疗、咨询以及其他有偿服务活动取得的所得；个人对企业、事业单位承包经营、承租经营以及转包、转租取得的所得；个人从事其他生产、经营活动取得的所得。

## 三、个人所得税税率

【单项选择题】下列所得中，适用 20% 的个人所得税比例税率的是（        ）。

A. 特许权使用费所得                           B. 稿酬所得

C. 财产转让所得                               D. 经营所得

【答案】C

【解析】纳税人取得特许权使用费所得、稿酬所得，按综合所得适用七级超额累进税率计税；纳税人取得经营所得，按五级超额累进税率计税；财产转让所得，按比例税率 20% 计税。

## 四、个人所得税税收优惠

【计算题】某来自与我国缔结境内受雇所得协定待遇国家的外籍专家约翰，在国内一外资企业任职（非高管）。2020 年 4 月 5 日来华，2020 年 9 月 25 日离开中国。9 月份工资为 80 000 元人民币，其中 30 000 元为境内外资企业支付，50 000 元为境外雇主支付；9 月份该外籍人员取得探亲费 2 000 元。计算该外籍个人 2020 年 9 月份应纳的个人所得税额。

【答案】约翰 2020 年 4 月 5 日来华 2020 年 9 月 25 日离开中国，则 2020 年这个税收年度在中国境内停留天数不超过 183 天，属于非居民纳税人。根据税法规定，在境内从事受雇活动取得受雇所得，不由境内居民雇主支付或者代其支付的，也不由雇主在境内常设机构负担的，可不缴纳个人所得税。同时，外籍个人取得的探亲费免征个人所得税。

应税工资所得总额＝当月境内外工资薪金总额 × 当月境内支付工资薪金数 ÷ 当月境内外工资薪金总额 × 当月工资薪金所属工作期间境内工作天数 ÷ 当月工资薪金所属工作期间公历天数＝80 000×30 000÷80 000×24.5÷30＝24 500（元）

外籍个人应纳个人所得税税额＝（24 500−5 000）×20%−1 410＝2 490（元）

注：工作期间公历天数计算：境内工作期间按照个人在境内工作天数计算，包括其在境内的实际工作日以及境内工作期间在境内、境外享受的公休假、个人休假、接受培训的天数。在境内、境外单位同时担任职务或者仅在境外单位任职的个人，在境内停留的当天不足24 小时的，按照半天计算境内工作天数。本例 9 月份为 24.5 天。

## 【职业能力训练】

### 一、单项选择题

1. 下列情况中，属于非居民纳税义务人的是（　　　）。（知识点：纳税人）

A. 在中国境内有住所

B. 2019 年 1 月 1 日—12 月 31 日在我国境内居住

C. 2019 年 2 月 1 日—4 月 30 日在我国境内居住

D. 2019 年 1 月 1 日—2020 年 12 月 30 日在我国内居住

2. 根据个人所得税法律制度规定，下列所得中，应按"工资、薪金所得"项目计征个人所得税的是（　　　）。（知识点：征税范围）

A. 年终加薪　　　　　　　　　B. 托儿补助费

C. 差旅费津贴　　　　　　　　D. 误餐补助

3. 下列所得，不属于个人所得税"工资、薪金所得"应税项目的是（　　　）。（知识点：征税范围）

A. 个人兼职取得的所得

B. 退休人员再任职取得的所得

C. 任职于杂志社的记者在本单位杂志上发表作品取得的所得

D. 个人在公司任职并兼任董事取得的董事费所得

4. 根据个人所得税法律制度规定，下列收入中，应按"劳务报酬所得"项目征收个人所得税的是（　　　）。（知识点：征税范围）

A. 退休人员再任职取得的收入

B. 从非任职公司取得的董事费收入

C. 从任职公司取得的监事费收入

D. 从任职公司关联企业取得的监事费收入

5. 某画家 2019 年 3 月将其精选的书画作品交由某出版社出版，取得出版报酬 6 万元。该笔报酬在缴纳个人所得税时适用的税目是（　　　）。（知识点：征税范围）

A. 工资薪金所得　　　　　　　B. 劳务报酬所得

C. 稿酬所得　　　　　　　　　D. 特许权使用费所得

6. 根据个人所得税法律制度规定，下列从事非雇佣劳动取得的收入中，应按"稿酬所

得"项目缴纳个人所得税的是（　　　）。（知识点：征税范围）

    A. 审稿收入                  B. 翻译收入

    C. 题字收入                  D. 出版作品收入

    7. 根据个人所得税法律制度规定，下列各项中，不应按特许权使用费所得征收个人所得税的是（　　　）。（知识点：征税范围）

    A. 专利权                     B. 著作权

    C. 稿酬                       D. 非专利技术

    8. 个人出租房屋取得的所得，应按（　　　）项目征收个人所得税。（知识点：征税范围）

    A. 劳务报酬所得             B. 财产转让所得

    C. 财产租赁所得             D. 特许权使用费所得

    9. 根据个人所得税法律制度规定，下列收入中，按"财产转让所得"项目征收个人所得税的是（　　　）。（知识点：征税范围）

    A. 提供商标使用权取得的收入       B. 转让土地使用权收入

    C. 转让著作权收入             D. 转让专利权收入

    10. 根据个人所得税法律制度规定，下列关于个人所得税来源地的判断中错误的是（　　　）。（知识点：所得来源地判定）

    A. 劳务报酬所得，以纳税人实际提供劳务地为所得来源地

    B. 不动产转让所得，以不动产坐落地为所得来源地

    C. 动产转让所得，以动产使用地为所得来源地

    D. 利息、股息、红利所得，以支付所得的企业、机构、组织所在地为所得来源地

    11. 下列各项所得中不属于来源于中国境内所得的有（　　　）。（知识点：所得来源地判定）

    A. 外籍个人因持有中国的各种股票、股权而从中国境内的公司、企业或者其他经济组织及个人取得的股息、红利所得

    B. 中国公民因任职、受雇、履约等而在中国境外提供各种劳务取得的劳务报酬所得

    C. 外籍个人转让中国境内的建筑物、土地使用权等财产的所得

    D. 外籍个人将设备出租给中国公司在境内使用取得的租金

    12. 根据个人所得税法律制度规定，下列个人所得中，免征个人所得税的是（　　　）。（知识点：税收优惠）

    A. 劳动分红

    B. 出版科普读物的稿酬所得

    C. 年终奖金

    D. 转让自用 6 年唯一家庭生活用房所得

## 二、多项选择题

    1. 根据个人所得税法律制度规定，我国个人所得税的纳税义务人区分为居民纳税人和非居民纳税人，依据的标准有（　　　）。（知识点：纳税人）

    A. 境内有无住所             B. 境内工作时间

    C. 取得收入的来源地        D. 境内居住时间

2. 个人所得税的纳税义务人包括（　　　　）。（知识点：纳税人）

A. 一人有限公司　　　　　　　　B. 个体工商户

C. 合伙企业的合伙人　　　　　　D. 个人独资企业投资者

3. 下列项目中，应计入"工资、薪金所得"计征个人所得税的有（　　　　）。（知识点：征税范围）

A. 年终奖金　　　　　　　　　　B. 季度奖金

C. 职务工资　　　　　　　　　　D. 交通费补贴

4. 根据个人所得税法律制度规定，下列各项中，应按"工资、薪金所得"项目缴纳个人所得税的有（　　　　）。（知识点：征税范围）

A. 受雇于乙杂志社的清洁工王某因在本单位杂志上发表作品取得的收入

B. 在乙杂志社任职的记者李某因在本单位杂志上发表作品取得的收入

C. 在甲公司任职同时兼任监事的赵某，从甲公司取得的监事费收入

D. 不在甲公司任职、受雇，只担任甲公司董事的刘某，从甲公司取得的董事费收入

5. 根据个人所得税法律制度规定，下列收入中，按"劳务报酬所得"项目缴纳个人所得税的有（　　　　）。（知识点：征税范围）

A. 某大学教授从甲企业取得的咨询费

B. 某公司高管从乙大学取得的讲课费

C. 某设计院设计师从丙公司取得的设计费

D. 某编剧从丁电视剧制作单位取得的剧本使用费

6. 根据个人所得税法律制度规定，下列收入中，按"财产转让所得"项目缴纳个人所得税的有（　　　　）。（知识点：征税范围）

A. 转让设备收入　　　　　　　　B. 转让合伙企业中的财产份额

C. 转让非专利技术收入　　　　　D. 取得的剧本使用费收入

7. 根据个人所得税法律制度规定，下列各项中，属于个人所得税"劳务报酬所得"的有（　　　　）。（知识点：征税范围）

A. 笔译翻译收入　　　　　　　　B. 审稿收入

C. 现场书画收入　　　　　　　　D. 雕刻收入

8. 根据现行政策规定，下列说法中正确的有（　　　　）。（知识点：征税范围）

A. 个人担任董事取得的收入属于劳务报酬所得

B. 教师自行举办培训班取得的培训收入属于劳务报酬所得

C. 商品营销活动中，对于业绩突出的雇员以工作考察名义组织的旅游活动，企业承担的旅游费属于雇员的劳务报酬所得

D. 作者将自己的文字手稿原件或复印件拍卖取得的所得按特许权使用费所得项目缴纳个人所得税

9. 下列说法符合劳务报酬所得和稿酬所得的相关规定的有（　　　　）。（知识点：征税范围）

A. 甲某单纯地为出版社提供翻译所取得的所得，应当按照劳务报酬所得纳税

B. 乙某提供翻译，并且在出版作品上署名取得的所得，应当按照劳务报酬所得纳税

C. 稿酬就是指个人因其作品以图书、报刊形式出版、发表而取得的所得

D. 劳务报酬所得主要是指接受别人的委托所从事的劳务所得

10. 根据个人所得税法律制度规定，下列关于个人所得税来源地的判断中正确的有（　　　　）。（知识点：所得来源地判定）

A. 特许权使用费所得，以特许权的使用地为所得来源地

B. 生产、经营所得，以生产、经营活动实现地为所得来源地

C. 财产租赁所得，以被租赁财产的使用地为所得来源地

D. 工资、薪金所得，以纳税人居住地为所得来源地

11. 某外籍非居民纳税人的下列收入中，应在中国按规定计算缴纳个人所得税的有（　　　　）。（知识点：所得来源地判定）

A. 在中国境内任职取得的工资、薪金收入

B. 将专利权转让给中国境内企业使用而取得的特许权使用费收入

C. 从中国境内的外商投资企业取得的红利收入

D. 因履行合约而在中国境外提供各种劳务取得的报酬

12. 下列各项中，适用 5%~35% 的五级超额累进税率计算个人所得税的有（　　　　）。（知识点：税率）

A. 个体工商户的生产经营所得　　　　B. 个人独资企业生产经营所得

C. 对企事业单位承包经营所得　　　　D. 合伙企业生产经营所得

13. 根据个人所得税法律制度规定，下列各项中，免征个人所得税的有（　　　　）。（知识点：税收优惠）

A. 张某领取的按照国家统一规定发给的补贴

B. 赵某领取的按照国家统一规定发给的退休工资

C. 退伍军人李某按规定取得的复员费

D. 王某取得的国债利息

14. 根据个人所得税法律制度规定，下列各项中，免征个人所得税的有（　　　　）。（知识点：税收优惠）

A. 编剧的剧本使用费

B. 李某取得的单张有奖发票奖金 500 元

C. 业余模特的时装表演费

D. 军人的转业费

## 三、判断题

1. 外籍人员杰克 2019 年 2 月 24 日受邀来中国工作，2020 年 2 月 15 日结束在中国的工作，杰克在 2019 年纳税年度内属于中国居民纳税人。（知识点：纳税人）　　　　（　　　）

2. 劳务报酬所得以纳税人实际提供劳务地为征收个人所得税的所得来源地。（知识点：征税范围）　　　　（　　　）

3. 承包、承租人对企业经营成果不拥有所有权，仅按合同规定取得一定所得的，其所得应按"工资、薪金所得"项目征收个人所得税。（知识点：征税范围）　　　　（　　　）

4. 个人兼职取得的收入应按"工资、薪金所得"项目缴纳个人所得税。(知识点:征税范围)　　　　　　　　　　　　　　　　　　　　　　　　( )

5. 任职、受雇于报纸、杂志等单位的记者、编辑等专业人员,在本单位的报纸、杂志上发表作品取得的所得,按"工资、薪金所得"项目征收个人所得税。(知识点:征税范围)　　　　　　　　　　　　　　　　　　　　　　　　　　　　　( )

6. 个人不在公司任职、受雇,仅在公司担任董事、监事而取得的董事费、监事费按"劳务报酬所得"税目征收个人所得税。(知识点:征税范围)　　　　( )

7. 作者将自己的文字作品手稿原件或复印件公开拍卖取得的所得,应按"特许权使用费所得"项目计征个人所得税。(知识点:征税范围)　　　　　　　　( )

8. 个人转让专利权、商标权、著作权、非专利技术取得的所得,应按"财产转让所得"项目缴纳个人所得税。(知识点:征税范围)　　　　　　　　　　　( )

9. 个人举报、协查各种违法、犯罪行为而取得的奖金,免征个人所得税。(知识点:税收优惠)　　　　　　　　　　　　　　　　　　　　　　　　　( )

# 学习任务 6.2　个人所得税税额计算

## 【学习目标】

掌握个人所得税计税原理,能分类确认各项所得项目的计税依据,并计算其个人所得税应纳税额。

## 【重点与难点】

重点:不同税目应纳税额计算　税收优惠运用　境外所得已纳税款扣除

难点:费用扣除中有关"次"的规定　应纳税所得额的确定　公益救济捐赠扣除　境外所得税抵免扣除

## 【知识点回顾】

### 一、居民个人综合所得应纳税额计算

居民个人综合所得应纳税额计算总原则,有扣缴义务人的,由扣缴义务人按月或者按次预扣预缴税款,年度预扣预缴税额与年度应纳税额不一致的,年度终了由居民个人向主管税务机关办理综合所得年度汇算清缴,税款多退少补;没有扣缴义务人的,年度终了由居民纳税人自行申报纳税。

1. 综合所得汇算清缴税额计算(见表6-6)

表 6-6　综合所得汇算清缴税额计算

| 项目 | | | | 处理方法 |
|---|---|---|---|---|
| | 年应纳税额 | | | （年）应纳税额 =（年）应纳税所得额 × 适用税率 - 速算扣除数 |
| | 年应纳税所得额 | | | （年）应纳税所得额 = 累计收入 - 累计减除费用、专项扣除、专项附加扣除和依法确定的其他扣除 |
| | 累计收入 | | | 累计收入 = 累计工资、薪金收入 + 累计劳务报酬收入 + 累计稿酬收入 + 累计特许权使用费收入<br>工资、薪金所得收入额 = 年度个人工资、薪金收入 - 免税收入<br>劳务报酬所得、特许权使用费所得收入额 = 每次收入 ×（1-20%）<br>稿酬所得收入额 = 每次收入 ×（1-20%）×70% |
| | 基本减除费用 | | | 每人每年 6 万元，即每人每月 5 000 元 |
| | 专项扣除 | | | 个人缴纳的"三险一金"，即基本养老保险、基本医疗保险、失业保险和住房公积金 |
| 汇算清缴 | 专项附加扣除 | 子女教育 | 范围 | 学前教育阶段：年满 3 周岁当月至小学入学前一月 |
| | | | | 全日制教育阶段：义务教育（小学、初中教育）、高中阶段教育（普通高中、中等职业、技工教育）、高等教育（大学专科、大学本科、硕士研究生、博士研究生教育）入学的当月至教育结束的当月，包含因病或其他非主观原因休学但学籍继续保留的期间以及按规定享受的寒暑假 |
| | | | 扣除标准：每个子女每月 1 000 元 | |
| | | | 扣除方式：父母其中一方按扣除标准 100% 扣除，或由双方分别按扣除标准的 50% 扣除，扣除方式一经确定在一个纳税年度内不得变更 | |
| | | | 受教育地点：中国境内和中国境外均可 | |
| | | 继续教育 | 学历（学位）教育 | 教育期间每月 400 元定额扣除<br>同一学历（学位）教育的扣除期限不能超过 48 个月 |
| | | | | 为在中国境内接受学历（学位）教育入学的当月至学历（学位）教育结束的当月，同一学历（学位）教育的扣除期限最长不得超过 48 个月 |
| | | | 技能人员职业资格教育 | 在取得相关证书的当年，按照 3 600 元定额扣除 |
| | | | 专业技术人员职业资格教育 | 在取得相关证书的当年，按照 3 600 元定额扣除 |
| | | | 扣除方式：个人接受本科及以下学历（学位）继续教育，符合个人所得税法规定扣除条件的，可以选择由其父母扣除，也可以选择由本人扣除 | |
| | | 大病医疗 | 扣除标准：纳税人在一个纳税年度内发生的与基本医保相关医药费用支出，扣除医保报销后个人负担累计超过 15 000 元的部分，最高不超过 80 000 元内据实扣除 | |
| | | | 扣除时间：由纳税人在办理年度汇算清缴时扣除 | |

| 项目 | | | 处理方法 |
|---|---|---|---|
| 汇算清缴 | 专项附加扣除 | 大病医疗 | 扣除方式：纳税人发生的医药费用支出可以选择由本人或者其配偶扣除；未成年子女发生的医药费用支出可以选择由其父母一方扣除 |
| | | | 保存资料：医药服务收费及医保报销相关票据原件（或者复印件）等 |
| | | 住房贷款利息 | 范围：纳税人本人或者配偶单独或者共同使用商业银行或者住房公积金个人住房贷款为本人或者其配偶购买中国境内住房，发生的首套住房贷款利息支出 |
| | | | 扣除时限及标准：贷款合同约定开始还款的当月至贷款全部归还或贷款合同终止的当月，每月 1 000 元定额扣除，扣除期限最长不超过 240 个月 |
| | | | 扣除方式：经夫妻双方约定，可以选择由其中一方扣除，扣除方式在一个纳税年度内不能变更 |
| | | | 特殊规定：夫妻双方婚前分别购买住房发生的首套住房贷款，其贷款利息支出，婚后可以选择其中一套购买的住房，由购买方按扣除标准的 100% 扣除，也可以由夫妻双方对各自购买的住房分别按扣除标准的 50% 扣除，扣除方式在一个纳税年度内不能变更 |
| | | | 保存资料：住房贷款合同、贷款还款支出凭证 |
| | | 住房租金　范围 | 纳税人在主要工作城市没有自有住房而发生的住房租金支出。夫妻双方主要工作城市相同的，只能由一方扣除住房租金支出 |
| | | | 主要工作城市是指纳税人任职受雇的直辖市、计划单列市、副省级城市、地级市（地区、州、盟）全部行政区域范围；纳税人无任职受雇单位的，为受理其综合所得汇算清缴的税务机关所在城市 |
| | | | 纳税人的配偶在纳税人的主要工作城市有自有住房的，视同纳税人在主要工作城市有自有住房 |
| | | 住房租金　标准 | 直辖市、省会（首府）城市、计划单列市以及国务院确定的其他城市，每月 1 500 元 |
| | | | 市辖区户籍人口超过 100 万人的城市，扣除标准为每月 1 100 元 |
| | | | 市辖区户籍人口不超过 100 万人的城市，扣除标准为每月 800 元 |
| | | 住房租金 | 扣除方式：由签订租赁住房合同的承租人扣除 |
| | | | 扣除期限：租赁合同（协议）约定的房屋租赁期开始的当月至租赁期结束的当月，提前终止合同（协议）的，以实际租赁期限为准 |
| | | | 备查资料：住房租赁合同、协议等 |
| | | 赡养老人　范围 | 纳税人赡养一位及以上被赡养人的赡养支出，被赡养人是指年满 60 岁的父母，以及子女均已去世的年满 60 岁的祖父母、外祖父母 |
| | | 赡养老人　扣除标准及方式 | 纳税人为独生子女的，按照每月 2 000 元的标准定额扣除 |
| | | | 纳税人为非独生子女的，由其与兄弟姐妹分摊每月 2 000 元的扣除额度，每人分摊的额度不能超过每月 1 000 元。 |
| | | | 分摊方式：可以由赡养人均摊或者约定分摊，也可以由被赡养人指定分摊，指定分摊优先于约定分摊 |

续表

| 项目 | | 处理方法 |
|---|---|---|
| 汇算清缴 | 专项附加扣除 | 享受子女教育、继续教育、住房贷款利息或者住房租金、赡养老人专项附加扣除的纳税人，自符合条件开始，可以向支付工资、薪金所得的扣缴义务人提供上述专项附加扣除有关信息，由扣缴义务人在预扣预缴税款时，按其在本单位本年可享受的累计扣除额办理扣除；也可以在次年3月1日至6月30日内，向汇缴地主管税务机关办理汇算清缴申报时扣除 |
| | 其他扣除项目 | 个人缴纳的符合国家规定的企业年金、职业年金，个人购买符合国家规定的商业健康保险、税收递延型养老保险的支出，以及国务院规定可以扣除的其他项目 |

2. 综合所得预扣预缴税额计算（见表6-7）

表6-7　综合所得预扣预缴税额计算

| 项目 | | 处理方法 |
|---|---|---|
| 工资、薪金 | 累计预扣法 | 本期应预扣预缴税额 = 累计预扣预缴应纳税所得额 × 预扣率 - 速算扣除数 - 累计减免税额 - 累计已预扣预缴税额 |
| | | 累计预扣预缴应纳税所得额 = 累计收入 - 累计免税收入 - 累计减除费用 - 累计专项扣除 - 累计专项附加扣除 - 累计依法确定的其他扣除 |
| | | （1）累计免税收入是指个人工资、薪金收入中包含的个人所得税法第四条规定的免税收入项目；<br>（2）累计的减免税额是指个人所得税法第五条规定的减免税额；<br>（3）累计减除费用 =5 000元 × 纳税人当年截至本月在本单位的任职受雇月份数；<br>（4）本期应预扣预缴税额为负值时，暂不退税，年度终了后余额仍为负值时，由纳税人通过办理综合所得年度汇算清缴，多退少补 |
| 劳务报酬 | | 按次计算税额。属于一次性收入的，以取得该项收入为一次；属于同一项目连续性收入的，以一个月内取得的收入为一次 |
| | | 预扣预缴税额 = 预扣预缴应纳税所得额 × 预扣率 - 速算扣除数<br>预扣预缴应纳税所得额 = 每次收入 ×（1 - 20%） |
| 特许权使用费 | | 按次或按月计算税额。属于一次性收入的，以取得该项收入为一次；属于同一项目连续性收入的，以一个月内取得的收入为一次 |
| | | 预扣预缴税额 = 预扣预缴应纳税所得额 × 预扣率 - 速算扣除数<br>预扣预缴应纳税所得额 = 每次或每月收入 ×（1 - 20%） |
| 稿酬 | | 按次计算税额。属于一次性收入的，以取得该项收入为一次；属于同一项目连续性收入的，以一个月内取得的收入为一次 |
| | | 预扣预缴税额 = 预扣预缴应纳税所得额 × 预扣率 - 速算扣除数<br>预扣预缴应纳税所得额 = 每次收入 ×（1 - 20%）×70% |

3. 全年一次性奖金应纳税额计算（见表 6-8）

**表 6-8 全年一次性奖金应纳税额计算**

| 项目 | | 内容 |
| --- | --- | --- |
| 含义 | | 全年一次性奖金包括年终加薪、实行年薪制和绩效工资办法的单位根据考核情况兑现的年薪和绩效工资 |
| | | 除全年一次性奖金以外的其他各种名目奖金，如半年奖、季度奖、加班奖、先进奖、考勤奖等，一律与当月工资、薪金收入合并，按税法规定缴纳个人所得税 |
| 计税方法 | 原则 | 在 2021 年 12 月 31 日前，可以选择按月单独计算纳税，也可以选择并入当年综合所得计算纳税。自 2022 年 1 月 1 日起，应并入当年综合所得计算缴纳个人所得税 |
| | 单独计税 | 第一步：找税率。全年一次性奖金收入除以 12 个月得到的数额，按照按月换算后的综合所得税率表找税率。<br>第二步：单独计算应纳税额。应纳税额 = 全年一次性奖金收入 × 适用税率 − 速算扣除数<br>注意：全年一次性奖金计算个人所得税时不减 5 000 元、专项扣除、专项附加扣除和依法确定的其他扣除；在一个纳税年度内，对每一个纳税人，该计税办法只允许采用一次 |

## 二、非居民个人工资、薪金，劳务报酬，稿酬及特许权使用费所得应纳税额计算

非居民个人工资、薪金，劳务报酬，稿酬及特许权使用费所得应纳税额计算见表 6-9。

**表 6-9 非居民个人工资、薪金，劳务报酬，稿酬及特许权使用费所得应纳税额计算**

| 项目 | 内容 |
| --- | --- |
| 原则 | 扣缴义务人向非居民个人支付工资、薪金所得，劳务报酬所得，稿酬所得和特许权使用费所得时，应当按月或者按次，适用按月换算后的综合所得税税率代扣代缴税款 |
| 工资、薪金 | （月）应纳税额 =（月）应纳税所得额 × 适用税率 − 速算扣除数<br>（月）应纳税所得额 = 月收入额 − 5 000 |
| 劳务报酬 | （次）应纳税额 =（次）应纳税所得额 × 适用税率 − 速算扣除数 |
| 稿酬 | （次）应纳税额 =（次）应纳税所得额 × 适用税率 − 速算扣除数<br>（次）应纳税所得额 =（次）收入额 ×（1 − 20%）× 70% |
| 特许权使用费 | （次）应纳税所得额 =（次）收入额 ×（1 − 20%） |

## 三、经营所得应纳税额计算

1. 查账征收

个体工商户、个人独资企业和合伙企业经营所得个人所得税计算见表 6-10。

**表 6-10 个体工商户、个人独资企业和合伙企业经营所得个人所得税计算**

| 项目 | 内容 |
| --- | --- |
| 计征方式 | 按年计征，分月分季预缴，年终汇算清缴 |

| 项目 | | 内容 |
|---|---|---|
| 税额<br>计算 | | 以每一纳税年度的收入总额减除成本、费用及损失后的余额为应纳税所得额，则：<br>应纳税所得额 = 收入 − 扣除项目<br>年应纳税额 = 年应纳税所得额 × 适用税率 − 速算扣除数 |
| 收入<br>确定 | | 收入仅指从事生产经营及与从事生产经营有关的收入。【注】非经营收入应按个人所得税法规定的其他税目单独征税 |
| 不得<br>扣除<br>项目 | | （1）个人所得税税款。<br>（2）税收滞纳金。<br>（3）罚金、罚款和被没收财物的损失。<br>（4）不符合扣除规定的捐赠支出。<br>（5）与生产经营活动无关的各种非广告性赞助支出。<br>（6）用于个人和家庭的支出。【注】纳税人生产经营活动中，应当分别核算生产经营费用和个人、家庭费用。对于生产经营与个人、家庭生活混用难以分清的费用，其40%视为与生产经营有关费用，准予扣除。<br>（7）与取得生产经营收入无关的其他支出 |
| 按规定标准扣除项目 | 个体工商户 | **（1）工资薪金**<br>从业人员合理的工资薪金支出，准予扣除<br><br>业主实际领取的工资薪金不得据实扣除，但其可按60 000元/年（即5 000元/月）的标准税前扣除 |
| | | **（2）五险一金**<br>按照国家规定范围和标准为从业人员缴纳的"五险一金"准予据实扣除；为从业人员缴纳的补充养老保险、补充医疗保险，在不超过从业人员工资总额5%的标准内的部分可据实扣除；超过部分不得扣除<br><br>业主为本人缴纳的补充养老保险、补充医疗保险，以当地（地级市）上年度社会平均工资的3倍为计算基数，分别在不超过该计算基数5%标准内的部分可据实扣除；超过部分不得扣除<br><br>除依照国家有关规定为特殊工种从业人员支付的人身安全保险和财政部、税务总局规定可以扣除的其他商业保险外，业主为本人和从业人员支付的商业保险，不得扣除 |
| | | **（3）三项经费**<br>向当地工会组织拨缴的工会经费、实际发生的职工福利费、职工教育经费分别在从业人员工资薪金总额的2%、14%、2.5%的标准内可据实扣除<br><br>业主本人向当地工会组织缴纳的工会经费、实际发生的职工福利费、职工教育经费，以当地（地级市）上年度社会平均工资的3倍为计算基数，在上述规定比例内可据实扣除<br><br>从业人员的职工教育经费超比例部分，可以在以后年度结转扣除；但业主的职工教育经费超比例部分不可以结转以后年度扣除。工会经费、职工福利费超比例部分，不得扣除 |
| | | **（4）公益性捐赠**<br>公益事业捐赠，捐赠额不超过其应纳税所得额30%的部分可以据实扣除 |
| | | **（5）三新研发支出**<br>研究开发新产品、新技术、新工艺所发生的开发费用，以及研究开发新产品、新技术而购置的单台价值在10万元以下的测试仪器和试验性装置的购置费准予直接扣除；单台价值在10万元以上（含10万元）的测试仪器和试验性装置，按固定资产管理，不得在当期直接扣除 |

续表

| 项目 | | | 内容 |
|---|---|---|---|
| 按规定标准扣除项目 | 个体工商户 | （6）摊位费等 | 按照规定缴纳的摊位费、行政性收费、协会会费等，按实际发生额扣除 |
| | | （7）代负税款 | 代其他从业人员或者他人负担的税款，不得税前扣除 |
| | | （8）开办费 | 可以选择在开始生产经营的当年一次性扣除，也可自生产经营月份起在不短于3年期限内摊销扣除，但一经选定，不得改变。开始生产经营之日为个体工商户取得第一笔销售收入的日期 |
| | | （9）业务招待费等 | 业务招待费、广告费和业务宣传费、利息支出、劳动保护支出、亏损弥补的扣除规定与企业所得税中所述内容相同 |
| | 个人独资企业和合伙企业 | | （1）个人独资企业、合伙企业的个人投资者以企业资金为本人、家庭成员等支付与企业经营无关的消费性支出及购买汽车、住房等支出，视为企业对个人投资者利润分配，按"经营所得"项目计征个人所得税，而对其他主体（法人企业）的上述行为，视为对个人投资者红利分配，依照"利息、股息、红利所得"扣税 |
| | | | （2）个人独资企业和合伙企业投资者本人的工资薪金支出不得税前扣除，但其可按60 000元/年的标准在税前扣除。投资者兴办两个或两个以上企业的，这部分费用只能选择在一个企业的生产经营所得中扣除 |
| | | | （3）投资者及其家庭发生的生活费用不允许在税前扣除。对生活费用同经营费用难以划分的，全部视同生活费用，不允许扣除 |
| | | | （4）企业生产经营和投资者及其家庭生活共用的固定资产，难以划分的，由税务机关核定准予在税前扣除的折旧费用的数额或比例 |
| | | | （5）与关联企业往来时，未按独立交易原则，导致减少应纳税所得额的，税务机关有权调整 |
| | | | （6）投资者兴办两个或两个以上企业的，企业的年度经营亏损不能跨企业弥补 |
| 合伙人应纳税所得额 | | | 合伙人应纳税所得额按下列顺序确认：<br>（1）合伙人以合伙企业的生产经营所得和其他所得，按照合伙协议约定的分配比例确定。<br>（2）合伙协议未约定或约定不明确的，以全部生产经营所得和其他所得，按照合伙人协商决定的分配比例确定。<br>（3）协商不成的，以全部生产经营所得和其他所得，按照合伙人实缴出资比例确定。<br>（4）无法确定出资比例的，以全部生产经营所得和其他所得，按照合伙人数量平均计算。<br>（5）合伙协议不得约定将全部利润分配给部分合伙人 |
| 兴办多个企业税额计算 | | | 投资者兴办两个或两个以上企业的（包括参与兴办），年度终了时，应汇总从所有企业取得的应纳税所得额，计算个税。则先汇总全部企业的经营所得计算出全年经营所得的应纳税额，再分摊给每个企业，由各个企业多退少补。计算公式如下：<br>应纳税所得额 = ∑各个企业的经营所得<br>应纳税额 = 应纳税所得额 × 适用税率 − 速算扣除数<br>本企业应纳税额 = 应纳税额 × 本企业的经营所得 ÷ ∑各个企业的经营所得<br>本企业应补缴的税额 = 本企业应纳税额 − 本企业预缴的税额 |

2. 核定征收（见表6-11）

表6-11　核 定 征 收

| 项目 | 内容 |
|---|---|
| 适用范围 | 对于账册不健全，甚至没有建账的，可采用定额纳税和定率纳税的办法核定征税 |
| 计征方法 | （1）定额纳税是指税务机关对经营规模小，经营情况比较稳定的个体户，根据业主的实际经营情况，核定应纳税额，按月纳税，年终不清算<br>（2）定率纳税是指税务机关经调查，定期制定行业所得税负担率，在缴纳增值税的同时，一并按销售收入计算缴纳所得税，年终不清算。其计算公式如下：<br>应纳税所得额 = 收入总额 × 应税所得率 = 成本费用支出总额 ÷（1- 应税所得率）× 应税所得率<br>应纳税额 = 应纳税所得额 × 适用税率 - 速算扣除数 |

## 四、财产租赁所得税额计算

财产租赁所得税额计算见表6-12。

表6-12　财产租赁所得税额计算

| 项目 | 内容 |
|---|---|
| 计征方式 | 按次计征 |
| 次的规定 | 以一个月内取得的收入为一次 |
| 应纳税所得额计算 | 月收入 ≤ 4 000 元的：<br>应纳税所得额 = 每次（月）收入额 - 准予扣除项目 - 修缮费用（800 元为限）-800<br>月收入 > 4 000 元的：<br>应纳税所得额 = ［每次（月）收入额 - 准予扣除项目 - 修缮费用（800 元为限）］×（1-20%）<br>【特例】财产租赁扣除费用包括：税费、修缮费和法定扣除标准，且这三项费用必须按顺序扣除 |
| 适用税率 | 【一般】比例税率20%。<br>【特例】2001 年 1 月 1 日起，个人按市场价出租住房暂减按 10% 征收个人所得税 |
| 应纳税额计算 | 应纳税额 = 应纳税所得额 × 适用税率 |

## 五、财产转让所得税额计算

财产转让所得税额计算见表6-13。

表6-13　财产转让所得税额计算

| 项目 | 内容 |
|---|---|
| 计征方式 | 按次计征 |
| 次的规定 | 以一次转让取得的收入为一次 |

续表

| 项目 | 内容 |
|---|---|
| 应纳税所得额计算 | 应纳税所得额 = 每次收入额 – 财产原值 – 合理费用<br>【财产原值】有价证券为买入价以及买入时按规定缴纳的有关费用；建筑物为建造费用或购进价格以及其他有关费用；土地使用权为取得土地使用权所支付的金额、开发土地的费用以及其他有关费用；机器设备、车船为购进价格、运输费、安装费以及其他有关费用；其他财产参照上述方法确定。纳税人未提供完整、准确的财产原值凭证，不能正确计算财产原值的，由主管税务机关核定其财产原值。<br>【合理费用】指卖出财产过程中按规定支付的有关费用 |
| 适用税率 | 比例税率 20% |
| 应纳税额计算 | 应纳税额 = 应纳税所得额 × 适用税率 |

## 六、利息、股息、红利所得税额计算

利息、股息、红利所得税额计算见表 6-14。

表 6-14　利息、股息、红利所得税额计算

| 项目 | 内容 |
|---|---|
| 计征方式 | 按次计征 |
| 次的规定 | 以支付利息、股息、红利取得的收入为一次 |
| 应纳税所得额计算 | 以每次收入额为应纳税所得额，不作任何费用扣除 |
| 适用税率 | 【一般】比例税率 20% |
| 应纳税额计算 | 应纳税额 = 每次收入 × 适用税率 |

## 七、偶然所得税额计算

偶然所得税额计算见表 6-15。

表 6-15　偶然所得税额计算

| 项目 | 内容 |
|---|---|
| 计征方式 | 按次计征 |
| 次的规定 | 以每次收入为一次 |
| 应纳税所得额计算 | 以每次收入额为应纳税所得额，不作任何费用扣除 |
| 适用税率 | 比例税率 20% |
| 应纳税额计算 | 应纳税额 = 每次收入 × 适用税率 |
| 其他规定 | 个人取得单张有奖发票奖金不超过 800 元（含）的免税；超过 800 元的按"偶然所得"征收个税 |

## 八、公益救济捐赠税务处理

公益救济捐赠税务处理见表 6-16。

表 6-16    公益救济捐赠税务处理

| 项目 | 具体内容 |
| --- | --- |
| 公益救济性捐赠 | 【规定】个人通过中国境内的社会团体、国家机关向教育和其他社会公益事业以及遭受严重自然灾害地区、贫困地区捐赠，捐赠额未超过纳税人申报的应纳税所得额 30% 的部分，可以从其应纳税所得额中扣除。<br>【特例】个人通过非盈利的社会团体和国家机关向农村义务教育的捐赠，准予在缴纳个人所得税前的所得额中全额扣除<br>【公式】捐赠扣除限额 = 扣除捐赠额前纳税人申报的应纳税所得额 ×30%<br>当实际捐赠额≤捐赠扣除限额时，允许扣除的捐赠额 = 实际捐赠额<br>当实际捐赠额＞捐赠扣除限额时，允许扣除的捐赠额 = 捐赠扣除限额<br>应纳税所得额 = 扣除捐赠额前的应纳税所得额 − 允许扣除的捐赠额<br>应纳税额 = 应纳税所得额 × 适用税率 − 速算扣除数 |

## 九、境外所得已纳税额税务处理

境外所得已纳税额税务处理见表 6-17。

表 6-17    境外所得已纳税额税务处理

| 项目 | 具体内容 |
| --- | --- |
| 境外所得已纳税额扣除 | 【规定】居民个人从中国境外取得的所得，可以从其应纳税额中抵免已在境外缴纳的个人所得税税额，但抵免额不得超过该纳税人境外所得依个人所得税法规定计算的应纳税额。<br>【公式及步骤】<br>（1）计算来自某国或地区的抵免额。遵循"分国分项"计算原则，具体可用公式表示如下：<br>来源于一国（地区）综合所得抵免额 = 中国境内、境外综合所得依照个人所得税法规定计算的综合所得应纳税总额 × 来源于该国（地区）的综合所得收入额 ÷ 中国境内、境外综合所得收入总额<br>来源于一国（地区）经营所得抵免额 = 中国境内、境外综合所得依照个人所得税法规定计算的经营所得应纳税总额 × 来源于该国（地区）的经营所得应纳税所得额 ÷ 中国境内、境外经营所得的应纳税所得额<br>来源于一国（地区）的其他所得项目抵免额 = 来源于该国（地区）的其他所得项目依照个人所得税法计算的应纳税额<br>（2）判断允许抵免额：<br>遵循"分国不分项"确定原则，具体用公式表示如下：<br>来源于一国（地区）所得的抵免额 = 来源于该国（地区）综合所得抵免额 + 来源于该国（地区）经营所得抵免额 + 来源于该国（地区）的其他所得项目抵免额<br>当在境外实际缴纳税额≤抵免限额时，允许抵免额 = 境外实际缴纳税额<br>当在境外实际缴纳税额＞抵免限额时，允许抵免额 = 抵免限额<br>（3）计算应纳税额：<br>应纳税额 = Σ 来自某国或地区的某一综合所得、经营所得和其他所得应纳税额 − 允许抵免额 |

## 【典型题例分析】

### 一、居民个人工资、薪金个人所得税计算

【计算题】公民李某是高校教授，2019 年取得以下各项收入：每月取得工资 6 200 元，6 月份取得上半年学期奖金 6 000 元，12 月份取得下半年学期奖金 8 000 元，12 月份学校为其家庭财产购买商业保险 4 000 元。李某通过学校申报的专项附加扣除为 1 000 元/月。计算李某全年工资、薪金收入应预扣预缴的个人所得税税额。

【答案】学校为李某家庭财产购买的商业保险应按"工资、薪金所得"税目计税。

全年工资收入应预扣预缴个人所得税 =（6 200×12+6 000+8 000+4 000−5 000×12−1 000×12）×3% = 612（元）。

### 二、无住所个人工资、薪金个人所得税计算

【计算题】美籍专家罗伯特在境外某机构工作，2020 年 2 月 5 日来华进行工作指导，在华工作期间，境内企业每月支付工资 15 000 元，境外单位支付工资折合人民币 45 000 元，4 月 13 日离开中国，计算 2019 年 4 月份罗伯特应缴纳个人所得税额。

【答案】对无住所个人判断其在华居住天数时，不到 24 小时的当天不计入其在华居住天数，因此，从 2020 年 2 月 5 日至 2020 年 4 月 13 日，该外籍专家在中国实际居住天数 =（29−5）+31+（13−1）= 67（天），小于 90 天，属于非居民纳税人。非居民纳税人，在中国境内居住不满 90 天，仅就其境内工作期间境内支付的部分纳税。

罗伯特 4 月份应纳税额 =[（15 000+45 000）×15 000÷60 000×12.5÷30−5 000]×3% = 37.5（元）。

### 三、劳务报酬所得个人所得税计算

【多项选择题】李某于 2020 年 5 月 28 日到 6 月 4 日为某大厦设计一个规划图，协议规定按完工进度分 3 次付款，5 月份分别支付 10 000 元、15 000 元，6 月支付 3 500 元；7 月份提供装潢获得收入 5 000 元，除个人所得税外不考虑其他税费，则下列表述正确的有（ ）。

A. 设计业务分 3 次预扣预缴个人所得税

B. 设计业务和装潢业务分别预扣预缴个人所得税

C. 设计业务共预扣预缴个人所得税 4 840 元

D. 装潢业务共预扣预缴个人所得税 800 元

【答案】BCD

【解析】劳务报酬所得，凡属于一次性收入的，以取得该收入为一次，按次确定应纳税所得额；凡属于同一项目连续性收入的，以一个月的收入为一次，据以确定应纳税所得。设计业务取得 3 次收入属于李某的"一次性收入"，不属于"连续性收入"。

李某设计业务应预扣预缴个人所得税额 =（10 000+15 000+3 500）×（1−20%）×30%−2 000 = 4 840（元）。

提供设计业务和装潢业务不属于同一项目，不能合并纳税。装潢业务应预扣预缴个人所

得税 $= 5\ 000 \times (1 - 20\%) \times 20\% = 800$（元）。

### 四、稿酬所得个人所得税计算

【计算题】中国公民叶某任职国内甲企业，2019 年出版著作一部取得稿酬 20 000 元，当年添加印数而追加稿酬 3 000 元。计算出版社应为叶某的稿酬预扣预缴个人所得税税额。

【答案】根据规定个人每次以图书、报刊方式出版、发表同一作品，不论出版单位是预付还是分笔支付稿酬，或者加印该作品后再付稿酬，均应合并其稿酬所得按一次计征个人所得税。

应预扣预缴个人所得税税额 $= (20\ 000 + 3\ 000) \times (1 - 20\%) \times 70\% \times 20\% = 2\ 576$（元）。

### 五、经营所得个人所得税计算

【计算题】某个人独资企业，2020 年全年销售收入为 1 000 000 元，销售成本和期间费用 760 000 元，其中业务招待费 10 000 元、广告费 15 000 元、业务宣传费 8 000 元、投资者工资 24 000 元，增值税以外的各种税费 150 000 元，没有其他涉税调整事项。计算该个人独资企业 2020 年应缴纳的个人所得税税额。

【答案】

（1）会计利润 $= 1\ 000\ 000 - 760\ 000 - 150\ 000 = 90\ 000$（元）

（2）判断涉税调整项目：

业务招待费：扣除限额 $= 1\ 000\ 000 \times 5‰ = 5\ 000$（元）$< 10\ 000 \times 60\% = 6\ 000$（元），税前准予扣除 5 000 元，调增金额 $= 10\ 000 - 5\ 000 = 5\ 000$（元）。

广告费和业务宣传费：扣除限额 $= 1\ 000\ 000 \times 15\% = 150\ 000$（元），实际发生 $15\ 000 + 8\ 000 = 23\ 000$（元），税前扣除准予扣除 23 000 元，无须调整。

投资者工资不得据实扣除，调增 24 000 元，但可按全年 60 000 元定额扣除。

（3）应纳税所得额 $= 90\ 000 + 5\ 000 + 24\ 000 - 60\ 000 = 59\ 000$（元）。

（4）应缴纳个人所得税 $= 59\ 000 \times 10\% - 1\ 500 = 4\ 400$（元）。

### 六、财产租赁所得个人所得税计算

【计算题】王先生按市场价格出租居民住房，2020 年每月取得租金收入 7 000 元（不含增值税）。每月发生的合理的可扣除税费为 400 元，当年 4 月发生修缮费用 500 元，以上职称均取得合法票据。则 2020 年 4 月份，马先生取得的出租收入应纳的个人所得税为（　　）元。

【答案】个人出租住房租金收入按"财产租赁所得"计税，适用税率为 10%。发生的修缮费每月可在不超过 800 元内据实扣除。

4 月份应缴纳的个人所得税 $= (7\ 000 - 400 - 500) \times (1 - 20\%) \times 10\% = 488$（元）。

### 七、财产转让所得个人所得税计算

【不定项选择题】2020 年 4 月，个人张某接受其父亲无偿赠送的一处房产，原房屋的取得成本为 100 万元，赠与合同中标明房屋市值 300 万元，张某办理相关过户手续，自行支付相关费用 12 万元。2020 年 8 月，张某将此处房产转让，转让价格 400 万元，转让过程中支付相关税费 50 万元（不考虑增值税）。下列关于上述业务个人所得税的表述，正确的是（　　　　）。

    A. 张某接受无偿受赠的房产不交个税

    B. 张某取得受赠房产时，应纳税所得额为 100 万元

    C. 张某受赠房产的应纳税所得额为 300 万元

    D. 张某将受赠房产转让时，应纳税所得额为 18 万元

【答案】A

【解析】房屋产权所有人将房屋产权无偿赠与其配偶、父母、子女、祖父母、外祖父母、孙子女、外孙子女、兄弟姐妹，对当事双方不征收个人所得税，所以选项 A 正确，选项 B、C 错误；选项 D，受赠人转让受赠房屋的，以其转让受赠房屋的收入减除原捐赠人取得该房屋的实际购置成本以及赠与和转让过程中受赠人支付的相关税费后的余额，为受赠人的应纳税所得额，依法计征个人所得税，所以，应纳税所得额 = 400 − 100 − 12 − 50 = 238（万元）。

### 八、境外缴纳税额的抵免处理

【单项选择题】2020 年王先生利用业余时间开发了一项专利技术，11 月份通过境内某中介机构转让给境外某企业取得收入 60 000 元，在境外缴纳税款 6 000 元。王先生每月的工资薪金所得为 8 000 元，自行负担的社保、公积金为 1 500 元 / 月，专项附加扣除为 1 000 元 / 月，2020 王先生转让专利在中国境内应补缴的个人所得税是（　　　　）元。

    A. 0        B. 2 800        C. 2 600        D. 3 600

【答案】A

【解析】境内外综合所得应缴纳个人所得税 = [8 000 × 12 + 60 000 × (1 − 20%) − 5 000 × 12 − 1 500 × 12 − 1 000 × 12] × 10% − 2 520 = 2 880（元）。

综合所得抵免限额 = 2 880 × 60 000 × (1 − 20%) ÷ [8 000 × 12 + 60 000 × (1 − 20%)] = 960（元）。

境外已经缴纳税款 6 000 元，无须补税。

## 【职业能力训练】

### 一、单项选择题

1. 下列关于居民个人综合所得个人所得税征收管理的说法错误的是（　　　　）。（知识点：综合所得）

    A. 居民个人综合所得按年计算个人所得税

    B. 有扣缴义务人的，由扣缴义务人按月或者按次预扣预缴税款

    C. 年度预扣预缴税额与年度应纳税额不一致的，由居民个人于次年 3 月 1 日至 6 月 30 日向主管税务机关办理综合所得年度汇算清缴，税款多退少补

    D. 无论何种情形，年度终了，居民个人必须向主管税务机关办理综合所得年度汇算清缴

2. 综合所得是指（　　）。（知识点：综合所得）

A. 居民个人取得的工资薪金所得、劳务报酬所得、稿酬所得、特许权使用费所得

B. 纳税人取得的工资薪金所得、劳务报酬所得、稿酬所得、特许权使用费所得

C. 纳税人取得的工资薪金所得、劳务报酬所得、稿酬所得、财产转让所得

D. 居民个人取得的工资薪金所得、劳务报酬所得、稿酬所得、财产租赁所得

3. 下列关于居民个人综合所得应纳税所得额计算中扣除项目的说法错误的是（　　）。（知识点：综合所得）

A. 基本减除费用为每人每月 5 000 元

B. 专项扣除项目包括基本养老保险、基本医疗保险、失业保险和住房公积金

C. 专项扣除项目包括基本养老保险、基本医疗保险、失业保险、生育保险和住房公积金

D. 个人购买符合国家规定的商业健康保险费可在每人每月 200 元限额内扣除

4. 以下各项，不属于专项附加扣除项目的是（　　）。（知识点：综合所得）

A. 子女教育支出　　　　　　　　　　B. 继续教育支出

C. 住房贷款利息支出　　　　　　　　D. 商业健康保险支出

5. 下列关于子女教育附加扣除的说法错误的是（　　）。（知识点：综合所得）

A. 子女接受全日制学历教育的相关支出每个子女每月 1 000 元

B. 学前教育阶段的子女按照全日制学历教育支出相同政策执行

C. 父母可以选择由其中一方按扣除标准的 100% 扣除，也可以由双方自主确定扣除额度

D. 在中国境内和中国境外接受教育的子女均可享受该扣除

6. 下列关于继续教育附加扣除的说法错误的是（　　）。（知识点：综合所得）

A. 在中国境内外接受学历（学位）继续教育的支出，在学历（学位）教育期间按照每月 400 元定额扣除

B. 同一学历（学位）继续教育的扣除期限不能超过 48 个月

C. 接受技能人员职业资格继续教育、专业技术人员职业资格继续教育的支出，在取得相关证书的当年，按照 3 600 元定额扣除

D. 个人接受本科及以下学历（学位）继续教育，符合个人所得税法规定扣除条件的，可以选择由其父母扣除，也可以选择由本人扣除

7. 下列关于住房租金专项附加扣除标准的规定错误的是（　　）。（知识点：综合所得）

A. 直辖市、省会（首府）城市、计划单列市以及国务院确定的其他城市，扣除标准为每月 1 500 元

B. 市辖区户籍人口超过 100 万人的城市，扣除标准为每月 1 100 元

C. 市辖区户籍人口不超过 100 万人的城市，扣除标准为每月 500 元

D. 市辖区户籍人口不超过 100 万人的城市，扣除标准为每月 800 元

8. 纳税人赡养下列老人支出不可以享受专项附加扣除（　　）。（知识点：综合所得）

A. 年满 60 岁的父母

B. 已退休或无工资收入的父母

C. 年满 60 岁的岳父母

D. 子女均已去世的年满 60 岁的祖父母、外祖父母

9. 扣缴义务人向居民个人支付稿酬时，应按次预扣预缴税额，下列预扣预缴计算公式错误的有（　　　）。（知识点：稿酬所得）

A. 应纳税额 = 应纳税所得额 × 适用税率 − 速算扣除数

B. 应纳税所得额 = 收入额 ×（1 − 20%）× 70%

C. 应纳税所得额 = 收入额 ×（1 − 20%）

D. 应纳税所得额 =（收入额 − 800）× 70%

## 二、多项选择题

1. 根据个人所得税法律制度规定，计算居民个人综合所得年应纳税所得额时，可以扣除的项目有（　　　　）。（知识点：综合所得）

A. 基本减除费用，每人每年 6 万元，即每人每月 5 000 元

B. 专项扣除，包括基本养老保险、基本医疗保险、失业保险、工伤保险和住房公积金

C. 专项附加扣除，包括子女教育、继续教育、大病医疗、住房贷款利息、住房租金、赡养老人

D. 其他依法扣除项目，包括个人缴纳的符合国家规定的企业年金、职业年金等

2. 根据个人所得税法律制度规定，计算居民个人综合所得年应纳税所得额时，下列有关项目收入额的计算方法正确的有（　　　　）。（知识点：综合所得）

A. 工资、薪金所得收入额是指一个纳税年度个人工资、薪金收入减除个人所得税法规定的免税收入后的余额

B. 劳务报酬所得收入额是指每次收入减除其 20% 的费用后的余额

C. 特许权使用费所得收入额是指每次收入减除其 20% 的费用后的余额

D. 稿酬所得收入额是指在每次收入减除其 20% 的费用后的余额基础上减按 70% 计算后的余额

3. 下列关于专项附加扣除子女教育的规定，表述正确的有（　　　　）。（知识点：综合所得）

A. 子女教育包括学前教育阶段和全日制学历教育阶段

B. 学前教育阶段为子女年满 3 周岁当月至小学入学前一月

C. 学历教育包括义务教育（小学、初中教育）、高中阶段教育（普通高中、中等职业、技工教育）、高等教育（大学专科、大学本科、硕士研究生、博士研究生教育）

D. 学历教育为子女接受全日制学历教育入学的当月至全日制学历教育结束的当月，不包含因病或其他非主观原因休学但学籍继续保留的期间以及按规定享受的寒暑假

4. 专项附加扣除的大病医疗支出可以选择由（　　　　）扣除。（知识点：综合所得）

A. 本人　　　　　　　　　　　　　　B. 配偶

C. 成年子女　　　　　　　　　　　　D. 未成年子女的父母

5. 下列关于专项附加扣除的住房贷款利息支出规定正确的有（　　　　）。（知识点：综合所得）

A. 扣除标准为每月 1 000 元

B. 扣除期限最长不超过 240 个月

C. 纳税人只能享受一次首套住房贷款的利息扣除

D. 住房贷款利息，经夫妻双方约定，可以选择由其中一方扣除

6. 下列关于专项附加扣除赡养老人的规定，表述正确的有（　　　　　）。（知识点：综合所得）

A. 被赡养人是指年满 60 岁的父母，以及子女均已去世的年满 60 岁的祖父母、外祖父母

B. 纳税人为独生子女的，按照每月 2 000 元的标准定额扣除

C. 纳税人为非独生子女的，由其与兄弟姐妹分摊每月 2 000 元的扣除额度，每人分摊的额度不能超过每月 1 000 元

D. 纳税人为非独生子女的，可以由赡养人均摊或者约定分摊，也可以由被赡养人指定分摊

7. 扣缴义务人向居民个人支付劳务报酬时，应按次或者按月预扣预缴税额，下列预扣预缴计算公式正确的有（　　　　　）。（知识点：劳务报酬所得）

A.（次）应纳税额 =（次）应纳税所得额 × 适用税率 − 速算扣除数

B.（次）应纳税所得额 =（次）收入额 ×（1 − 20%）

C.（次）应纳税额 =（次）应纳税所得额 × 税率

D.（次）应纳税所得额 =（次）收入额 − 800

8. 根据个人所得税法律制度规定，下列支出中，在计算个体工商户个人所得税应纳税所得额时，不得扣除的有（　　　　　）。（知识点：经营所得）

A. 从业人员的合理工资　　　　　　　　B. 计提的各项准备金

C. 业主本人的工资　　　　　　　　　　D. 业主的家庭生活费

9. 根据个人所得税法律制度规定，下列各项中，以取得的收入全额为应纳税所得额计征个人所得税的有（　　　　　）。（知识点：稿酬、特许权使用费、财产租赁和利息股息红利所得）

A. 股息所得　　　　　　　　　　　　　B. 稿酬所得

C. 特许权使用费所得　　　　　　　　　D. 偶然所得

10. 根据个人所得税法律制度规定，下列各项中，按次计征个人所得税的项目有（　　　　　）。（知识点：稿酬、特许权使用费、财产租赁和利息股息红利所得）

A. 利息、股息、红利所得　　　　　　　B. 特许权使用费所得

C. 非居民个人稿酬所得　　　　　　　　D. 财产租赁所得

## 三、判断题

1. 居民个人取得综合所得，有扣缴义务人的，由扣缴义务人按月或者按次预扣预缴税款，年度预扣预缴税额与年度应纳税额不一致的，年度终了由居民个人向主管税务机关办理综合所得年度汇算清缴，税款多退少补。（知识点：综合所得）　　　　　　　　　（　　　）

2. 在一个纳税年度内，纳税人发生的与基本医保相关的医药费用支出，扣除医保报销后个人负担累计超过 15 000 元的部分，由纳税人在办理年度汇算清缴时据实扣除。（知识点：综合所得）　　　　　　　　　　　　　　　　　　　　　　　　　　　　　（　　　）

3. 住房贷款利息专项附加扣除期为贷款合同约定开始还款的当月至贷款全部归还或贷

款合同终止的当月。（知识点：综合所得）　　　　　　　　　　　　　　　（　　　）

4. 住房租金支出由签订租赁住房合同的承租人扣除，扣除期为租赁合同约定的房屋租赁期开始的次月至租赁期结束的当月。（知识点：综合所得）　　　　　　　（　　　）

5. 纳税人赡养一位及以上退休老人的赡养支出可享受专项附加扣除，每人每月 2 000元。（知识点：综合所得）　　　　　　　　　　　　　　　　　　　　　　（　　　）

6. 非居民个人的工资、薪金所得，以每月收入额减除费用 5 000 元后的余额为应纳税所得额，适用按月换算后的综合所得税税率计算应纳税额。（知识点：工资、薪金所得）

（　　　）

## 四、计算题

1. 中国公民王某 2019 年 12 月份取得当月工资收入 4 500 元和全年一次性奖金 36 000元。王某全年一次性奖金选择单独一次计税，其应纳税额为（　　　）元。（知识点：全年一次性奖金）

A. 90　　　　　　　　B. 1 080　　　　　　　C. 1 005　　　　　　　D. 275

2. 中国公民李某是高校教授，2020 年 6 月份为甲企业编制了一份营销筹划方案，取得报酬 35 000 元。甲企业在向李教授支付营销策划报酬时应预扣预缴的个人所得税为（　　　）元。（知识点：劳务报酬）

A. 8 326.05　　　　　　　　　　B. 8 632.15

C. 6 400.00　　　　　　　　　　D. 5 600.00

3. 李教授 2020 年 8 月因其编著的小说出版，获得稿酬 50 000 元，同年 9 月又在另外一个出版社出版取得稿酬 3 700 元，李教授共应预扣预缴个人所得税（　　　）元。（知识点：稿酬所得）

A. 1 952.02　　　　　　　　　　B. 2 288

C. 4 366.4　　　　　　　　　　D. 6 006

4. 某个体工商户 2020 年生产经营情况如下：全年取得与生产、经营活动有关的收入30 万元，业主本人的工资支出为 10 万元，业主本人向当地工会组织拨缴的工会经费、实际发生的职工福利费支出、职工教育经费支出分别为 3 万元、4 万元、2 万元。发生费用 3万元，无法分清家庭支出和生产经营支出的具体数额。当地上年度社会平均工资为 4 万元，无其他项目所得。2020 年该个体工商户应纳个人所得税为（　　　）万元。（知识点：经营所得）

A. 6.00　　　　　　　　B. 3.07　　　　　　　C. 8.48　　　　　　　D. 9.00

5. 李某按市场价格出租住房，2019 年 3 月取得租金收入 8 000 元，当月发生的准予扣除项目金额合计 200 元，修缮费用 1 300 元，均取得合法票据。根据个人所得税法律制度规定，李某 3 月份应缴纳的个人所得税的下列计算中，正确的是（　　　）。（知识点：财产租赁）

A. $(8\ 000 - 200 - 800) \times (1 - 20\%) \times 10\% = 560$（元）

B. $(8\ 000 - 200 - 800) \times (1 - 20\%) \times 20\% = 1\ 120$（元）

C. $(8\ 000 - 200 - 1\ 300) \times (1 - 20\%) \times 10\% = 520$（元）

D.（8 000 - 200 - 1 300）×（1 - 20%）× 20% = 1 040（元）

6. 2020 年年初张教授将受赠房屋转让，取得转让收入 40 万元，转让时缴纳除个人所得税之外的其他税费 5.5 万元。张教授转让的房产为其好友 2014 年所赠，提供发票金额为 20 万元，受赠房屋时张教授缴纳相关税费 6.5 万元，张教授 2020 年转让受赠房屋应缴纳个人所得税为（　　）万元。（知识点：财产转让所得）

A. 4　　　　　　　　B. 2.9　　　　　　　　C. 2　　　　　　　　D. 1.6

7. 中国公民李某 2020 年在 A 国取得偶然所得 8 000 元，按 A 国税法规定缴纳了个人所得税 2 000 元，李某当年在中国应补缴个人所得税（　　）元。（知识点：境外缴纳税额抵免计税）

A. 0　　　　　　　　B. 1 000　　　　　　　　C. 1 600　　　　　　　　D. 2 000

8. 在境内无住所的某合资企业的英国人布莱克先生（非高管）2020 年在华居住不满 90 天，他的工薪全部由境内的合资企业支付，每月 9 000 元人民币。他 6 月份在华工作 9 天，其余时间在境外履行职务，布莱克 6 月份在华应缴纳个人所得税（　　）元。（知识点：非居民个人综合所得）

A. 0　　　　　　　　B. 57　　　　　　　　C. 510　　　　　　　　D. 155.5

**五、综合分析题**

中国公民张某是某民营非上市公司的股东，同时也是一位作家。2020 年 4 月取得的部分实物或现金收入如下：

（1）公司为其购买了一辆轿车并将车辆所有权办到其名下，该车购买价为 35 万元。经当地主管税务机关核定，公司在代扣个人所得税税款时允许税前减除的数额为 7 万元。

（2）将本人一部长篇小说手稿的著作权拍卖取得收入 5 万元，同时拍卖一幅名人书法作品取得收入 35 万元。经税务机关确认，所拍卖的书法作品原值及相关费用为 20 万元。

（3）受邀为某企业家培训班讲课两天，取得讲课费 3 万元。

（4）当月转让半年前购入的境内某上市公司股票，扣除印花税和交易手续费等，净盈利 3 500 元，同时因持有该上市公司的股票 6 个月取得公司分配股利 2 000 元。

要求：根据上述资料，回答下列问题。

（1）公司为张某购买轿车应代扣代缴个人所得税（　　）元。

A. 84 000　　　　　B. 70 000　　　　　C. 56 000　　　　　D. 50 000

（2）计算小说手稿著作权拍卖收入和书法作品拍卖所得应预扣预缴个人所得税合计（　　）元。

A. 30 000　　　　　B. 8 000　　　　　C. 38 000　　　　　D. 32 000

（3）取得讲课费收入应预扣预缴个人所得税（　　）元。

A. 4 800　　　　　B. 5 200　　　　　C. 5 400　　　　　D. 6 000

（4）销售股票净盈利和取得的股票红利共应缴纳个人所得税（　　）元。

A. 200　　　　　　B. 400　　　　　　C. 550　　　　　　D. 900

# 学习任务 6.3  个人所得税会计核算与纳税申报

## 【学习目标】

（1）了解个人所得税的会计核算。

（2）熟悉个人所得税征收管理法律规定，能确定纳税义务发生时间，选择合适的纳税方式，并完成税款缴纳任务。

## 【重点与难点】

重点：纳税申报及税款缴纳

难点：不同应税项目的纳税申报

## 【知识点回顾】

### 一、个人所得税会计核算

个人所得税会计核算见表 6-18。

**表 6-18  个人所得税会计核算**

| 项目 | 核算办法 |
|---|---|
| 个体工商户生产、经营所得个人所得税会计核算 | 计算应纳个人所得税时，借：留存收益<br>　　　　　　　　　　　　贷：应交税费——应交个人所得税<br>实际上缴税款时，借：应交税费——应交个人所得税<br>　　　　　　　　贷：银行存款 |
| 代扣代缴个人所得税会计核算 | 代扣税款时，借：应付职工薪酬、应付账款、其他应付款等账户<br>　　　　　　贷：应交税费——代扣个人所得税<br>实际缴纳税款时，借：应交税费——代扣个人所得税<br>　　　　　　　　　贷：银行存款 |

### 二、个人所得税纳税申报

1. 扣缴纳税申报（见表 6-19）

**表 6-19  扣缴纳税申报**

| 项目 | 内容 |
|---|---|
| 全员全额扣缴申报 | 是指扣缴义务人应当在代扣税款的次月 15 日内，向主管税务机关报送其支付所得的所有个人的有关信息、支付所得数额、扣除事项和数额、扣缴税款的具体数额和总额以及其他相关涉税信息资料 |

续表

| 项目 | 内容 |
|---|---|
| 扣缴申报的应税项目 | 工资、薪金所得；劳务报酬所得；稿酬所得；特许权使用费所得；利息、股息、红利所得；财产租赁所得；财产转让所得；偶然所得 |
| 扣缴权利与义务 | （1）居民个人向扣缴义务人提供有关信息并依法要求办理专项附加扣除的，扣缴义务人应当按照规定在工资、薪金所得按月预扣预缴税款时予以扣除，不得拒绝。<br>（2）扣缴义务人应当依法对纳税人报送的专项附加扣除等相关涉税信息和资料保密。<br>（3）扣缴义务人应当按照纳税人提供的信息计算税款、办理扣缴申报，不得擅自更改纳税人提供的信息。扣缴义务人发现纳税人提供的信息与实际不符的，可以要求纳税人修改。纳税人拒绝修改的，扣缴义务人应当报告税务机关，税务机关应当及时处理。纳税人发现扣缴义务人提供或者扣缴申报的个人信息、支付所得、扣缴税款等信息与实际情况不符的，有权要求扣缴义务人修改。扣缴义务人拒绝修改的，纳税人应当及时报告税务机关，税务机关应当及时处理。<br>（4）扣缴义务人依法代扣代缴义务，纳税人不得拒绝。纳税人拒绝的，扣缴义务人应当及时报告税务机关。<br>（5）支付工资、薪金所得的扣缴义务人应当于年度终了后2个月内，向纳税人提供其个人所得和已扣缴税款等信息 |

2. 自行纳税申报（见表6-20）

表6-20　自行纳税申报

| 项目 | | 内容 |
|---|---|---|
| 含义 | | 自行纳税申报是指由纳税人自行在《中华人民共和国个人所得税法》规定的纳税期限内，向税务机关申报取得的应税所得项目和数额，如实填写个人所得税纳税申报表，并按相关规定计算应纳税额，并据此缴纳个人所得税的一种方法 |
| 范围 | | 取得综合所得需要办理汇算清缴；取得应税所得没有扣缴义务人；取得应税所得扣缴义务人未扣缴税款；取得境外所得；因移居境外注销中国户籍；非居民个人在中国境内从两处以上取得工资、薪金所得；国务院规定的其他情形 |
| 综合所得汇算清缴 | 范围 | （1）从两处以上取得综合所得，且综合所得年收入额减除专项扣除后的余额超过6万元；<br>（2）取得劳务报酬所得、稿酬所得、特许权使用费所得中一项或者多项所得，且综合所得年收入额减除专项扣除的余额超过6万元；<br>（3）纳税年度内预缴税额低于应纳税额；<br>（4）纳税人申请退税 |
| | 时间 | 办理汇算清缴时间：取得所得的次年3月1日至6月30日 |
| | 地点 | 任职、受雇单位所在地主管税务机关；有两处以上任职、受雇单位的，选择向其中一处任职、受雇单位所在地主管税务机关办理；没有任职、受雇单位的，向户籍所在地或经常居住地主管税务机关办理 |
| 经营所得 | 预缴申报 | 月度或季度终了后15日内，向经营管理所在地主管税务机关办理预缴申报 |
| | 汇算清缴 | 取得所得的次年3月31日前，向经营管理所在地主管税务机关办理汇算清缴。<br>从两处以上取得经营所得的，选择向其中一处经营管理所在地主管税务机关办理年度汇总申报 |

续表

| 项目 | 内容 |
|---|---|
| 扣缴义务人未扣缴税款的 | 居民个人取得综合所得的，按照取得综合所得需要办理汇算清缴的纳税申报规定处理 |
| | 非居民个人取得工资、薪金所得，劳务报酬所得，稿酬所得，特许权使用费所得的，应当在取得所得的次年 6 月 30 日前，向扣缴义务人所在地主管税务机关办理纳税申报。有两个以上扣缴义务人均未扣缴税款的，选择向其中一处扣缴义务人所在地主管税务机关办理纳税申报。非居民个人在次年 6 月 30 日前离境（临时离境除外）的，应当在离境前办理纳税申报 |
| | 纳税人取得利息、股息、红利所得，财产租赁所得，财产转让所得和偶然所得的，应当在取得所得的次年 6 月 30 日前，按相关规定向主管税务机关办理纳税申报 |
| 境外所得 | 居民个人从中国境外取得所得的，应当在取得所得的次年 3 月 1 日至 6 月 30 日内，向中国境内任职、受雇单位所在地主管税务机关办理纳税申报；在中国境内没有任职、受雇单位的，向户籍所在地或中国境内经常居住地主管税务机关办理纳税申报；户籍所在地与中国境内经常居住地不一致的，选择其中一地主管税务机关办理纳税申报；在中国境内没有户籍的，向中国境内经常居住地主管税务机关办理纳税申报 |
| 其他 | 非居民个人在中国境内从两处以上取得工资、薪金所得的，应当在取得所得的次月 15 日内，向其中一处任职、受雇单位所在地主管税务机关办理纳税申报 |
| | 纳税人因移居境外注销中国户籍的，应当在申请注销中国户籍前，向户籍所在地主管税务机关办理纳税申报，进行税款清算 |

## 【典型题例分析】

【多项选择题】根据个人所得税法律制度规定，下列情形中，纳税人应当自行申报缴纳个人所得税的有（　　　　）。

A. 年所得 12 万元以上的

B. 从中国境外取得所得的

C. 取得应税所得，没有扣缴义务人的

D. 从中国境内两处或两处以上取得工资、薪金所得的

【答案】ABCD

## 【职业能力训练】

### 一、单项选择题

1. 下列关于个人所得税扣缴申报的表述中，错误的是（　　）。（知识点：扣缴纳税申报）

A. 税务机关应根据扣缴义务人所扣缴的税款付给 2% 的手续费

B. 扣缴义务人发现纳税人提供信息与实际情况不符的，可以要求纳税人修改

C. 扣缴义务人依法履行代扣代缴义务，纳税人不得拒绝，纳税人拒绝的，扣缴义务人应及时报告公安机关

D. 支付工资、薪金所得的扣缴义务人应当于年度终了后 2 个月内向纳税人提供其个人所得和已扣缴税款信息

2. 下列情形中，应由支付所得的单位全员全额扣缴申报的是（      ）。（知识点：扣缴纳税申报）

A. 取得综合所得需要办理汇算清缴的

B. 从中国境外取得所得的

C. 非居民个人在两处以上取得稿酬所得的

D. 个体工商户从事生产、经营的所得

3. 纳税人取得下列所得应由其自行纳税申报的是（      ）。（知识点：自行纳税申报）

A. 利息、股息、红利所得        B. 财产租赁所得

C. 财产转让所得        D. 取得境外所得

## 二、多项选择题

1. 下列关于个人所得税扣缴义务人的权利与义务的说法正确的有（          ）。（知识点：扣缴纳税申报）

A. 居民个人向扣缴义务人提供有关信息并依法要求办理专项附加扣除的，扣缴义务人应当按照规定的工资、薪金所得按月预扣预缴税款，不得拒绝

B. 扣缴义务人应当依法对纳税人报送的专项附加扣除等相关涉税信息和资料保密

C. 扣缴义务人发现纳税人提供的信息与实际情况不符的，可以要求纳税人修改，纳税人拒绝修改的，扣缴义务人应当报告税务机关，税务机关应当及时处理

D. 纳税人发现扣缴义务人提供或者扣缴申报的个人信息、支付所得、扣缴税款等信息与实际不符的，有权要求扣缴义务人修改，扣缴义务人拒绝修改的，纳税人应当报告税务机关，税务机关应当及时处理

E. 扣缴义务人依法履行代扣代缴义务，纳税人不得拒绝

2. 扣缴义务人在向主管税务机关进行扣缴申报时，应报送的信息有（          ）。（知识点：扣缴纳税申报）

A. 支付所得的所有个人的有关信息

B. 支付所得数额

C. 扣除事项和数额

D. 扣缴税款的具体数额和总额

E. 其他相关涉税信息资料

3. 下列情形中，纳税人必须自行向税务机关申报缴纳个人所得税的有（          ）。（知识点：自行纳税申报）

A. 年所得 12 万元以上的

B. 从中国境外取得所得的

C. 非居民个人在中国境内从两处以上取得工资、薪金所得

D. 取得应税所得没有扣缴义务人的

E. 外籍人士在中国境内取得劳务报酬所得的

4. 取得综合所得且符合下列情形之一的纳税人，应当办理汇算清缴（          ）。（知识点：自行纳税申报）

A. 从两处以上取得综合所得的

B. 从两处以上取得综合所得，且综合所得年收入额减除专项扣除后的余额超过 6 万元

C. 取得劳务报酬所得、稿酬所得、特许权使用费所得中一项或者多项所得，且综合所得年收入额减除专项扣除的余额超过 6 万元

D. 纳税年度内预缴税额于应纳税额

E. 纳税人申请退税

5. 根据个人所得税申报与缴纳的规定，下列表述正确的有（　　　　）。（知识点：征收管理）

A. 需要办理汇算清缴的纳税人，应当在取得所得的次年 3 月 1 日至 6 月 30 日内，向任职、受雇单位所在地主管税务机关办理纳税申报

B. 税务机关应根据扣缴义务人所扣缴的税款付给 5% 的手续费

C. 取得经营所得的纳税人，应在取得所得次年 3 月 31 日前，向经营管理所在地税务机关办理汇算清缴

D. 非居民个人在中国境内从两处以上取得工资、薪金所得的，应当在取得所得的次月 15 日，向其中一处任职、受雇单位所在地主管税务机关办理纳税申报

E. 纳税人取得经营所得，由纳税人在月度或季度终了后 15 日内向户籍所在地主管税务机关办理预缴申报

## 学习任务 7.1　城市维护建设税会计

### 【学习目标】

（1）掌握城市维护建设税（简称：城建税）法律制度的主要内容，能确定纳税人、征税范围，选择适用税率。

（2）熟悉城市维护建设税计税原理，能计算城市维护建设税应纳税额。

（3）熟悉城市维护建设税征收管理法律规定，能完成税款缴纳任务。

（4）能向企业员工宣传城市维护建设税法规政策，并共同进行税收筹划。

（5）能与税务部门沟通，以获得他们对税收优惠的支持。

### 【重点与难点】

重点：纳税人认定　征税范围确定　税率选择　税收优惠政策运用　计税依据确定　应纳税额计算　纳税义务发生时间、纳税期限及纳税地点确定

难点：税收优惠政策运用　计税依据确定

### 【知识点回顾】

**一、城市维护建设税纳税人、征税范围和税率确定**

城市维护建设税纳税人、征税范围和税率确定见表 7–1。

表 7-1　城市维护建设税纳税人、征税范围和税率确定

| 项目 | | 内容 |
|---|---|---|
| 纳税人 | | 负有缴纳"两税"义务的单位和个人 |
| 征税范围 | | 城市维护建设税没有特定独立的征税对象，本质上是一种附加税 |
| 税率 | 一般规定 | 按纳税人所在地执行差别比例税率：市区 7%、县城镇 5%、市区县城镇以外 1% |
| | 特殊规定 | 由受托方代扣代缴"两税"的，适用受托方所在地税率<br>流动经营等无固定纳税地点并且在经营地缴纳"两税"的纳税人，适用经营地税率 |

## 二、城市维护建设税税额计算与核算

城市维护建设税税额计算与核算见表 7-2。

表 7-2　城市维护建设税税额计算与核算

| 项目 | 内容 |
|---|---|
| 税收优惠 | （1）随"两税"减免而减免，随"两税"退库而退库；<br>（2）对"两税"实行先征后退、先征后返、即征即退办法的，随"两税"附征的城市维护建设税及教育费附加，除另有规定外，一律不予退（返）；<br>（3）进口不征，出口不退 |
| 计税依据 | 基本规定：纳税人实际缴纳的"两税"税额 |
| | 特殊规定：纳税人因违反"两税"有关规定而加收的滞纳金和罚款，不作为城市维护建设税的计税依据。纳税人在被查补"两税"和被处以罚款时，应同时对其城市维护建设税进行补缴、征收滞纳金和罚款 |
| 税额计算 | 应纳税额 = 实际缴纳的增值税、消费税税额之和 × 税率<br>【注】对于实行"免抵退"税法计算出口退（免）增值税的生产性企业，其免抵的增值税应作为城建税的计税依据 |
| 会计核算 | 计提时：借：税金及附加等<br>　　　　　　贷：应交税费——应交城市维护建设税 |

## 三、城市维护建设税征收管理

城市维护建设税征收管理见表 7-3。

表 7-3　城市维护建设税征收管理

| 项目 | 内容 |
|---|---|
| 纳税义务发生时间 | 与"两税"纳税义务发生时间一致 |
| 纳税地点 | 纳税人缴纳"两税"的地点为该纳税人缴纳城市维护建设税的地点 |
| 纳税期限 | 缴纳"两税"时同时缴纳 |

## 【典型题例分析】

### 一、纳税人、征税范围和税率确定

【判断题】根据城市维护建设税法律制度规定，外商投资企业和外国企业不征城市维护建设税。 （　　）

【答案】错

【解析】自2010年12月1日起，对外商投资企业、外国企业和外籍人员开征城市维护建设税。

### 二、税额计算

【单项选择题】甲公司地处市区，5月份实际缴纳增值税34万元、消费税12万元、关税3万元。该公司5月份应缴纳的城市维护建设税税额为（　　）万元。

A. 4.20　　　　　　B. 3.92　　　　　　C. 3.22　　　　　　D. 2.38

【答案】C

【解析】城市维护建设税的计税依据为纳税人实际缴纳的"两税"之和，则该公司应缴纳的城市维护建设税＝（34＋12）×7%＝3.22（万元）。

### 三、征税管理

【判断题】地处杭州市的甲公司以100万元的价格转让其拥有的广州某县城的一处房产，其城市维护建设税应在杭州缴纳。 （　　）

【答案】错

【解析】通常情况下缴纳"两税"的地点就是该纳税人缴纳城市维护建设税的地点。

## 【职业能力训练】

### 一、单项选择题

1. 地处县城的乙企业按税法规定代收代缴设在市区甲企业的消费税，其关于城市维护建设税的下列处理正确的是（　　）。（知识点：税率）

A. 由甲企业按7%税率自行缴纳城市维护建设税

B. 由乙企业按5%税率代扣代缴城市维护建设税

C. 由乙企业按7%的税率代扣代缴城市维护建设税

D. 由甲企业按5%的税率回机构所在地自行缴纳城市维护建设税

2. 城市维护建设税的计税依据是（　　）。（知识点：税额计算）

A. 纳税人应缴纳的"两税"税额

B. 纳税人应缴纳的企业所得税税额

C. 纳税人实际缴纳的"两税"税额

D. 纳税人应缴纳的个人所得税税额

3. 地处市区某企业无故拖欠应缴纳的增值税20万元，税务检查后补缴了拖欠的增值税

及滞纳金 500 元（滞纳 5 天），下列对该企业城市维护建设税的处理正确的是（　　）。（知识点：税额计算）

  A. 补缴城市维护建设税 14 000 元

  B. 补缴城市维护建设税 14 000 元，滞纳金 35 元

  C. 补缴城市维护建设税的滞纳金 28 元

  D. 补缴城市维护建设税 14 000 元，滞纳金 140 元

  4. 下列关于城市维护建设税的表述不正确的是（　　）。（知识点：征收管理）

  A. 海关应对进口产品代征增值税、消费税和城市维护建设税

  B. 城市维护建设税应以减免后实际缴纳的"两税"税额为计税依据计征

  C. 无固定纳税地点的个人，城市维护建设税应在"两税"缴纳地缴纳

  D. 对出口产品退还增值税、消费税的，不退还城市维护建设税

  5. 单位或个人在缴纳（　　）的同时应缴纳城市维护建设税。（知识点：征收管理）

  A. 个人所得税   B. 车船税     C. 消费税     D. 印花税

## 二、多项选择题

  1. 下列情形，应缴纳城市维护建设税的有（　　）。（知识点：征税范围）

  A. 代征进口产品增值税、消费税的海关

  B. 缴纳增值税的交通运输企业

  C. 缴纳消费税的外商投资企业

  D. 缴纳增值税的外国企业

  2. 我国现行城市维护建设税的适用税率有（　　）。（知识点：税率）

  A. 7%     B. 5%     C. 3%     D. 1%

  3. 关于城市维护建设税的下列说法正确的有（　　）。（知识点：税额计算）

  A. 由于减免增值税、消费税而发生退税的，可同时退还已征收的城市维护建设税

  B. 对出口产品退还增值税、消费税的，不退还已缴纳的城市维护建设税

  C. 城市维护建设税按减免"两税"后实际缴纳的"两税"税额为计税依据计征

  D. 对"两税"实行即征即退办法的，随"两税"征收的城市维护建设税也应退还

  4. 下列各项中，构成城市维护建设税计税依据的有（　　）。（知识点：税额计算）

  A. 纳税人实际缴纳的"两税"税额

  B. 纳税人滞纳"两税"而加收的滞纳金

  C. 纳税人偷逃"两税"被处的罚款

  D. 纳税人偷逃"两税"被查补的税款

  5. 根据城市维护建设税法律制度规定，下列表述正确的有（　　）。（知识点：税额计算）

  A. 海关对进口产品代征增值税、消费税，但不征城市维护建设税

  B. 纳税人在被查补"两税"和被处以罚款时，应同时对其城市维护建设税进行补税、征收滞纳金和罚款

  C. 纳税人因违反"两税"有关规定而加收的滞纳金和罚款，不作为城市维护建设税的

计税依据

D. 对出口产品退还增值税、消费税的，也应同时退还已缴纳的城市维护建设税

6. 下列各项中，符合城市维护建设税纳税地点规定的有（　　　　）。（知识点：征收管理）

A. 纳税人缴纳"两税"的地点就是城市维护建设税纳税地点

B. 流动经营无固定地点的单位，为单位注册地

C. 流动经营无固定地点的个人，为居住所在地

D. 代收代缴"两税"的单位和个人，为代收代缴地

## 三、判断题

1. 农村缴纳增值税的个体工商户属于城市维护建设税的纳税人。（知识点：纳税人）
（　　　）

2. 凡负有缴纳"两税"义务的单位和个人都是城市维护建设税的纳税义务人。（知识点：纳税人）
（　　　）

3. 城市维护建设税的计税依据是纳税人应缴纳的增值税、消费税、关税税额。（知识点：税额计算）
（　　　）

4. 只有同时缴纳了增值税、消费税的纳税人才需缴纳城市维护建设税。（知识点：纳税人）
（　　　）

5. 出口货物退还增值税的同时应退还城市维护建设税和教育费附加。（知识点：税收优惠）
（　　　）

6. 流动经营等无固定纳税地点单位，其城市维护建设税的缴纳按经营地适用税率。（知识点：税率）
（　　　）

## 四、计算题

1. 某企业 2020 年 11 月共缴纳增值税、消费税和关税 562 万元，其中关税 102 万元、进口环节缴纳增值税和消费税 260 万元。该企业 11 月份计算城市维护建设税的计税依据是（　　　）万元。（知识点：税额计算）

A. 562　　　　　B. 460　　　　　C. 200　　　　　D. 362

2. 地处市区的某外贸公司为一家外商投资企业，2020 年 1 月实际缴纳增值税 60 万元，消费税 10 万元，契税 6 万元，取得增值税出口退税 10 万元。该公司 1 月应缴纳的城市维护建设税是（　　　）万元。（知识点：税额计算）

A. 3　　　　　B. 3.5　　　　　C. 4.9　　　　　D. 4.62

3. 某市一企业 2020 年 3 月被查补增值税 50 000 元、消费税 20 000 元、企业所得税 30 000 元，被加收滞纳金 2 000 元，被处罚款 8 000 元。该企业应补缴的城市维护建设税（　　　）元。（知识点：税额计算）

A. 4 900　　　　　B. 5 000　　　　　C. 8 000　　　　　D. 10 000

4. 甲企业地处市区，2020 年 2 月实际缴纳增值税 15 万元；当月委托位于县城的乙企业加工应税消费品，乙企业代收代缴消费税 7 万元。下列关于甲企业城市维护建设税的计算与

缴纳说法正确的有（    ）。（知识点：税额计算）

    A. 计算甲企业城市维护建设税税率有两种：市区 7% 和县城 5%

    B. 应纳城市维护建设税 $= 15 \times 7\% + 7 \times 5\% = 1.05 + 0.35 = 1.4$（万元）

    C. 1.05 万元由甲企业在市区所属税务局缴纳

    D. 0.35 万元由乙企业在县城税务局缴纳

**五、综合分析题**

    地处市区的某化妆品生产企业为增值税一般纳税人，2020 年 11 月从国外进口一批散装化妆品，支付给国外的货价 120 万元、相关税金 10 万元、卖方佣金 2 万元、运抵我国海关前的运杂费和保险费 18 万元。当月企业将进口的散装化妆品的 80% 生产加工为成套化妆品 7 800 件，对外批发销售 6 000 件，取得不含税销售额 290 万元；向消费者零售 800 件，取得含税销售额 49.72 万元。已知化妆品的进口关税税率为 40%、消费税税率为 15%。按顺序回答下列问题。（注：教育费附加的征收率为 3%）

    （1）该企业进口环节应缴纳关税、消费税、增值税计算方法正确的有（    ）。

    A. 应缴纳关税 $=（120 + 10 + 2 + 18）\times 40\% = 60$（万元）

    B. 消费税的组成计税价格 $=（120 + 10 + 2 + 18 + 60）\div（1 - 15\%）= 247$（万元）

    C. 应缴纳消费税 $= 247 \times 15\% = 37$（万元）

    D. 应缴纳增值税 $=（120 + 10 + 2 + 18 + 60 + 37）\times 13\% = 32.11$（万元）

    （2）该企业国内生产销售环节应缴纳消费税、增值税的计算方法正确的有（    ）。

    A. 应缴纳增值税 $=［290 + 49.72 \div（1 + 13\%）］\times 13\% - 32.11 = 11.31$（万元）

    B. 应缴纳增值税 $=［290 + 49.72 \div（1 + 13\%）］\times 13\% = 43.42$（万元）

    C. 应缴纳消费税 $=［290 + 49.72 \div（1 + 13\%）］\times 5\% = 50.1$（万元）

    D. 应缴纳消费税 $=［290 + 49.72 \div（1 + 13\%）］\times 15\% - 37 \times 80\% = 20.5$（万元）

    （3）该企业应缴纳城建维护建设税、教育费附加的下列计算方法正确的有（    ）。

    A. 应纳城市维护建设税 $=（11.31 + 20.5）\times 7\% = 2.226\ 7$（万元）

    B. 应纳教育费附加 $=（11.31 + 20.5）\times 3\% = 0.954\ 3$（万元）

    C. 应纳城市维护建设税 $=（11.31 + 20.5 + 37）\times 7\% = 4.816\ 7$（万元）

    D. 应纳城市维护建设税 $=（11.31 + 20.5 + 32.11 + 37）\times 7\% = 7.064\ 4$（万元）

# 学习任务 7.2　印花税会计

## 【学习目标】

    （1）掌握印花税法律制度主要内容，能确定纳税人、征税范围，选择适用税率。

    （2）熟悉印花税计税原理，能计算各类应税凭证应缴纳的印花税税额。

    （3）熟悉印花税征收管理法律规定，能选择印花税的缴纳方式并完成税款缴纳任务。

（4）能向企业员工宣传印花税法规政策，并共同进行税收筹划。
（5）能与税务部门沟通，以获得他们对税收优惠的支持。

## 【重点与难点】

重点：印花税纳税人认定 征税范围确定 税率选择 税收优惠政策运用 计税依据确定 应纳税额计算 纳税义务发生时间、纳税期限及纳税地点确定
难点：征税对象确定 税收优惠政策运用 计税依据确定

## 【知识点回顾】

### 一、印花税纳税人、征税范围和税率确定

印花税纳税人、征税范围和税率确定见表 7-4。

表 7-4 印花税纳税人、征税范围和税率确定

| 项目 | | 内容 | |
|---|---|---|---|
| 纳税人 | 立合同人 | 书立合同的当事人，不包括合同的担保人、证人、鉴定人。当事人的代理人有代理纳税义务 | 同一凭证由两方或两方以上当事人共同书立并各执一份的，各方都是印花税的纳税人 |
| | 立账簿人 | 设立并使用营业账簿的单位和个人 | |
| | 立据人 | 财产转移书据的当事人 | |
| | 领受人 | 权利许可证照的领受人 | |
| | 使用人 | 在国外书立、领受，但在国内使用的应税凭证的单位和个人 | |
| | 电子应税凭证的签订人 | 以电子形式签订的各类应税凭证的单位和个人 | |
| 征税范围 | （1）经济合同：包括购销合同、加工承揽合同、建设工程勘察设计合同、建筑安装工程承包合同、财产租赁合同、货物运输合同、仓储保管合同、借款合同、财产保险合同、技术合同。【注】① 具有合同性质的凭证应视同合同征税；② 办理一项业务，如果既书立合同，又开立单据，只就合同贴花；凡不书立合同，只开立单据，单据作为合同使用的，其单据按规定贴花；③ 一般的法律、会计、审计等方面的咨询不属于技术咨询，其所立合同不贴花 | | |
| | （2）产权转移书据：包括财产所有权、版权、商标专用权、专利权、专有技术使用权。【注】土地使用权出让合同、土地使用权转让合同、商品房销售合同按本税目征收印花税 | | |
| | （3）营业账簿：资金账簿和其他账簿 | | |
| | （4）权利许可证照：包括房屋产权证、工商营业执照、商标注册证、土地使用证、专利证 | | |
| | （5）财政部确定的其他应税凭证 | | |

续表

| 项目 | | 内容 |
|------|------|------|
| 税率 | 比例税率 | 借款合同：0.05‰ |
| | | 购销合同、建筑安装工程承包合同、技术合同：0.3‰ |
| | | 加工承揽合同、建设工程勘察设计合同、货物运输合同、产权转移书据、记载资金的营业账簿：0.5‰。自2018年5月1日起资金账簿按0.5‰减半征税，其他账簿免税 |
| | | 财产租赁合同、仓储保管合同、财产保险合同：1‰ |
| | 定额税率 | 权利许可证照5元/件 |

## 二、印花税税额计算与核算

印花税税额计算与核算见表7-5。

表7-5　印花税税额计算与核算

| 项目 | | 内容 |
|------|------|------|
| 税收优惠 | | （1）已缴纳印花税的凭证的副本或抄本免税，但副本或抄本视同正本使用的，应另行贴花。<br>（2）财产所有者将财产赠给政府、社会福利机构及学校所书立的书据免税。<br>（3）国家指定的收购部门与村民委员会、农民个人书立的农副产品收购合同免税。<br>（4）无息、贴息贷款合同免税。<br>（5）外国政府或国际金融组织向我国政府及国家金融机构提供优惠贷款所书立的合同免税。<br>（6）房地产管理部门与个人签订的用于生活居住的租赁合同免税。<br>（7）农牧业保险合同免税。<br>（8）特殊的货运凭证，包括军需物资运输凭证、抢险救灾物资运输凭证、新建铁路的工程临管线运输凭证，免税。<br>（9）书、报、刊发行单位之间，发行单位与订阅单位或个人之间书立的凭证，出版合同，免税。<br>（10）纳税人已履行并贴花的合同，发现实际结算金额与合同所载金额不一致的，一般不再补贴印花。<br>（11）企业与主管部门等签订的租赁承包合同，不征税。<br>（12）银行、非银行金融机构之间相互融通短期资金，按规定的同业拆借期限和利率签订的同业拆借合同，不征税。<br>（13）对办理借款展期业务使用贷款展期合同或其他凭证，按规定仅载明延期还款事项的，可暂不征税。<br>（14）代理单位与委托单位之间签订的委托代理合同，不征税 |
| 计税依据 | 一般规定 | 购销合同：合同记载的购销金额。以货易货方式商品交易合同，为合同所载的购、销合计金额 |
| | | 加工承揽合同：加工或承揽收入的金额 |
| | | 建设工程勘察设计合同：收取的费用 |
| | | 建筑安装工程承包合同：承包金额 |
| | | 财产租赁合同：租赁金额 |
| | | 货物运输合同：运输费金额，不包括所运货物的金额、装卸费和保险费等 |

续表

| 项目 | | 内容 |
|---|---|---|
| 计税依据 | 一般规定 | 仓储保管合同：仓储保管费 |
| | | 借款合同：借款金额 |
| | | 财产保险合同：支付（收取）的保险费，不包括所保财产的金额 |
| | | 技术合同：所载的价款、报酬或使用费 |
| | | 产权转移书据：所载的金额 |
| | | 记载资金的账簿："实收资本"与"资本公积"两项金额的合计金额 |
| | | 权利、许可证照：应税凭证的件数 |
| | 特殊规定 | （1）同一凭证载有两个或两个以上经济事项而适用不同税目税率，分别记载金额的，分别计算相加后按合计税额贴花；未分别记载金额的，按税率高的计税贴花。<br>（2）签订合同时无法确定计税金额的，先按5元贴花，待结算时再按实际金额补贴花。<br>（3）已签订的合同，不论是否履行或是否按期履行，均应贴花。已贴花的凭证，修改后所载金额增加的，其增加部分应补贴印花税票；凡多贴印花税票的，不得申请退税或抵用。<br>（4）税额不足1角的，免税；1角以上的，其尾数不满5分的不计，满5分的按1角计算 |
| 税额计算 | | 从价计征：应纳税额 = 应税凭证计税金额（不含增值税）× 适用税率<br>从量计征：应纳税额 = 应税凭证件数 × 适用税额 |
| 会计核算 | | 印花税一般是由纳税人自行计算、购买、贴花并注销的方式完成纳税义务，会计上无须通过"应交税费"科目核算。企业在购买印花税票时，直接借记"管理费用""固定资产""固定资产清理"等账户，贷记"银行存款"账户 |

### 三、印花税征收管理

印花税征收管理见表7-6。

表7-6 印花税征收管理

| 项目 | 内容 |
|---|---|
| 纳税期限 | 合同在签订时贴花，产权转移书据在立据时贴花，权利许可证照在领取时贴花，营业账簿在启用时贴花 |
| 纳税地点 | 印花税一般实行就地纳税。全国性订货会所签合同印花税，由纳税人回其所在地办理贴花 |
| 申报方式 | 自行贴花：由纳税人自行计算应纳税额，自行购买贴足印花税票，自行画销 |
| | 汇贴：一份凭证的应纳税额超过500元的，应向税务机关申请填写缴款书，将其中一联粘贴在凭证上或由税务机关在凭证上加注完税标记代替贴花 |
| | 汇缴：对于同一种凭证需要频繁贴花的，纳税人可按一个月的期限汇总缴纳 |
| | 委托代征：税务机关委托经由发放或办理应税凭证的单位代为征收印花税 |

## 【典型题例分析】

### 一、纳税人、征税范围与税率

【单项选择题】甲向乙购买一批货物，合同约定丙为鉴定人，丁为担保人，关于印花税的下列做法正确的是（    ）。

A. 甲和乙为纳税人　　　　　　　　　B. 甲和丙为纳税人

C. 乙和丁为纳税人　　　　　　　　　D. 甲和丁为纳税人

【答案】A

【解析】合同的当事人是印花税的纳税人，不包括合同的担保人、证人和鉴定人。

### 二、税款计算

【单项选择题】甲企业委托乙企业加工一批货物，合同约定原材料由甲企业提供，价值50万元，甲企业另支付加工费10万元。根据印花税法律制度规定，下列关于乙企业缴纳印花税的计算中，正确的是（    ）。

A. $10 \times 0.3‰$　　　　　　　　　　B. $(10 + 50) \times 0.3‰$

C. $10 \times 0.5‰$　　　　　　　　　　D. $(10 + 50) \times 0.5‰$

【答案】C

【解析】加工承揽合同应按照"加工费"作为计税依据。

### 三、纳税申报

【单项选择题】根据印花税法律制度规定，下列各项中不属于印花税缴纳方法的是（    ）。

A. 自行贴花　　　B. 汇贴汇缴　　　C. 委托代征　　　D. 汇算清缴

【答案】D

## 【职业能力训练】

### 一、单项选择题

1. 下列人员不构成印花税纳税人的是（    ）。（知识点：纳税人）

A. 立合同人　　　　B. 立据人　　　　C. 立账簿人　　　　D. 合同担保人

2. 下列各项中，不征收印花税的是（    ）。（知识点：征税范围）

A. 技术开发合同　　　　　　　　　　B. 出版印刷合同

C. 产品加工合同　　　　　　　　　　D. 法律咨询合同

3. 权利、许可证照适用的税率为（    ）。（知识点：税率）

A. 比例税率　　　　　　　　　　　　B. 累进税率

C. 累退税率　　　　　　　　　　　　D. 定额税率

4. 下列凭证中，免纳印花税的是（    ）。（知识点：税收优惠）

A. 企业与某公司签订的房屋租赁合同　　　B. 企业与银行签订的贷款合同

C. 企业签订的加工合同　　　　　　　D. 军事物资运输凭证

5. 印花税汇缴纳税方式适用于（　　　）。（知识点：征收管理）

A. 对同一类应税凭证贴花次数频繁的纳税人

B. 对不同类应税凭证贴花次数频繁的纳税人

C. 应税凭证较多或者贴花次数较多的纳税人

D. 应税凭证较少或者贴花次数较少的纳税人

**二、多项选择题**

1. 以下各项中，按照"产权转移书据"缴纳印花税的是（　　　　　）。（知识点：征税范围）

A. 商品房销售合同　　　　　　　　B. 软件版权证书

C. 土地所有权转让合同　　　　　　D. 专利权证书

2. 根据印花税法律制度的规定，下列各项中，应征收印花税的有（　　　）。（知识点：征税范围）

A. 人身保险合同　　　　　　　　　B. 财产保险合同

C. 购销合同　　　　　　　　　　　D. 委托代理合同

3. 根据印花税法律制度的规定，下列各项中，应征收印花税的有（　　　）。（知识点：征税范围）

A. 企业与政府之间签订的土地使用权出让合同

B. 企业之间签订的法律咨询合同

C. 企业之间签订的仓储保管合同

D. 企业之间签订的货物运输合同

4. 下列关于印花税应纳税额计算说法正确的有（　　　）。（知识点：征税范围）

A. 企业单位内职工食堂设置的收支账簿不需缴纳印花税

B. 以货易货交易合同，应按合同所载的购、销合计金额计税贴花

C. 总承包商与其他施工单位所签订的分包或转包合同，应按新的分包或转包合同所载金额计税贴花

D. 凡签订生效的应税合同，不论是否履行均应贴花

5. 以下应税凭证，适用 0.5‰印花税税率的有（　　　）。（知识点：税率）

A. 加工承揽合同　　　　　　　　　B. 记载资金的营业账簿

C. 货物运输合同　　　　　　　　　D. 产权转移书据

6. 记载资金的账簿，印花税计税依据是（　　　）两项的合计数。（知识点：税额计算）

A. 实收资本　　　　　　　　　　　B. 资产总额

C. 资本公积　　　　　　　　　　　D. 注册资本

7. 下列凭证中，免纳印花税的有（　　　）。（知识点：税收优惠）

A. 已纳印花税凭证的副本或抄本

B. 国家指定收购部门与农民签订的农副产品收购合同

C. 财产所有人将财产赠给政府、社会福利单位、学校所立的书据

D. 无息、贴息贷款合同

8. 根据印花税法律制度的规定，下列各项中以所载金额为计税依据缴纳印花税的有（　　）。（知识点：税额计算）

A. 产权转移书据　　　　　　　B. 借款合同

C. 财产租赁合同　　　　　　　D. 工商营业执照

## 三、判断题

1. 在国外书立、领受，但在国内使用的应税凭证，印花税纳税人为使用人。（知识点：纳税人）　　　　　　　　　　　　　　　　　　　　　　　　　　（　　）

2. 加工承揽合同中，如由受托方提供原材料和辅助材料的，可将辅助材料金额剔除后计征印花税。（知识点：税额计算）　　　　　　　　　　　　　　　（　　）

3. 一般的法律、会计、审计等咨询合同不属于技术合同，不需缴纳印花税。（知识点：征税范围）　　　　　　　　　　　　　　　　　　　　　　　　　（　　）

4. 签订时无法确定计税金额的合同，可在合同结算时根据实际计税金额汇总缴纳印花税。（知识点：税额计算）　　　　　　　　　　　　　　　　　　　（　　）

5. 企业缴纳印花税可不通过"应交税费"账户，直接记入"管理费用——印花税"账户。（知识点：会计核算）　　　　　　　　　　　　　　　　　　　　　（　　）

## 四、计算题

1. 甲企业从乙汽运公司租入 5 辆载重汽车，双方签订的合同规定，5 辆载重汽车的总价值为 240 万元，租期 3 个月，租金为 12.8 万元。则甲企业应缴纳的印花税额为（　　）元。（知识点：税额计算）

A. 32　　　　　B. 128　　　　　C. 2 400　　　　　D. 600

2. 甲电厂与乙水运公司签订一份运输保管合同，合同载明的费用为 500 000 元（运费与保管费未分别记载）。货物运输合同的印花税税率为 0.05%，仓储保管合同的印花税税率为 0.1%，该合同双方各应缴纳的印花税为（　　）元。（知识点：税额计算）

A. 375　　　　　B. 250　　　　　C. 500　　　　　D. 1 000

3. 甲公司受托加工制作广告牌，签订的加工承揽合同中注明加工费 40 000 元、委托方提供价值 60 000 元的主要材料、受托方提供价值 2 000 元的辅助材料。则该公司此项合同应缴纳的印花税为（　　）元。（知识点：税额计算）

A. 38　　　　　B. 20　　　　　C. 21　　　　　D. 39

4. 甲与乙分别签订了两份合同：第一份合同为，甲以价值 200 万元的材料换取乙价值 150 万元的设备一台，差价款 50 万元由乙支付；第二份合同为，甲购买乙价值 50 万元的货物，但该合同因故未能履行。甲应缴纳的印花税为（　　）元。（知识点：税额计算）

A. 1 050　　　　　B. 1 200　　　　　C. 600　　　　　D. 150

5. 某建筑公司与甲企业签订一份建筑承包合同，合同金额 6 000 万元（含相关税费 50 万元）。施工期间，该建筑公司又将其中价值 800 万元的安装工程转包给乙企业，并签订转包合同。该建筑公司此项业务应缴纳的印花税为（　　）万元。（知识点：税额计算）

A. 2.04　　　　　　B. 1.785　　　　　　C. 1.8　　　　　　D. 2.025

6. 某汽车修配厂接受客户委托，改装两辆运输汽车总价值 13 万元。双方签订加工承揽合同中规定：修配厂提供轮胎、零配件，价值 18 000 元；其他辅料，价值 2 200 元，收取加工费 30 000 元。汽车修配厂应缴纳的印花税税额计算的下列说法正确的有（　　）。（知识点：税额计算）

A. 修理厂提供的原材料部分应按购销合同贴花，适用税率为 0.3‰

B. 应纳税额 = 18 000 × 0.3‰ = 5.4（元）

C. 加工费按加工承揽合同计税，适用税率为 0.05‰

D. 应纳税额 =（30 000 + 2 200）× 0.05‰ = 16.1（元）

7. 某公司 2020 年有关资料如下：新启用非资金账簿 15 本，实收资本比 2019 年增加 80 万元；与银行签订期限一年，年利率 4% 的借款合同一份，借款金额 400 万元；与甲企业签订受托加工合同，甲企业提供价值 60 万元的原材料，本企业提供价值 20 万元的辅助材料并收取加工费 20 万元；与货运公司签订运输合同，载明运输费用 10 万元（其中含装卸费 1 万元）；与铁路部门签订运输合同，载明运输费及保管费合计 15 万元。该公司 2020 年应缴纳的印花税的下列计算方法正确的有（　　）。（知识点：税额计算）

A. 新启用非资金账簿免税，资金账簿应贴花 200 元

B. 借款合同贴花 200 元

C. 受托加工合同贴花 200 元

D. 与货运公司签订运输合同贴花 45 元，与铁路部门签订运输合同贴花 150 元

# 学习任务 7.3　城镇土地使用税会计

## 【学习目标】

（1）掌握城镇土地使用税法律制度的主要内容，能确定纳税人、征税范围，选择适用税率。

（2）熟悉城镇土地使用税计税原理，能计算城镇土地使用税应纳税额。

（3）熟悉城镇土地使用税征收管理法律规定，能完成纳税申报和税款缴纳任务。

（4）能向企业员工宣传城镇土地使用税法规政策，并共同进行税收筹划。

（5）能与税务部门沟通，以获得他们对税收优惠的支持。

## 【重点与难点】

重点：城镇土地使用税纳税人认定　征税范围确定　税率选择　税收优惠政策运用　计税依据确定　应纳税额计算　纳税义务发生时间、纳税期限及纳税地点确定

难点：征税对象确定　税收优惠政策运用　计税依据确定

## 【知识点回顾】

### 一、城镇土地使用税纳税人、征税范围和税率确定

城镇土地使用税纳税人、征税范围和税率确定见表 7-7。

表 7-7　城镇土地使用税纳税人、征税范围和税率确定

| 项目 | 内容 |
| --- | --- |
| 纳税人 | 是指在城市、县城、建制镇、工矿区范围内使用土地的单位和个人。拥有土地使用权的单位和个人为拥有人；拥有土地使用权的单位和个人不在土地所在地的为土地实际使用人和代管人；土地使用权未确定或权属纠纷未解决的为实际使用人；土地使用权共有的共有各方均为纳税人 |
| 征税范围 | 是指城市、县城、建制镇、工矿区范围内使用的国家所有和集体所有的土地。<br>【注】① 不包括农村土地；② 建制镇征税范围为镇政府所在地，不包括其所辖行政村 |
| 税率 | 有幅度的差别定额税率 |

### 二、城镇土地使用税税额计算与核算

城镇土地使用税税额计算与核算见表 7-8。

表 7-8　城镇土地使用税税额计算与核算

| 项目 | 内容 |
| --- | --- |
| 税收优惠 | 常见的免税土地：<br>（1）国家机关、人民团体、军队自用土地。<br>（2）国家财政部门拨付事业经费的单位自用土地。<br>（3）宗教寺庙、公园、名胜古迹自用土地。<br>（4）市政街道、广场、绿化地带等公共用地。<br>（5）直接用于农、林、牧、渔业的生产用地。不包括农副产品加工场地和生活、办公用地。<br>（6）经批准开山填海整治的土地和改造的废弃土地，从使用之月起免交税 5 年至 10 年。<br>（7）非营利性医疗机构、疾病控制机构和妇幼保健机构自用的土地免税。营利性医疗机构自用土地，免征城镇土地使用税 3 年。<br>（8）企业办的学校、医院、托儿所和幼儿园，其用地能与企业其他用地明确区分的免税。<br>（9）经营采摘、观光农业的单位和个人直接用于采摘、观光的种植、养殖、饲养的土地免税。<br>（10）部分特殊行业用地暂免征收城镇土地使用税：高校后勤实体用地；企业的铁路专用线及公路等用地；企业厂区以外的公共绿化用地和向社会开放的公园用地；港口的码头用地、盐场的盐滩和盐矿的矿井用地；水利设施管护用地免税；中国人民银行总行（含国家外汇管理局）所属分支机构自用的土地；机场飞行区用地等。<br>（11）下列项目由省、自治区、直辖市地方税务局确定免征城镇土地使用税：个人所有的居住房屋及院落用地；免税单位职工家属的宿舍用地；集体或个人办的学校、医院、托儿所及幼儿园用地；向居民供热并向居民收取采暖费的供热企业用地；基建项目在建期间使用的土地等 |
| 税额计算 | 城镇土地使用税以纳税人实际占用土地面积为计税依据。具体为：<br>（1）省、自治区、直辖市人民政府确定的单位组织测定的面积。<br>（2）尚未组织测量，但持有政府部门核发的土地使用证书的，为证书确认的土地面积。<br>（3）尚未核发土地使用证书的，以纳税人申报土地面积为依据，待核发土地使用证后再作调整<br><br>（年）应纳税额 = 实际占用土地面积（平方米）× 定额税率 |
| 会计核算 | 计提税款时：借：税金及附加<br>　　　　　　　贷：应交税费——应交城镇土地使用税 |

### 三、城镇土地使用税征税管理

城镇土地使用税征税管理见表7-9。

**表7-9 城镇土地使用税征税管理**

| 项目 | 内容 |
|---|---|
| 纳税义务<br>发生时间 | （1）新征用的土地，属于耕地的，自批准征用之日起满1年；属于非耕地，自批准征用次月起。<br>（2）以出让或转让方式有偿取得土地使用权的，为合同约定交付土地时间的次月；合同未约定交付土地时间的，为合同签订的次月。<br>（3）购置新建商品房，为房屋交付使用之次月。<br>（4）购置存量房，为房地产权属登记机关签发房屋权属证书之次月。<br>（5）出租、出借房产，为交付出租、出借房产之次月。<br>（6）房地产开发企业自用、出租和出借本企业建造的商品房，为房屋使用或交付之次月 |
| 纳税期限 | 按年计算、分期缴纳，具体纳税期限由省、自治区、直辖市人民政府确定 |
| 纳税地点 | 一般为土地所在地。纳税人使用的土地不属于同一省、自治区、直辖市管辖的，由纳税人分别向土地所在地的税务机关申报缴纳；在同一省、自治区、直辖市管辖范围内，纳税人跨地区使用土地的，其纳税地点由各省、自治区、直辖市税务机关确定 |

## 【典型题例分析】

### 一、纳税人、征税范围和税率

【多项选择题】根据城镇土地使用税法律制度规定，下列各项中属于城镇土地使用税纳税人的有（ ）。

A. 出租土地使用权的单位　　　　　B. 承租土地使用权的单位

C. 拥有土地使用权的个人　　　　　D. 土地使用权共有各方

【答案】ACD

【解析】选项ABC：城镇土地使用税由"拥有"土地使用权的单位或个人缴纳；选项D：土地使用权共有的，共有各方均为纳税人，由共有各方分别缴纳。

### 二、税额计算

【单项选择题】根据城镇土地使用税法律制度规定，下列各项中，属于城镇土地使用税计税依据的是（ ）。

A. 建筑面积　　　　B. 使用面积　　　　C. 居住面积　　　　D. 实际占用的土地面积

【答案】D

【解析】城镇土地使用税的计税依据为纳税人实际占用的土地面积。

### 三、征收管理

【单项选择题】根据城镇土地使用税法律制度规定，关于城镇土地使用税纳税义务发生时间的下列表述，不正确的有（ ）。

A. 纳税人新征用的非耕地，自批准征用的次月起缴纳

  B. 纳税人以出让方式有偿取得土地使用权，合同约定交付时间的，自合同约定交付土地时间的次月起缴纳

  C. 纳税人以出让方式有偿取得土地使用权，合同未约定交付土地时间的，自合同签订的次月起缴纳

  D. 纳税人新征用的耕地，自批准征用之日起缴纳

  【答案】D

  【解析】选项 D：纳税人新征用的耕地，自批准征用之日起满 1 年时开始缴纳城镇土地使用税。

## 【职业能力训练】

### 一、单项选择题

1. 土地使用权未确定或权属纠纷未解决的，以（　　）为城镇土地使用税的纳税人。（知识点：纳税人）

  A. 原拥有人　　　　　B. 实际使用人　　　　C. 代管人　　　　　D. 产权所有人

2. 城镇土地使用税税率采用（　　）。（知识点：税率）

  A. 有幅度的差别比例税率　　　　　　B. 全国统一定额税率

  C. 有幅度的差别定额税率　　　　　　D. 税务机关确定的定额税率

3. 根据城镇土地使用税法律制度规定，下列各项中不属于城镇土地使用税征税范围的是（　　）。（知识点：征税范围）

  A. 建制镇的土地　　　　　　　　　　B. 县城的属于城镇的土地

  C. 镇政府所在地所辖行政村的土地　　D. 工矿区以内的土地

4. 城镇土地使用税的计税依据是（　　）。（知识点：税额计算）

  A. 纳税人使用土地产生的收益　　　　B. 纳税人出租场地而取得的租金收入

  C. 纳税人实际占用的土地面积　　　　D. 纳税人实际拥有的土地面积

5. 下列土地，可以依法免缴城镇土地使用税的是（　　）。（知识点：税收优惠）

  A. 纳税单位无偿使用免税单位的土地　B. 农副产品加工厂和生活办公用地

  C. 寺庙自用土地　　　　　　　　　　D. 公园中附设照相馆使用的土地

6. 根据城镇土地使用税法律制度规定，下列各项中，应征城镇土地使用税的是（　　）。（知识点：征收管理）

  A. 港口码头用地　　　　　　　　　　B. 高校后勤实体用地

  C. 机场飞行区用地　　　　　　　　　D. 水电站发电厂房用地

7. 城镇土地使用税的征收办法是（　　）。（知识点：征收管理）

  A. 按日计算，分期缴纳　　　　　　　B. 按月计算并缴纳

  C. 按年计算，分期缴纳　　　　　　　D. 按季计算并缴纳

8. 关于城镇土地使用税纳税义务发生时间的下列表述中，不正确的是（　　）。（知识点：征收管理）

  A. 纳税人新征用的耕地，自批准征用的次月起缴纳

B. 纳税人新征用的耕地，自批准征用之日起缴纳

C. 纳税人以出让方式有偿取得土地使用权，合同约定交付土地时间的，自合同约定交付土地时间的次月起缴纳

D. 纳税人以出让方式有偿取得土地使用权，合同未约定交付土地时间的，自合同签订的次月起缴纳

## 二、多项选择题

1. 下列关于城镇土地使用税纳税人的表述正确的有（ ）。（知识点：纳税人）

A. 拥有土地使用权的单位或个人为纳税人

B. 拥有土地使用权的单位或个人不在土地所在地的，以代管人或实际使用人为纳税人

C. 土地使用权未确定或权属纠纷未解决的，以实际使用人为纳税人

D. 土地使用权共有的，以共有各方为纳税人

2. 根据城镇土地使用税法律制度规定，下列各项中，属于城镇土地使用税纳税人的有（ ）。（知识点：纳税人）

A. 拥有土地使用权的国有企业  B. 拥有土地使用权的私营企业

C. 拥有土地使用权的外商投资企业  D. 拥有土地使用权的外国企业

3. 城镇土地使用税的征收对象为（ ）范围内国家所有和集体所有的土地。（知识点：征税范围）

A. 农村  B. 城市  C. 县城  D. 工矿区

4. 城镇土地使用税的计税依据是纳税人实际占用的土地面积，具体内容是指（ ）。（知识点：税额计算）

A. 税务机关确认的面积

B. 纳税人申报的面积

C. 省、自治区、直辖市人民政府确定的单位组织测定的面积

D. 政府部门核发的土地使用证书确认的面积

5. 根据城镇土地使用税法律制度规定，下列各项中，不需缴纳城镇土地使用税的有（ ）。（知识点：税收优惠）

A. 人民法院办公楼用地  B. 农业生产用地

C. 农副产品加工场地和生活、办公用地  D. 公园绿化广场用地

6. 下列各项中，应缴纳城镇土地使用税的有（ ）。（知识点：税收优惠）

A. 用于水产养殖业的生产用地  B. 名胜古迹园区内附设的照相馆用地

C. 财政拨付事业经费单位的食堂用地  D. 学校食堂对外营业的餐馆用地

7. 根据城镇土地使用税法律制度规定，下列各项中，应当征收城镇土地使用税的有（ ）。（知识点：税收优惠）

A. 某市一大型超市用地  B. 某市证券交易所用地

C. 某市大型钢铁企业生产用地  D. 某建制镇所辖的行政村委会办公用地

8. 下列关于城镇土地使用税纳税义务发生时间说法正确的有（ ）。（知识点：征收管理）

A. 出租、出借房产，自交付出租、出借房产之月起

B. 购置新建商品房，自房屋交付使用之次月起

C. 对于新征用的耕地，自批准之日起满一年时

D. 房地产开发企业自用商品房，为房屋使用或交付之次月

9. 以下关于城镇土地使用税的表述中正确的有（　　　　　）。（知识点：征收管理）

A. 纳税人使用的土地不属于同一市（县）管辖范围内的，应分别向土地所在地的税务机关申报缴纳

B. 纳税人使用的土地在同一省（自治区、直辖市）管辖范围内跨地区使用的土地，应分别向土地所在地的税务机关申报缴纳

C. 纳税人出租房产，自交付出租房产之次月起计征城镇土地使用税

D. 城镇土地使用税按年计算，分期缴纳

## 三、判断题

1. 城镇土地使用税是以城镇国有土地为征税对象，对拥有土地经营权的单位和个人征收的一种税。（知识点：纳税人）　　　　　　　　　　　　　　　　　　　　（　　）

2. 几个人或者几个单位共同拥有同一块土地的使用权，则由其轮流缴纳这块土地的城镇土地使用税。（知识点：纳税人）　　　　　　　　　　　　　　　　　　（　　）

3. 城镇土地使用税的征收范围是城市、县城、建制镇、工矿区范围的国家所有的土地。（知识点：征税范围）　　　　　　　　　　　　　　　　　　　　　　　　（　　）

4. 建立在城市、县城、建制镇和工矿区以外的工矿企业不需要缴内城镇土地使用税。（知识点：征税范围）　　　　　　　　　　　　　　　　　　　　　　　　　（　　）

5. 纳税单位无偿使用免税单位的土地免征城镇土地使用税；免税单位无偿使用纳税单位的土地照章征收城镇土地使用税。（知识点：税收优惠）　　　　　　　　　（　　）

6. 公园、名胜古迹内的索道公司经营用地，无须缴纳城镇土地使用税。（知识点：税收优惠）　　　　　　　　　　　　　　　　　　　　　　　　　　　　　　　（　　）

7. 对公安部门无偿使用铁路、民航等单位的土地，免征城镇土地使用税。（知识点：税收优惠）　　　　　　　　　　　　　　　　　　　　　　　　　　　　　　（　　）

8. 纳税人在全国范围内跨省、自治区、直辖市使用的土地，其城镇土地使用税的纳税地点由国家税务总局确定。（知识点：征收管理）　　　　　　　　　　　　　（　　）

## 四、计算题

1. 某企业实际占地面积共为 30 000 平方米，其中企业子弟学校面积 2 000 平方米，医院 1 000 平方米。该企业每年应缴纳的城镇土地使用税为（　　　　）元。（该企业所处地段适用税率为 3 元 / 平方米）（知识点：税额计算）

A. 81 000　　　　　　B. 90 000　　　　　　C. 84 000　　　　　　D. 87 000

2. 某市房地产企业 2020 年 1—10 月在 6 000 平方米的土地上开发建成一栋建筑面积为 6 万平方米的商品房，年内未销售；当年 3 月购置占地 2 万平方米的新建商品房当月交付使用。当地城镇土地使用税适用年税额为每平方米 3 元。该企业 2020 年应缴纳的城镇土地使

用税税额为（　　　）元。（知识点：税额计算）

    A. 18 000　　　　　B. 60 000　　　　　C. 45 000　　　　　D. 63 000

3. 某人民团体有甲、乙两栋办公楼，甲楼占地 3 000 平方米，乙楼占地 1 000 平方米。2020 年 3 月 31 日至 12 月 31 日该团体将乙楼出租。当地城镇土地使用税适用税率为每平方米 15 元。该人民团体 2020 年应纳城镇土地使用税税额为（　　　）元。（知识点：税额计算）

    A. 15 000　　　　　B. 60 000　　　　　C. 45 000　　　　　D. 11 250

4. 甲企业生产经营用地分布于某市的三个地域，第一块土地的土地使用权属于某免税单位，面积为 6 000 平方米；第二块土地的土地使用权属于甲企业，面积为 30 000 平方米，其中企业办学校占地 5 000 平方米，医院占地 3 000 平方米；第三块土地的土地使用权属于甲企业与乙企业共同拥有，面积为 10 000 平方米，实际使用面积双方各占 50%。假定甲企业所在地城镇土地使用税单位税额为每平方米 8 元。甲企业全年应纳城镇土地使用税税额为（　　　）元。（知识点：税额计算）

    A. 288 000　　　　　B. 248 000　　　　　C. 264 000　　　　　D. 224 000

5. 甲企业生产经营用地分布于 A、B 两个地域，A 的土地使用权属于甲企业，面积为 10 000 平方米，其中幼儿园占地 1 000 平方米，厂区绿化占地 2 000 平方米；B 的面积为 3 000 平方米，甲企业一直使用但土地使用权未确定。假设 A、B 地块的城镇土地使用税单位税额为每平方米 5 元。甲企业全年应缴纳城镇土地使用税税额为（　　　）元。（知识点：税额计算）

    A. 50 000　　　　　B. 60 000　　　　　C. 45 000　　　　　D. 65 000

6. 某盐场 2020 年占地 200 000 平方米，其中办公楼占地 20 000 平方米，盐场内部绿化占地 50 000 平方米，盐场附属幼儿园占地 10 000 平方米，盐滩占地 120 000 平方米。盐场所在地城镇土地使用税单位税额为每平方米 0.7 元。该盐场 2020 年应纳城镇土地使用税税额为（　　　）元。（知识点：税额计算）

    A. 49 000　　　　　B. 140 000　　　　　C. 133 000　　　　　D. 56 000

# 学习任务 7.4　房产税会计

## 【学习目标】

（1）掌握房产税法律制度的主要内容，能确定纳税人、征税范围，选择适用税率。

（2）熟悉房产税的税收优惠，并能加以运用。

（3）熟悉房产税计税原理，能计算房产税应纳税额。

（4）熟悉房产税征收管理法律规定，能确定房产税纳税义务发生时间和纳税地点，并完成纳税申报和税款缴纳任务。

（5）能向企业员工宣传房产税法规政策，并共同进行税收筹划。

（6）能与税务部门沟通，以获得他们对税收优惠的支持。

## 【重点与难点】

重点：房产税纳税人认定　征税范围确定　税率选择　税收优惠政策运用　计税依据确定　应纳税额计算　纳税义务发生时间、纳税期限和纳税地点确定

难点：税收优惠政策运用　计税依据确定　应纳税额计算

## 【知识点回顾】

### 一、房产税纳税人、征税范围和税率确定

房产税纳税人、征税范围和税率确定见表 7-10。

表 7-10　房产税纳税人、征税范围和税率确定

| 项目 | | 内容 |
|---|---|---|
| 纳税人 | | 是指应税房产的产权所有人。产权属于国家所有的为经营管理单位；产权属于集体和个人所有的为集体和个人；产权出典的为承典人；产权所有人、承典人不在房产所在地或产权未确定及租典纠纷未解决的为房产代管人或使用人；无租使用其他单位房产的为使用人 |
| 征税范围 | | 是指城市、县城、建制镇和工矿区范围内的房产。与房屋不可分割的各种附属设施或不单独计价的配套设施也属于房屋，应一并征收房产税；独立于房屋之外的建筑物不属于房屋，不征房产税 |
| 税率 | 比例税率 | 从价：1.2%，从租：12% |
| | | 对个人出租住房，不区分用途，按 4% 税率征收房产税；对企事业单位、社会团体以及其他组织，按市场价格出租用于居住的住房，减按 4% 的税率征税 |

### 二、房产税税额计算与核算

房产税税额计算与核算见表 7-11。

表 7-11　房产税税额计算与核算

| 项目 | 内容 |
|---|---|
| 税收优惠 | （1）国家机关、人民团体、军队自用的房产免税。<br>（2）由国家财政部门拨付事业经费（全额或差额）的单位，自身业务范围内使用的房产免税。<br>（3）宗教寺庙、公园、名胜古迹自用的房产免税。<br>（4）个人所有非营业用的房产免税。<br>（5）经财政部批准免税的其他房产。① 企业办的各类学校、医院、托儿所、幼儿园自用房产。② 为高校学生提供住宿服务按国家规定的收费标准收取住宿费的学生公寓。③ 非营利医疗机构、疾病控制机构和妇幼保健机构等卫生机构自用房产。④ 政府部门和企事业单位、社会团体以及个人等社会力量投资兴办的福利性、非营利性老年服务机构自用的房产。⑤ 向居民供的热并向居民收取采暖费的供热企业暂免征收房产税。【注】供热企业包括专业供热企业、兼营供热企业、单位自供热及小区为居民供热的物业公司等，不包括从事热力生产但不直接向居民供热的企业。⑥ 在基建工地为基建工地服务的工棚、材料棚、休息棚和办公室、食堂、茶炉房、汽车房等临时性房屋，施工期间一律免征房产税。【注】基建工程结束后，施工企业将这种临时房屋交还给或者估价转让给基建单位的，应当从基建单位接受的次月起，依照规定征收房产税。⑦ 毁损不堪居住的房屋和危险房屋，经有关部门鉴定，在停止使用后，免征房产税。⑧ 纳税人因房屋大修理导致连续停用不足半年的，照章征收房产税，连续停用半年以上的，在房屋大修期间免征房产税。⑨ 纳税单位与免税单位共同使用的房屋，按各自使用的 |

续表

| 项目 | | 内容 |
|---|---|---|
| 税收优惠 | | 部分划分，分别征收或免征房产税。⑩ 老年服务机构自用的房产，免征房产税。⑪ 对房地产开发企业建造的商品房，在出售前不征收房产税。【注】但对出售前房地产开发企业已使用或出租、出借的商品房应按规定征收房产税。⑫ 天然林的保护工程相关的房产免税。⑬ 高校学生公寓免征房产税。⑭ 对商品储备管理公司及其直属库承担商品储备业务自用的房产、土地免征房产税。⑮ 对饮水工程运营管理单位自用的生产、办公用房产免征房产税 |
| 税款计算 | 从价计征 | 是指以房产余值为计税依据。年应纳税额 = 应税房产原值 ×（1 - 扣除比例）× 适用税率<br>【注】① 凡以房屋为载体，不可随意移动的附属设备和配套设施，无论在会计核算中是否单独核算，都应计入房产原值。② 融资租赁房屋从价计征。③ 对以房产投资联营、投资者参与投资利润分红、共担风险的从价计征；对以房产投资收取固定收入、不承担经营风险的，实质上是以联营的名义取得房屋租金，以出租方取得的固定收入为计税依据从租计征。④ 凡在房产税征收范围内的具备房屋功能的地下建筑中，与地上房屋相连的地下建筑，应将地下部分与地上房屋视为一个整体按照地上房屋建筑征收房产税；对完全建在地面以下的建筑物，工业用途的房产，以房屋原价的 50%～60% 作为应税房产原值，商业和其他用途的房产，以房屋原价的 70%～80% 作为应税房产原值。⑤ 对按照房产原值计税的房产，无论会计上如何核算，房产原值均应包含地价，包括为取得土地使用权支付的价款、开发土地发生的成本费用等。宗地容积率低于 0.5 的，按房产建筑面积的 2 倍计算土地面积并据此确定计入房产原值的地价 |
| | 从租计征 | 是指以租金收入为计税依据。应纳税额 = 租金收入 × 适用税率<br>【注】对出租房产，租赁双方签订的租赁合同约定有免收租金期限的，免收租金期间由产权所有人按照房产原值计税 |
| 会计核算 | | 计提时，借：税金及附加<br>　　　　贷：应交税费——应交房产税 |

## 三、房产税征收管理

房产税征收管理见表 7-12。

表 7-12　房产税征收管理

| 项目 | 内容 |
|---|---|
| 纳税义务发生时间 | （1）纳税人将原有房产用于生产经营的，为生产经营之月。<br>（2）纳税人自行新建房屋用于生产经营的，为建成之次月。<br>（3）纳税人委托施工企业建造的房屋，为办理验收手续之次月。<br>（4）纳税人购置新建商品房的，为房屋交付使用之次月。<br>（5）纳税人购置存量房的，为办理房屋权属转移、变更登记手续，房地产权属登记机关签发房屋权属证书之次月。<br>（6）出租、出借房产的，为交付出租、出借房产之次月。<br>（7）房地产开发企业自用、出租和出借本企业建造商品房的，为房屋使用或交付之次月 |
| 纳税期限 | 按年计算、分期缴纳 |
| 纳税地点 | 房产税在房产所在地缴纳。房产不在同一地方的纳税人，应按房产的坐落地点分别向房产所在地的地方税务机关纳税 |

## 【典型题例分析】

### 一、纳税人、征税范围与税率

【判断题】产权所有人、承典人均不在房产所在地的，房产税纳税人为房产代管人或者使用人。                                                    （    ）

【答案】对

### 二、税额计算

【单项选择题】甲企业 2020 年全年将原值 500 万元的仓库出租给乙企业，换回价值 30 万元的原材料。已知当地政府规定的房产税扣除比例为 30%，从租计征房产税税率为 12%。根据房产税法律制度规定，甲企业计算当年应缴纳的房产税的下列做法正确的是（    ）。

A. $500 \times 12\%$

B. $500 \times (1 - 30\%) \times 12\%$

C. $500 \times (1 - 30\%) \times 12\% + 30 \times 12\%$

D. $30 \times 12\%$

【答案】D

【解析】出租房产应当"从租计征"房产税，租金收入包括货币收入和实物收入（换回的原材料），当年应纳税额 $= 30 \times 12\% = 3.6$（万元）。

### 三、征收管理

【单项选择题】甲公司委托某施工企业建造一幢办公楼，工程于 2019 年 12 月完工，2020 年 1 月办妥竣工验收手续，4 月份付清全部工程价款。根据房产税法律制度规定，甲公司对此幢办公楼房产税纳税义务发生的时间是（    ）。

A. 2019 年 12 月                              B. 2020 年 1 月

C. 2020 年 2 月                              D. 2020 年 4 月

【答案】C

【解析】纳税人委托施工企业建设房屋，从办理验收手续之次月起缴纳房产税。

## 【职业能力训练】

### 一、单项选择题

1. 下列各项中，符合房产税纳税义务人规定的是（    ）。（知识点：纳税人）

A. 产权属于集体的由承典人缴纳

B. 房屋产权出典的由出典人缴纳

C. 产权纠纷未解决的由代管人或使用人缴纳

D. 产权属于国家所有的不缴纳

2. 根据房产税法律制度规定，下列各项中，不属于房产税纳税人的是（    ）。（知识点：纳税人）

A. 城区房产使用人　　　　　　　　B. 城区房产代管人

C. 城区房产所有人　　　　　　　　D. 城区房产出典人

3. 根据房产税法律制度规定，下列各项中，符合房产税纳税义务人规定的是（　　　）。（知识点：纳税人）

A. 房屋产权未确定的，不纳税

B. 房屋产权出典的，由出典人纳税

C. 房屋产权纠纷未解决的，由代管人或使用人纳税

D. 房屋产权属于国家的，不纳税

4. 个人出租房屋，不分房产用途按（　　　）计征房产税。（知识点：税率）

A. 1.2%　　　　　B. 4%　　　　　C. 12%　　　　　D. 10%

5. 下列情况中不需缴纳房产税的是（　　　）。（知识点：税收优惠）

A. 个人开办的商店用房　　　　　　B. 学校出租的房屋

C. 工厂用房　　　　　　　　　　　D. 居民自住房

6. 下列房产属于免征房产税的是（　　　）。（知识点：税收优惠）

A. 国家机关的房产

B. 个人所有的房产

C. 由国家财政部门拨付事业经费单位的房产

D. 公园、名胜古迹自用的房产

7. 甲企业 2020 年度自有生产用房原值 5 000 万元，账面已提折旧 1 000 万元。已知当地政府规定计算房产余值的扣除比例为 30%。根据房产税法律制度规定，甲企业 2020 年应缴纳的房产税税额为（　　　）万元。（知识点：税额计算）

A. 18　　　　　B. 42　　　　　C. 33.6　　　　　D. 48

8. 下列各项中，符合房产税纳税义务发生时间规定的是（　　　）。（知识点：征收管理）

A. 将原有房产用于生产经营，从生产经营之月起

B. 委托施工企业建设的房产，从办理验收手续之月起

C. 自行新建房产用于生产经营，从生产经营之月起

D. 自行新建房产用于生产经营，从建成之月起

## 二、多项选择题

1. 下列各项中，应征收房产税的有（　　　）。（知识点：征税范围）

A. 城市居民出租的房产　　　　　　B. 城市居民投资联营的房产

C. 城市居民拥有的营业用房　　　　D. 城市居民所有的自有住房

2. 下列各项房产或其他建筑物，应征房产税的有（　　　）。（知识点：征税范围）

A. 企业职工宿舍　　　　　　　　　B. 房地产公司出租的写字楼

C. 工厂围墙　　　　　　　　　　　D. 农村房屋

3. 根据房产税法律制度规定，以下各项中，属于应征收房产税地区的有（　　　）。（知识点：征税范围）

A. 县城　　　　　B. 农村　　　　　C. 建制镇　　　　　D. 城市

4. 根据房产税法律制度规定，下列各项中，应计入房产原值计征房产税的有（　　　　）。（知识点：税额计算）

A. 室外游泳池
B. 房屋的给排水管道
C. 中央空调
D. 独立于房屋之外的烟囱

5. 下列项目中，符合房产税计税依据规定的有（　　　　）。（知识点：税额计算）

A. 以房产投资联营且共担风险的，以房产余值为计税依据
B. 企业将原按余值缴纳房产税的房产出租，应改按租金为计税依据
C. 国家机关出租房产以租金为计税依据
D. 融资租赁房屋以房产的余值为计税依据

6. 下列有关房产税应纳税额计算公式表示正确的有（　　　　）。（知识点：税额计算）

A. 应纳税额 = 应税房产原值 ×（1 − 扣除比例）×1.2%
B. 应纳税额 = 应税房产原值 ×（1 − 扣除比例）×12%
C. 应纳税额 = 租金收入 ×12%
D. 应纳税额 = 租金收入 ×4%

7. 根据房产税法律制度规定，下列各项中，免征房产税的有（　　　　）。（知识点：税收优惠）

A. 国家机关的职工食堂
B. 个人所有的唯一普通居住用房
C. 公园自用的办公用房
D. 名胜古迹中附设的经营性茶社

## 三、判断题

1. 李某将个人拥有产权的房屋出典给张某，则张某为该房屋房产税的纳税人。（知识点：纳税人）　　　　（　　　）

2. 所有拥有房屋产权的单位和个人，都是房产税的纳税人。（知识点：纳税人）

（　　　）

3. 房屋的附属设施无论会计上如何核算一律不征收房产税。（知识点：征税范围）

（　　　）

4. 现行房产税的征税范围包括农村。（知识点：征税范围）　　　　（　　　）

5. 房地产开发企业建造的商品房在出售前，不征收房产税，但对出售前房地产开发企业已使用或出租、出售的房产应按规定征收房产税。（知识点：征税范围）

6. 对个人出租住房，不区分用途按 12% 税率征收房产税。（知识点：税率）　（　　　）

7. 以房产投资收取固定收入、不承担经营风险的，应以出租方取得的租金收入为计税依据计征房产税。（知识点：税额计算）　　　　（　　　）

8. 对融资租赁的房屋计征房产税时，应以出租方取得的租金收入为计税依据。（知识点：税额计算）　　　　（　　　）

9. 某单位出租一房屋，每月收取租金 6 000 元，半年缴纳一次房产税，每年缴纳税金 8 640 元。（知识点：税额计算）　　　　（　　　）

10. 房屋的附属设施无论会计上如何核算一律不征收房产税。（知识点：税额计算）

（　　　）

11. 纳税人购置房屋，应自办理房屋权属转移、变更登记手续，房地产权属登记机关签发房屋权属证书之次月起，缴纳房产税。（知识点：征收管理）　　　　　　　（　　　）

## 四、计算题

1. 某企业 2020 年 6 月 30 日签订房屋租赁合同一份，将价值 500 000 元的办公室从 7 月 1 日起出租给他人使用，租期 12 个月，月租 2 000 元，按月收取租金。企业所在省规定计算房产余值扣除比例为 30%，该企业 2020 年该房产应缴纳的房产税为（　　　）元。（知识点：税额计算）

A. 4 200　　　　　　B. 3 540　　　　　　C. 60 000　　　　　　D. 58 560

2. 某公司 2020 年 5 月 1 日将一幢 2015 年购进的房产用于投资联营（收取固定收入，不承担联营风险），投资期 3 年，当年取得固定收入 160 万元。该房产原值 3 000 万元，当地政府规定的房产余值扣除比例为 30%。该公司 2020 年应纳房产税税额为（　　　）万元。（知识点：税额计算）

A. 19.2　　　　　　B. 25.2　　　　　　C. 44.4　　　　　　D. 27.6

3. 某企业 2020 年 2 月委托施工单位新建厂房，9 月对建成的厂房办理验收手续，同时接管基建工程价值 100 万元的材料棚，一并转入固定资产，原值合计 1 100 万元。该企业所在省规定的房产余值扣除比例为 30%。该企业 2020 年上述业务应缴纳的房产税税额为（　　　）万元。（知识点：税额计算）

A. 9.24　　　　　　B. 3.08　　　　　　C. 23.1　　　　　　D. 2.31

4. 某企业 2020 年房产原值共计 9 000 万元，其中该企业所属幼儿园和医院用房原值分别为 300 万元、800 万元，当地政府确定计算房产税余值扣除比例为 25%。该企业 2020 年应缴纳的房产税税额为（　　　）万元。（知识点：税额计算）

A. 71.1　　　　　　B. 81　　　　　　C. 78.3　　　　　　D. 711

5. 王先生拥有两处房产，一处原值 60 万元的房产供自己及家人居住，另一处原值 20 万元的房产于 2020 年 6 月 1 日出租给王某居住，按市场价每月取得租金收入 1 200 元。王先生 2020 年应缴纳的房产税税额为（　　　）元。（知识点：税额计算）

A. 288　　　　　　B. 336　　　　　　C. 2 400　　　　　　D. 1 680

6. 甲企业 2020 年全年将原值 500 万元的仓库出租给乙企业，换回价值 30 万元的原材料。已知，当地省政府规定房产余值的扣除比例为 30%。则甲企业当年应缴纳的房产税税额为（　　　）。（知识点：税额计算）

A. $500 \times (1 - 30\%) \times 12\% + 30 \times 12\% = 45.6$（万元）

B. $500 \times (1 - 30\%) \times 12\% = 42$（万元）

C. $500 \times 12\% = 60$（万元）

D. $30 \times 12\% = 3.6$（万元）

7. 某企业 2020 年度自有生产用房原值 5 000 万元，账面已提折旧 1 000 万元。已知当地政府规定计算房产余值的扣除比例为 30%。则该企业 2020 年应缴纳的房产税税额为（　　　）万元。（知识点：税额计算）

A. 18　　　　　　B. 33.6　　　　　　C. 42　　　　　　D. 48

# 学习任务 7.5 契 税 会 计

## 【学习目标】

（1）掌握契税法律制度的主要内容，能确定纳税人、征税范围，选择适用税率。

（2）熟悉契税计税原理，能计算契税应纳税额。

（3）熟悉契税征收管理法律规定，能完成纳税申报和税款缴纳任务。

（4）能与税务部门沟通，以获得他们对税收优惠的支持。

## 【重点与难点】

重点：契税纳税人认定　征税范围确定　税率选择　税收优惠政策运用　计税依据确定　应纳税额计算　纳税义务发生时间、纳税期限和纳税地点确定

难点：征税范围确定　税收优惠政策运用　计税依据确定

## 【知识点回顾】

### 一、契税纳税人、征税范围和税率确定

契税纳税人、征税范围和税率确定见表 7-13。

表 7-13　契税纳税人、征税范围和税率确定

| 项目 | 内容 |
|------|------|
| 纳税人 | 是指在我国境内承受土地、房屋权属转移的单位和个人。契税由权属承受人缴纳。承受是指以受让、购买、受赠、互换等方式取得土地、房屋权属的行为。土地、房屋权属是指土地使用权和房屋所有权 |
| 征税范围 | 包括国有土地使用权出让、土地使用权转让、房屋买卖、房屋赠与、房屋互换等土地、房屋权属发生转移的行为。视同土地使用权转让、房屋买卖或赠与行为有：以土地、房屋权属作价投资入股；以土地、房屋权属抵债；以获奖方式承受土地、房屋权属；以预购方式或者预付集资建房款方式承受土地、房屋权属 |
| 税率 | 比例税率 3%～5% |

### 二、契税税额计算与核算

契税税额计算与核算见表 7-14。

表 7-14　契税税额计算与核算

| 项目 | | 内容 |
|---|---|---|
| 税收优惠 | 税法确定免税项目 | （1）国家机关、事业单位、社会团体、军事单位承受土地、房屋用于办公、教学、医疗、科研和军事设施。<br>（2）非营利性的学校、医疗机构、社会福利机构承受土地、房屋权属用于办公、教学、医疗、科研、养老、救助。<br>（3）纳税人承受荒山、荒地、荒滩土地使用权，用于农、林、牧、渔业生产。<br>（4）婚姻关系存续期间夫妻之间变更土地、房屋权属。<br>（5）法定继承人通过继承承受土地、房屋权属。<br>（6）依照法律规定应当予以免税的外国驻华使馆、领事馆和国际组织驻华代表机构承受土地、房屋权属。 |
| | 省、自治区、直辖市决定免征或减征项目 | （1）因土地、房屋被县级以上人民政府征收、征用，重新承受土地、房屋权属。<br>（2）因不可抗力灭失住房，重新承受住房权属 |
| 税款计算 | 计税依据 | 应纳税额 ＝ 计税依据 × 税率<br><br>（1）国有土地使用权出让、土地使用权出售、房屋买卖，以成交价格为计税依据。<br>（2）土地使用权和房屋赠与，由征收机关参照土地使用权出售、房屋买卖的市场价格核定。<br>（3）土地使用权和房屋交换，以交换的土地使用权、房屋价格的差额为计税依据。交换价格相等的，免征契税；交换价格不相等的，由支付差价款的一方缴纳契税。<br>（4）以划拨方式取得土地使用权的，经批准转让房地产时，以补交的土地使用权出让费用或土地收益作为计税依据。<br>（5）房屋附属设施计税依据按下列规定确定：采取分期付款方式购买房屋、附属设施土地使用权、房屋所有权的，按合同规定的总价款计征契税；承受的房屋附属设施权属单独计价的，按当地确定的适用税率征收契税，与房屋统一计价的，适用与房屋相同的税率征税 |
| 会计核算 | | 计提契税时，借：开发成本等<br>　　　　　　　贷：应交税费——应交契税 |

## 三、契税征收管理

契税征收管理见表 7-15。

表 7-15　契税征收管理

| 项目 | 内容 |
|---|---|
| 纳税义务发生时间 | 纳税人签订土地、房屋权属转移合同的当天，或纳税人取得其他具有土地、房屋权属转移合同性质凭证的当天 |
| 纳税期限 | 纳税人应当自纳税义务发生之日起 10 日内 |
| 纳税地点 | 土地、房屋所在地的税务征收机关 |

## 【典型题例分析】

### 一、纳税人、征税范围和税率

【单项选择题】下列各项中，应缴纳契税的是（　　　　）。

A. 承包者获得农村集体土地承包经营权

B. 企业受让土地使用权

C. 企业将厂房抵押给银行

D. 个人承租居民住宅

【答案】B

【解析】选项 A，土地使用权的转让不包括农村集体土地承包经营权的转移；选项 CD，土地、房屋的典当、继承、出租和抵押，不属于契税的征税范围。

## 二、税额计算

【计算题】甲公司出售一处位于郊区的仓库，取得收入 120 万元，又以 260 万元购入一处位于市区繁华地区的门面房，已知当地政府规定的契税税率为 4%。计算甲公司应缴纳的契税税额。

【答案】契税由房屋、土地权属的承受人缴纳，所以甲公司出售仓库不缴纳契税，只需要对购入的门面房缴纳契税。

$$甲公司应缴纳契税税额 = 260 \times 4\% = 10.4（万元）$$

## 【职业能力训练】

### 一、单项选择题

1. 下列各项中，不属于契税纳税义务人的是（　　）。（知识点：纳税人）

A. 出售房屋的个人　　　　　　　　B. 受赠土地使用权的企业

C. 购买房屋的个人　　　　　　　　D. 受让土地使用权的企业

2. 下列行为中，房屋权属发生变更但不需要缴纳契税的是（　　）。（知识点：征税范围）

A. 房屋抵债　　　　　　　　　　　B. 法定继承人继承直系亲属的房产

C. 房屋出售　　　　　　　　　　　D. 房屋赠与

3. 根据契税法律制度规定，甲乙双方发生房屋交换行为，当交换价格相等时，（　　）。（知识点：税额计算）

A. 由甲方缴纳契税　　　　　　　　B. 由乙方缴纳契税

C. 由甲乙双方各缴纳一半契税　　　D. 甲乙双方都不缴纳契税

4. 根据契税法律制度规定，下列情形中，不予免征契税的是（　　）。（知识点：税收优惠）

A. 医院承受划拨土地用于修建门诊楼

B. 农民承受荒沟土地用于林业生产

C. 企业接受捐赠房屋用于办公

D. 学校承受划拨土地用于建造教学楼

5. 根据契税法律制度规定，纳税人应当自契税纳税义务发生之日起（　　）日内，向土地、房屋所在地的税收征收机关办理纳税申报。（知识点：征收管理）

A. 5　　　　　　　　B. 7　　　　　　　　C. 10　　　　　　　　D. 15

## 二、多项选择题

1. 根据契税法律制度规定，下列各项中，需要缴纳契税的有（　　　　）。（知识点：征税范围）

　　A. 甲接受捐赠房子　　　　　　　　B. 乙出典房子

　　C. 丙购买房子　　　　　　　　　　D. 丁承租房子

2. 根据契税法律制度规定，下列行为中，应当缴纳契税的有（　　　　）。（知识点：征税范围）

　　A. 房屋赠与　　　　　　　　　　　B. 农村集体土地承包经营权的转移

　　C. 以土地使用权作价投资　　　　　D. 以土地使用权抵押

3. 根据契税法制制度规定，下列各项中，不征收契税的有（　　　　）。（知识点：征税范围）

　　A. 接受作价投资入股的房产　　　　B. 承受抵债房产

　　C. 承租房产　　　　　　　　　　　D. 继承房产

4. 根据契税法律制度规定，下列各项中，以成交价格作为契税计税依据的有（　　　　）。（知识点：税额计算）

　　A. 房屋买卖　　　　　　　　　　　B. 土地使用权交换

　　C. 房屋赠与　　　　　　　　　　　D. 土地使用权转让

5. 关于契税计税依据的下列表述中，符合法律制度规定的有（　　　　）。（知识点：税额计算）

　　A. 受让国有土地使用权的，以成交价格为计税依据

　　B. 受赠房屋的，由征收机关参照房屋买卖的市场价格规定计税依据

　　C. 购入土地使用权的，以评估价格为计税依据

　　D. 交换土地使用权的，以交换土地使用权的价格差额为计税依据

## 三、判断题

1. 契税的纳税人是在我国境内转让土地、房屋权属的单位和个人。（知识点：纳税人）

（　　　）

2. 甲企业以价值 300 万元的办公用房与乙企业互换一处厂房，并向乙企业支付差价款 100 万元。在这次互换中，乙企业不需要缴纳契税，契税应由甲企业缴纳。（知识点：征税范围）

（　　　）

3. 以土地使用权作价投资入股的行为，应征收契税。（知识点：征税范围）

（　　　）

4. 农村集体土地承包经营权的转移行为属于契税的征税范围。（知识点：征税范围）

（　　　）

5. 某公立高校将一处原用于教学已免缴契税的教学楼出租给某企业，要征收契税。（知识点：税收优惠）

（　　　）

6. 纳税人承受荒山、荒地、荒滩土地使用权，免征契税。（知识点：税收优惠）

（　　　）

**四、计算题**

1. 王某共有 2 套房屋，2020 年 3 月将第一套市价为 80 万元的房产与李某交换，并支付给李某 15 万元的差价；2020 年 6 月将第二套市价为 60 万元的房产折价给赵某抵偿 50 万元的债务。已知当地确定的契税税率为 3%，根据契税法律制度规定，王某应缴纳契税（　　　）万元。（知识点：税额计算）

　　A. 0.45　　　　　　B. 2.25　　　　　　C. 1.95　　　　　　D. 2.85

2. 林森有面积为 140 平方米的住宅一套，价值 96 万元。黄平有面积为 120 平方米的住宅一套，价值 72 万元。两人进行房屋交换，差价部分黄平以现金补偿林森。已知契税适用税率为 3%，根据契税法律制度规定，黄平应缴纳的契税税额为（　　　）万元。（知识点：税额计算）

　　A. 4.8　　　　　　B. 2.88　　　　　　C. 2.16　　　　　　D. 0.72

3. 周某原有两套住房，8 月份出售其中的一套，成交价格 70 万元；将另一套以市场价格 60 万元的住房与谢某的住房进行了等价置换；又以 100 万元价格购置了一套新住房。已知契税税率为 3%。根据契税法律制度的规定，周某应缴纳的契税的下列计算方法中，正确的是（　　　）。（知识点：税额计算）

　　A. 100×3%　　　　　　　　　　　　B.（100＋60）×3%

　　C.（100＋70）×3%　　　　　　　　D.（100＋70＋60）×3%

4. 甲公司于某年 9 月向乙公司购买一处闲置厂房，合同注明的土地使用权价款 2 000 万元，厂房及地上附着物价款 500 万元。已知当地契税税率为 3%。根据契税法律制度规定，甲公司应缴纳的契税税额为（　　　）万元。（知识点：税额计算）

　　A. 15　　　　　　B. 45　　　　　　C. 60　　　　　　D. 75

# 学习任务 7.6　土地增值税会计

## 【学习目标】

（1）掌握土地增值税法律制度的主要内容，能确定纳税人、征税范围，选择适用税率。
（2）熟悉土地增值税计税原理，能计算土地增值税应纳税额。
（3）熟悉土地增值税征收管理法律规定，能完成纳税申报和税款缴纳任务。
（4）能与税务部门沟通，以获得他们对税收优惠的支持。

## 【重点与难点】

重点：土地增值税纳税人认定　征税范围确定　税率选择　税收优惠政策运用　计税依据确定　应纳税额计算　纳税义务发生时间、纳税期限和纳税地点确定

难点：征税范围确定　税收优惠政策运用　计税依据确定

## 【知识点回顾】

### 一、土地增值税纳税人、征税范围和税率确定

土地增值税纳税人、征税范围和税率确定见表7-16。

表7-16 土地增值税纳税人、征税范围和税率确定

| 项目 | | 内容 |
|---|---|---|
| 纳税人 | | 是指转让国有土地使用权、地上建筑物及其附着物并取得收入的单位和个人 |
| 征税范围 | 一般规定 | （1）只对转让国有土地使用权的行为课税，转让非国有土地和出让国有土地均不征税。<br>（2）既对转让土地使用权课税，也对转让地上建筑物和其他附着物的产权征税。<br>（3）只对有偿转让的房地产征税，对以继承、赠与等方式无偿转让的房地产不予征税 |
| | 具体规定 | （1）房产继承不属于土地增值税的征税范围。<br>（2）合作建房，建成后分房自用的，暂免征收。建成后转让的，征收土地增值税。<br>（3）交换房地产行为，征收土地增值税；个人之间互换自有居住用房，免征土地增值税。<br>（4）房地产抵押期间不征土地增值税，抵押期满后，房地产转移产权，征收土地增值税。<br>（5）房地产抵债发生房地产产权转让，征收土地增值税；房地产出租，不征土地增值税。<br>（6）房地产评估增值，没有发生房地产权属的转让，不征土地增值税。<br>（7）房地产的代建行为，没有发生房地产权属的转移，不属于土地增值税的征税范围。<br>（8）土地使用者转让、抵押或置换土地，实质上转让的，征收土地增值税 |
| 税率 | | 四级超率累进税率 |

### 二、土地增值税税额计算

土地增值税税额计算见表7-17。

表7-17 土地增值税税额计算

| 项目 | | 内容 |
|---|---|---|
| 计税依据 | | 土地增值税的计税依据为增值额，增值额 = 转让收入 − 扣除项目 |
| 转让收入 | | （1）纳税人转让房地产所取得的收入是指转让房地产所取得的各种收入，包括货币收入、实物收入和其他收入在内的全部价款及有关经济利益，但不包括收取的增值税。<br>（2）对取得的实物收入，要按取得收入时的市场价格折算成货币收入；对取得的无形资产收入，要进行专门的评估，在确定其价值后折算成货币收入；取得的收入为外国货币的，应以取得收入当天或当月1日国家公布的市场汇价折合成人民币，据以计算土地增值税税额；当月以分期收款方式取得的外币收入，也应按实际收款日或收款当月1日国家公布的市场汇价折合成人民币 |
| 扣除项目 | 新建房地产转让 — 土地金额 | （1）为取得土地使用权支付的地价款；<br>（2）按国家统一规定缴纳的有关费用 |
| | 开发成本 | 主要包括土地征用及拆迁补偿费、前期工程费、建筑安装工程费、基础设施费、公共配套设施费、开发间接费用等 |

续表

| 项目 | | | 内容 |
|---|---|---|---|
| 扣除项目 | 新建房地产转让 | 开发费用 | （1）利息能分摊并能提供贷款证明：<br>　　　开发费用 = 利息 +（土地金额 + 开发成本）×5% 以内<br>【注】利息扣除注意三点：① 能分摊并提供金融机构证明；② 不能超过按商业银行同类同期银行贷款利率计算的金额；③ 不包括加息、罚息。实际工作中如果利息已按会计准则资本化进入开发成本（即开发间接费），计算时要注意从开发成本中剔除，避免重复扣除。<br>（2）利息不能分摊或不能提供贷款证明：<br>　　　开发费用 =（土地金额 + 开发成本）×10% 以内 |
| | | 税金 | （1）转让房地产时缴纳的税金及附加<br>（2）印花税是转让房地产时缴纳的，房地产企业的印花税计入管理费用不作为税金单独扣除；若计入税金及附加，即可以扣除 |
| | | 加计扣除 | 对从事房地产开发的纳税人可加计扣除：<br>　　加计扣除金额 =（取得土地使用权支付的金额 + 房地产开发成本）×20%<br>【注】对取得土地使用权后，未开发即转让的，不得加计扣除 |
| | 出售旧房 | 按评估价 | （1）取得土地使用权所支付的金额；<br>（2）旧房及建筑物的评估价格 = 旧房及建筑物的重置成本价 × 成新度折扣率；<br>（3）评估费用；<br>（4）与转让房地产有关的税金 |
| | | 按发票 | （1）购房发票金额；<br>（2）发票加计扣除金额 = 购房发票金额 ×5%× 房产实际持有年数；<br>【注】计算扣除项目时"每年"按购房发票所载日期起至售房发票开具之日止，每满 12 个月计 1 年；超过 1 年，未满 12 个月但超过 6 个月的，可视为 1 年。<br>（3）购房契税；<br>（4）与转让房地产有关的税金等 |
| 土地增值税额计算 | | | （1）计算转让收入额（见上）；<br>（2）计算扣除项目金额（见上）；<br>（3）计算增值额：增值额 = 收入额 − 扣除项目金额；<br>（4）计算增值率：增值率 = 增值额 ÷ 扣除项目金额 ×100%；<br>（5）确定税率：根据计算的增值率确定税率；<br>（6）计算税额：应纳税额 = 增值额 × 税率 − 扣除项目金额 × 速算扣除数 |

## 三、土地增值税征收管理

土地增值税征收管理见表 7−18。

表 7−18　土地增值税征收管理

| 项目 | 内容 |
|---|---|
| 纳税义务发生时间 | （1）转让国有土地使用权、地上的建筑物及附着物的，为取得收入当天。<br>（2）以赊销或分期收款方式转让房地产的，为本期收到价款的当天或合同约定本期应收价款日期的当天。<br>（3）采用预收价款方式转让房地产的，为收到预收价款的当天 |

续表

| 项目 | 内容 |
|---|---|
| 纳税期限 | 转让房地产合同签订后的 7 日内，到房地产所在地主管税务机关办理纳税申报 |
| 纳税地点 | （1）对法人纳税人，转让的房地产坐落地与其机构所在地一致时，办理税务登记的原管辖税务机关为纳税地点；转让的房地产坐落地与其机构所在地或经营所在地不一致时，房地产坐落地所管辖的税务机关为纳税地点。<br>（2）对自然人纳税人，转让的房地产坐落地与其居住所在地一致时，则住所所在地税务机关为纳税地点；转让的房地产坐落地与其居住所在地或经营所在地不一致时，则办理过户手续所在地税务机关为纳税地点 |

## 【典型题例分析】

### 一、纳税人、征税范围和税率

【单项选择题】下列各项中，属于土地增值税征税范围的是（　　　）。

A. 自建房屋转为自用  B. 出租房屋的企业

C. 转让国有土地使用权的企业  D. 房地产的代建行为

【答案】C

【解析】自建房屋转为自用、出租房屋的企业、房地产的代建行为，产权并没有发生转移，不缴纳土地增值税。

### 二、税额计算

【单项选择题】2020 年 8 月某房地产开发公司转让新建普通标准住宅一幢，取得转让收入 4 000 万元，转让环节缴纳税款以及有关费用合计 220 万元（不含印花税）。已知该公司为取得土地使用权而支付的地价款和有关费用为 1 600 万元，房地产开发成本为 900 万元，利息支出 210 万元（能够按房地产项目计算分摊并提供金融机构证明，但其中有 30 万元属于超过贷款期限的利息）。另知，该公司所在地政府规定的其他房地产开发费用的计算扣除比例为 5%。该公司应缴纳土地增值税（　　　）万元。

A. 0  B. 133.5  C. 142.5  D. 292.5

【答案】A

【解析】收入总额 = 4 000（万元），扣除项目金额 = 1 600 + 900 + （210 − 30）+ （1 600 + 900）× 5% + 220 + （1 600 + 900）× 20% = 3 525（万元）；增值额 = 4 000 − 3 525 = 475（万元），增值率 = 475 ÷ 3 525 × 100% = 13.48% < 20%。纳税人建造普通标准住宅出售，增值额未超过扣除项目金额 20% 的，免征土地增值税。

## 【职业能力训练】

### 一、单项选择题

1. 下列各项目中，不属于土地增值税纳税人的是（　　　）。（知识点：纳税人）

A. 出租厂房的某工业企业

B. 转让办公楼的某国家机关

C. 转让国有土地使用权的某高等学校

D. 销售自建商品房的某外资房地产开发公司

2. 下列各种情形，不征收土地增值税的有（　　　　）。（知识点：征税范围）

A. 继承房地产

B. 房地产的评估增值

C. 房地产公司的代建房行为

D. 房地产开发企业将自建的商品房用于职工福利

3. 根据土地增值税法律制度规定，下列各项中，应征土地增值税的是（　　　　）。（知识点：征税范围）

A. 土地使用权人将土地使用权出租给某养老院

B. 土地使用权人通过希望工程基金会将土地使用权赠与学校

C. 房产所有人将房屋产权有偿转让给他人

D. 房产所有人将房屋产权无偿赠送给女儿

4. 我国现行土地增值税的税率采用的是（　　　　）。（知识点：税率）

A. 四级超额累进税率               B. 五级超额累进税率

C. 五级超率累进税率               D. 四级超率累进税率

5. 依据土地增值税法律制度规定，纳税人申报办理土地增值税纳税的时间是（　　　　）。（知识点：纳税期限）

A. 签订房地产建筑合同之日起 30 日内

B. 向有关部门办理过户手续之日起 7 日内

C. 自转让房地产合同签订之日起 7 日内

D. 签订房地产转让合同且收回款项之日起 10 日内

6. 土地增值税的纳税人转让的房地产坐落在两个或两个以上地区的，应（　　　　）主管税务机关申报纳税。（知识点：纳税地点）

A. 分别向房地产所在地各方的

B. 向房地产坐落地的上一级

C. 向事先选择房地产坐落地某一方的

D. 先向机构所在地人民政府缴纳，再向房地产坐落地上一级

## 二、多项选择题

1. 下列情形中，不征收土地增值税的有（　　　　）。（知识点：征税范围）

A. 个人之间互换自有经营用房

B. 企业之间互换房产

C. 因国家建设需要收回国有土地使用权而使房地产权属发生转让的

D. 处于抵押期间的房产

2. 房地产企业按照税法规定，向主管税务机关办理纳税申报，并同时提供相关资料包

括（　　　　　）。（知识点：征收管理）

    A. 土地转让、房产买卖合同

    B. 房屋产权证、土地使用证

    C. 房地产开发成本方面的会计资料

    D. 房地产转让有关税金的完税凭证

    3. 房地产开发公司支付的下列相关税费，可列入加计 20% 扣除范围的有（　　　　　）。（知识点：税额计算）

    A. 取得土地使用权缴纳的契税　　　　B. 占用耕地缴纳的耕地占用税

    C. 销售过程中发生的销售费用　　　　D. 开发小区内的道路建设费用

    4. 在计算土地增值税时，属于允许扣除的利息支出的有（　　　　）。（知识点：税额计算）

    A. 超过贷款期限的利息部分和加罚的利息

    B. 8 年以上的借款利息

    C. 向金融机构借款可按项目分摊的利息部分

    D. 超过国家规定上浮幅度的利息部分

    5. 根据土地增值税的有关规定，房地产开发企业发生的下列成本、费用可以扣除的有（　　　　　）。（知识点：税额计算）

    A. 建设公共配套设施，建成后产权属于全体业主所有的

    B. 建设公共配套设施，建成后无偿转交给政府、公共事业单位用于非营利性社会公共事业的

    C. 建设公共配套设施，建成后有偿转让的

    D. 房地产开发企业销售已装修的房屋，其发生的装修费

    6. 下列关于土地增值税收入额确定的说法，正确的有（　　　　　）。（知识点：税额计算）

    A. 营改增后，纳税人转让房地产的土地增值税应税收入不含增值税

    B. 对取得的实物收入，要按收入时的市场价格折算成货币收入

    C. 对取得的无形资产收入，要进行专门的评估，在确定其价值后折算成货币收入

    D. 当月以分期收款方式取得的外币收入，应按实际收款日或收款当月 1 日国家公布的市场汇价折合成人民币

### 三、判断题

    1. 土地增值税以转让房地产的增值额为计税依据。（知识点：税额计算）　　　　（　　　）

    2. 建造高档公寓出售，增值额未超过扣除项目金额 20% 的，予以免征土地增值税。（知识点：税额计算）　　　　（　　　）

    3. 计算土地增值税扣除项目金额时，不得扣除超过贷款期限的利息部分和加罚的利息。（知识点：税额计算）　　　　（　　　）

    4. 因城市实施规划的需要搬迁由纳税人自行转让原房地产的，免征土地增值税。（知识点：税收优惠）　　　　（　　　）

    5. 法人转让的房地产坐落地与其机构所在地或经营地不一致的，在机构所在地或经营所在地的税务机关申报纳税。（知识点：征收管理）　　　　（　　　）

**四、计算题**

1. 某公司销售一栋已经使用过的办公楼，取得收入 500 万元。该办公楼原值 480 万元，已提折旧 300 万元。经房地产评估机构评估，该办公楼的重置成本价为 800 万元，成新率为五成，销售时缴纳相关税费 30 万元。则该公司销售该办公楼应缴纳的土地增值税为（　　）万元。（知识点：税额计算）

    A. 51　　　　　　　B. 21　　　　　　　C. 30　　　　　　　D. 60

2. 某房地产开发公司销售其新建的商品房一栋，支付与商品房相关的土地使用权费及开发成本合计为 3 000 万元，销售商品房缴纳的有关税金 539 万元（不含印花税），该公司不能按房地产项目计算分摊银行借款利息。则该公司计算土地增值税扣除项目金额合计最高为（　　）万元。（知识点：税额计算）

    A. 3 000　　　　　　B. 3 300　　　　　　C. 3 889　　　　　　D. 4 439

3. 某企业开发房地产取得土地使用权支付 1 000 万元；房地产开发成本 6 000 万元；向金融机构借入资金利息支出 400 万元（能提供贷款证明），其中超过国家规定上浮幅度的金额为 100 万元。该省规定能提供贷款证明的其他房地产开发费用扣除比例为 5%。则该企业允许扣除的房地产开发费用为（　　）万元。（知识点：税额计算）

    A. 650　　　　　　　B. 750　　　　　　　C. 400　　　　　　　D. 350

4. 2020 年 3 月某市房地产开发公司转让 5 年前自建的一栋写字楼，合同注明不含税转让收入 8 000 万元，当年购入土地支付地价款 2 200 万元，该写字楼的原值为 4 000 万元，已提折旧 1 000 万元，已知该写字楼重置成本 5 000 万元，成新度为 70%。缴纳与转让该写字楼相关税金 440 万元（不含增值税和印花税）。该房地产开发公司转让写字楼应缴纳土地增值税（　　）万元。（知识点：税额计算）

    A. 573.5　　　　　　B. 550　　　　　　　C. 556.8　　　　　　D. 500

5. 某公司职员张某因居住地点与单位太远，遂商议与其朋友王某互换住房一套，张某的住房市场价值 80 万元，购置价格为 75 万元；王某的住房市场价值 85 万元，购置价格为 80 万元，已经当地税务机关核实。张某应缴纳的土地增值税为（　　）万元。

    A. 2.00　　　　　　　B. 1.50　　　　　　　C. 3.00　　　　　　　D. 0

# 学习任务 7.7　车船税会计

## 【学习目标】

（1）掌握车船税法律制度的主要内容，能确定纳税人、征税范围，选择适用税率。

（2）熟悉车船税计税原理，能计算车船税应纳税额。

（3）熟悉车船税征收管理法律规定，能完成纳税申报和税款缴纳任务。

（4）能向企业员工宣传车船税法规政策，并共同进行税收筹划。

（5）能与税务部门沟通，以获得他们对税收优惠的支持。

# 【重点与难点】

重点：车船税纳税人认定　征税范围确定　税率选择　税收优惠政策运用　计税依据确定　应纳税额计算　纳税义务发生时间、纳税期限和纳税地点确定

难点：征税范围确定　税收优惠政策运用　计税依据确定

# 【知识点回顾】

## 一、车船税纳税人、征税范围和税率确定

车船税纳税人、征税范围和税率确定见表 7-19。

表 7-19　车船税纳税人、征税范围和税率确定

| 项目 | 内容 |
|---|---|
| 纳税人 | 是指《车船税法》所规定的车辆与船舶的所有人或管理人。"管理人"是指对车船不具有所有权，但具有管理权或使用权的单位。车船的所有人或管理人未缴纳的，使用人应代为缴纳 |
| 征税范围 | 机动车辆，包括乘用车、商用车、挂车、专用作业车、轮式专用机械车和摩托车 |
| | 船舶，包括各类机动船、非机动驳船和游艇 |
| 税率 | 幅度定额税率 |

## 二、车船税税额计算与核算

车船税税额计算与核算见表 7-20。

表 7-20　车船税税额计算与核算

| 项目 | | 内容 |
|---|---|---|
| 税收优惠 | 法定减免 | （1）捕捞、养殖渔船。<br>（2）军队、武装警察部队专用的车船。<br>（3）警用车船。<br>（4）法律规定应予免税的外国驻华使领馆、国际组织驻华代表机构及其有关人员的车船。<br>（5）对节约能源的车船，减半征收车船税；对使用新能源的车船，免征车船税。节约能源、使用新能源的车辆包括电动汽车、燃料电池汽车和混合动力汽车。纯电动汽车、燃料电池汽车和插电式混合动力汽车免征车船税，其他混合动力汽车按照同类车辆适用税额减半征税。<br>（6）对受严重自然灾害影响纳税困难以及有其他特殊原因确需减税、免税的，可以减征或者免征车船税。<br>（7）省、自治区、直辖市人民政府根据当地实际情况，可以对公共交通车船，农村居民拥有并主要在农村地区使用的摩托车、三轮汽车和低速载货汽车定期减征或者免征车船税 |
| | 特定减免 | （1）经批准临时入境的外国车船和香港特别行政区、澳门特别行政区、台湾地区的车船，不征收车船税。<br>（2）按照规定缴纳船舶吨税的机动车船，自车船税法实施之日起 5 年内免征车船税。<br>（3）机场、港口内部行驶或作业的车船，自车船税法实施之日起 5 年内免征车船税。<br>（4）境内单位和个人租入外国籍船舶的，不征收车船税。境内单位和个人将船舶出租到境外的，应依法征收车船税 |

| 项目 | 内容 |
|---|---|
| 计税依据 | （1）乘用车、商用客车、摩托车以应税车辆的数量为计税依据。<br>（2）商用货车、挂车、专用作业车、轮式专用机械车以应税车辆的整备质量吨为计税依据。<br>（3）机动船舶以净吨位为计税依据。拖船、非机动驳船按机动船舶税额的50%计税。<br>（4）游艇以艇身长度为计税依据 |
| 税额计算 | 基本公式：（年）应纳税额＝计税依据 × 适用税率。<br>（1）购置的新车船，购置当年的应纳税额自纳税义务发生的当月起按月计算。<br>（2）车辆整备质量、净吨位、艇身长度等计税单位，有尾数的一律按照含尾数的计税单位据实计算应纳税额，计算得出的应纳税额小数点后超过两位的可四舍五入保留两位小数。<br>（3）在一个纳税年度内，已完税的车船被盗抢、报废、灭失的，纳税人可以凭有关管理机关出具的证明和完税证明，向纳税所在地的主管税务机关申请退还自被盗抢、报废、灭失月份起至该纳税年度终了期间的税款。<br>（4）已办理退税的被盗抢车船，失而复得的，纳税人应当从公安机关出具相关证明的当月起计算缴纳车船税。<br>（5）已经缴纳车船税的车船，因质量原因，车船被退回生产企业或者经销商的，纳税人可以向纳税所在地的主管税务机关申请退还自退货月份起至该纳税年度终了期间的税款。退货月份以退货发票所载日期的当月为准。<br>（6）在一个纳税年度内，纳税人在非车辆登记地由保险机构代收代缴机动车车船税，且能够提供合法有效完税证明的，纳税人不再向车辆登记地的地方税务机关缴纳车辆车船税。<br>（7）已缴纳车船税的车船在同一纳税年度内办理转让过户的，不另纳税，也不退税 |
| 会计核算 | 计提时，借：税金及附加<br>　　　　　　　贷：应交税费——应交车船税 |

## 三、车船税征收管理

车船税征收管理见表7-21。

表7-21　车船税征收管理

| 项目 | 内容 |
|---|---|
| 纳税义务发生时间 | 为取得车船所有权或管理权的当月。"当月"是指购买车船的发票或其他证明文件所载月份 |
| 纳税期限 | 按年申报，分月计算，一次缴纳。<br>由保险机构代收代缴机动车车船税的，纳税人应当在购买机动车交强险的同时缴纳车船税 |
| 纳税地点 | 纳税人自行申报缴纳车船税的，纳税地点为车船登记地。<br>依法不需要办理登记的车船，纳税地点为车船的所有人或管理人的所在地。<br>由保险机构代收代缴车船税的，纳税地点为保险机构所在地 |

## 【典型题例分析】

## 一、纳税人、征税范围和税率

【多项选择题】根据车船税法律制度规定，下列各项中，应征收车船税的有（　　　　）。

A. 乘用车　　　　B. 无轨电车　　　　C. 电动自行车　　　D. 挂车

【答案】ABD

【解析】选项C，电动自行车不属于车船税征税范围

## 二、税额计算

【单项选择题】某货运公司2020年年初拥有载货汽车10辆、挂车5辆，整备质量均为20吨；拥有乘用车5辆。该公司所在省规定载货汽车年基准税额每吨40元，乘用车年基准税额每辆360元。根据车船税法律制度规定，该公司2020年应缴纳车船税为（　　　）元。

A. 9 400　　　　B. 10 200　　　　C. 11 800　　　　D. 12 000

【答案】C

【解析】挂车按货车税额50%计征车船税，应纳税额＝10×20×40+5×20×40×50%+5×360＝11 800（元）。

## 三、征收管理

【多项选择题】根据车船税法律制度规定，下列关于车船税纳税地点表述正确的有（　　　）。

A. 依法不需要办理登记的车船，纳税地点为车船所有人或者管理人所在地

B. 依法需要办理登记，并由纳税人自行申报纳税的车船，纳税地点为车船登记地的主管税务机关所在地

C. 需要办理登记的车船，纳税地点为车船所在地

D. 扣缴义务人代收代缴税款的车船，纳税地点为扣缴义务人所在地

【答案】ABD

【解析】选项C，车船税的纳税地点为车船的登记地或车船税扣缴义务人所在地。

## 【职业能力训练】

### 一、单项选择题

1. 下列各项中，不属于车船税征税范围的是（　　　）。（知识点：征税范围）

A. 小轿车　　　　B. 火车　　　　C. 摩托车　　　　D. 货船

2. 下列车船不需缴纳车船税的是（　　　）。（知识点：征税范围）

A. 非机动车　　　B. 载客汽车　　　C. 机动船　　　　D. 非机动驳船

3. 下列不属于车船税计税依据的是（　　　）。（知识点：税额计算）

A. 排气量　　　　B. 整备质量　　　C. 净吨位　　　　D. 辆

4. 下列车船免征车船税的有（　　　）。（知识点：税收优惠）

A. 外商投资企业汽车　　　　　　B. 武警消防车

C. 政府机关办公用车辆　　　　　D. 未纳船舶吨税的我国远洋运输船

5. 纳税人自行申报缴纳车船税的纳税地点为（　　　）。（知识点：征收管理）

A. 车船使用地　　　　　　　　　B. 车船登记地

    C. 纳税人经营所在地　　　　　　　D. 领取车船牌照地

## 二、多项选择题

1. 拥有车船的下列单位或个人为车船税纳税人的有（　　　　　　）。（知识点：纳税人）

A. 企业　　　　　　　　　　　　　B. 外籍个人

C. 行政机关　　　　　　　　　　　D. 我国境内的居民

2. 可以由省、自治区、直辖市人民政府自行确定征收车船税的有（　　　　　　）。（知识点：征收范围）

A. 农村公共交通车船　　　　　　　B. 非营利性医疗机构自用的车船

C. 非机动车船　　　　　　　　　　D. 城市公共交通用车

3. 下列车辆中，应当计算缴纳车船税的有（　　　　　）。（知识点：征税范围、税收优惠）

A. 摩托车　　　　　　　　　　　　B. 捕捞、养殖渔船

C. 非机动驳船　　　　　　　　　　D. 游艇

4. 根据现行车船税法律制度规定，下列说法正确的有（　　　　　　）。（知识点：纳税人、税收优惠、税率）

A. 应税车船的所有人或管理人未缴纳车船税的，应由使用人代缴

B. 警用车船免征车船税

C. 纯电动车船不征车船税

D. 车船税法对应税车船实行幅度定额税率

5. 根据车船税法律制度规定，下列车船中，应缴纳车船税的有（　　　　　）。（知识点：税收优惠）

A. 养殖渔船　　　　　　　　　　　B. 警用车辆

C. 工商部门执法车　　　　　　　　D. 城市清洁车

6. 下列各项中，以"辆"作为车船税计税依据的有（　　　　　）。（知识点：税额计算）

A. 摩托车　　　　B. 商用客车　　　　C. 货车　　　　D. 乘用车

## 三、判断题

1. 由扣缴义务人代收代缴的机动车车船税的，纳税人应当在购买机动车交通事故责任强制保险的同时缴纳。（知识点：征收管理）　　　　　　　　　　　　　　　（　　　）

2. 已办理退税的被盗抢车船失而复得的，纳税人应当从公安机关出具相关证明的当月起计算缴纳车船税。（知识点：税额计算）　　　　　　　　　　　　　　　　（　　　）

3. 已向交通航运管理机关上报报废的车船，当年不发生车船税的纳税义务。（知识点：征收管理）　　　　　　　　　　　　　　　　　　　　　　　　　（　　　）

4. 车船税按年征收，分期缴纳，具体纳税期限由省、自治区、直辖市地方税务局确定。（知识点：征收管理）　　　　　　　　　　　　　　　　　　　　（　　　）

5. 在同一纳税年度内，已缴纳车船税的车船办理转让过户的，不另纳税，也不退税。（知识点：税额计算）　　　　　　　　　　　　　　　　　　　　　（　　　）

**四、计算题**

1. 某货运公司 2020 年拥有载货汽车 25 辆、挂车 10 辆，整备质量吨位均为 20 吨；3 辆四门六座客货两用车，整备质量吨位为 3 吨；2.0 升排气量的小轿车 2 辆。该公司所在省规定商用货车整备质量每吨税额 30 元，2.0 升排气量小汽车每辆 660 元。下列关于车船税计算的说法正确的有（　　）。（知识点：税额计算）

A. 客货两用车按照载货汽车的计税单位和税额标准计征车船税

B. 车船税法规定应计征车船税的载货汽车包括半挂牵引车

C. 挂车按照货车税额的 50% 计征车船税

D. 上述货运公司 2020 年应缴纳车船税 19 590 元

2. 某船运公司 2020 年拥有机动船 4 艘，每艘净吨位 3 000 吨；拖船 1 艘，发动机功率为 1 800 马力。其所在省车船税计税标准为净吨位 2 000 吨以下的，每吨 4 元；2 001~10 000 吨的，每吨 5 元。下列关于该船运公司 2020 年应缴纳的车船税税额计算的说法正确的有（　　）。（1 马力 = 0.735 千瓦，拖船按照发动机功率每 1 千瓦折合净吨位 0.67 计算。）（知识点：税额计算）

A. 拖船按照机动船舶税额计算车船税

B. 应纳车船税 = 4 × 3 000 × 5 + 886.41 × 4 = 63 545.64（元）

C. 拖船按照机动船舶税额的 50% 计算车船税

D. 应纳车船税 = 4 × 3 000 × 5 + 886.41 × 4 × 50% = 61 772.82（元）

3. 某运输公司 2020 年有如下运输工具：运输卡车 10 辆，整备质量 12.5 吨/辆；4 月份购入乘用车 12 辆，当月办理登记取得车辆行驶证。当地政府规定的乘用车车船税税额 1 000 元/辆，运输卡车车船税税额 80 元/吨。2020 年该公司应缴纳的车船税（　　）元。（知识点：税额计算）

A. 18 920　　　　B. 19 000　　　　C. 23 000　　　　D. 21 450

# 学习任务 7.8　资源税会计

## 【学习目标】

（1）掌握资源税法律制度的主要内容，能确定纳税人、征税范围，选择适用税率。

（2）熟悉资源税的税收优惠政策。

（3）熟悉资源税计税原理，能计算资源税应纳税额。

（4）熟悉资源税征收管理法律规定，能确定纳税义务发生时间，选择纳税期限与地点，并完成纳税申报和税款缴纳任务。

（5）能向企业员工宣传资源税法规政策，并共同进行税收筹划。

（6）能与税务部门沟通，以获得他们对税收优惠的支持。

## 【重点与难点】

重点：资源税纳税人认定　征税范围确定　税率选择　税收优惠政策运用　计税依据确定　应纳税额计算　纳税义务发生时间、纳税期限及纳税地点确定

难点：征税范围确定　税收优惠政策运用　计税依据确定

## 【知识点回顾】

### 一、资源税纳税人、征税范围和税率确定

资源税纳税人、征税范围和税率确定见表 7-22。

表 7-22　资源税纳税人、征税范围和税率确定

| 项目 | 内容 |
|------|------|
| 纳税人 | 是指资源税纳税人为在我国领域及管辖海域开采应税资源的单位和个人。【注】① 进口矿产品和盐不征资源税；② 资源税属单环节税，只对生产环节征收，批发、零售环节不征资源税 |
| | 扣缴义务人为收购未税矿产品的单位，包括独立矿山、联合企业及其他收购未税矿产品单位 |
| 征税范围 | 包括能源矿产、金属矿产、非金属矿产、水气矿产和盐五大类 |
| 税率 | 定额税率：黏土、砂石；比例税率：除定额税率外的其他应税产品 |
| | （1）纳税人开采主矿产品伴采的其他应税矿产品，凡未单独规定适用税率的，一律按主矿产品或视同主矿产品税目征收。<br>（2）开采或生产不同税目应税产品的，应分别核算不同税目应税产品的销售额或销售量；未分别核算或不能准确提供不同税目应税产品销售额或销售量的，从高适用税率。<br>（3）独立矿山、联合企业收购未税矿产品，按本单位应税产品税率代扣代缴；其他收购单位收购的未税矿产品，按税务机关核定的应税产品税率代扣代缴 |

### 二、资源税税额计算与核算

资源税税额计算与核算见表 7-23。

表 7-23　资源税税额计算与核算

| 项目 | 内容 |
|------|------|
| 税收优惠 | （1）开采原油以及在油田范围内运输原油过程中用于加热的原油、天然气，免税。<br>（2）煤炭开采企业因安全生产需要抽采的煤成（层）气，免税。<br>（3）从低丰度油气田开采的原油、天然气，减征 20%。<br>（4）高含硫天然气、三次采油和从深水油气田开采的原油、天然气，减征 30%。<br>（5）稠油、高凝油减征 40%。<br>（6）从衰竭期矿山开采的矿产品，减征 30%。<br>（7）下列情形由省、自治区、直辖市决定免征或者减征资源税：纳税人开采或者生产应税产品过程中，因意外事故或者自然灾害等原因遭受重大损失；纳税人开采共伴生矿、低品位矿、尾矿。<br>（8）纳税人开采或生产应税产品，自用于连续生产应税产品的，不缴纳资源税；自用于其他方面的，视同销售缴纳资源税。<br>（9）进口应税产品不征资源税，出口应税产品不免或不退已缴纳的资源税 |

续表

| 项目 | | | 内容 |
|---|---|---|---|
| 计税依据 | 一般规定 | 销售额 | （1）销售额是指纳税人销售应税产品向购买方收取的全部价款和价外费用，不包括增值税销项税额和运杂费用。运杂费用是指应税产品从坑口或洗选（加工）地到车站、码头或购买方指定地点的运输费用、建设基金以及随运销产生的装卸、仓储、港杂费用。运杂费用应与销售额分别核算，凡未取得相应凭据或不能与销售额分别核算的，应当一并计征资源税。<br>（2）纳税人申报的应税产品销售额明显偏低并且无正当理由的、有视同销售应税产品行为而无销售额的，除财政部、国家税务总局另有规定外，按下列顺序确定销售额：按纳税人最近时期同类产品的平均销售价格确定；按其他纳税人最近时期同类产品的平均销售价格确定；按组成计税价格确定。组成计税价格为：组成计税价格 = 成本 ×（1 + 成本利润率）÷（1 - 税率）<br>（3）关于原矿销售额与精矿销售额的换算或折算：对同一种应税产品，征税对象为精矿的，纳税人销售原矿时，应将原矿销售额换算为精矿销售额缴纳资源税；征税对象为原矿的，纳税人销售自采原矿加工的精矿，应将精矿销售额折算为原矿销售额缴纳资源税。<br>　　　　精矿销售额 = 原矿销售额 + 原矿加工为精矿的成本 ×（1 + 成本利润率）<br>　或，　精矿销售额 = 原矿销售额 × 换算比<br>　　　　换算比 = 同类精矿单位价格 ÷（原矿单位价格 × 选矿比）<br>　　　　选矿比 = 加工精矿耗用的原矿数量 ÷ 精矿数量 |
| | | 销售量 | （1）纳税人开采或生产应税产品直接对外销售的，以销售数量为计税依据。<br>（2）纳税人开采或生产应税产品自用的，以移送使用数量为计税依据 |
| | 其他规定 | | （1）原油中的稠油、高凝油与稀油划分不清或不易划分的，一律按原油的数量计税。<br>（2）纳税人用已纳资源税的应税产品进一步加工应税产品销售的，不再缴纳资源税。纳税人以未税产品和已税产品混合销售或者混合加工为应税产品销售的，应当准确核算已税产品的购进金额，在计算加工后的应税产品销售额时，准予扣减已税产品的购进金额；未分别核算的，一并计算缴纳资源税。<br>（3）纳税人开采应税产品由其关联单位对外销售的，按其关联单位的销售额征收资源税。<br>（4）纳税人将其开采的应税产品直接出口的，以离岸价格（不含增值税）为计算销售额 |
| 税额计算 | | | 从价计征：应纳税额 = 销售额 × 比例税率<br>从量计征：应纳税额 = 销售量 × 定额税率 |
| 会计核算 | | | 借：税金及附加（自产销售）<br>　　　生产成本等（自产自用）<br>　　贷：应交税费——应交资源税 |

## 三、资源税征税管理

资源税征税管理见表 7-24。

表 7-24　资源税征税管理

| 项目 | 内容 |
|---|---|
| 纳税义务发生时间 | （1）纳税人销售应税产品的纳税义务发生时间，一般为收讫销售款或取得销售款凭据当天。采取分期收款结算方式的，为销售合同规定的收款日期当天；采取预收货款结算方式的，为发出应税产品当天。<br>（2）纳税人自产自用应税产品的纳税义务发生时间，为移送使用应税产品当天。<br>（3）扣缴义务人代扣代缴税款的纳税义务发生时间，为支付首笔货款或首次开具支付货款凭据的当天 |

续表

| 项目 | 内容 |
|---|---|
| 纳税期限 | 资源税纳税期限为 1 日、3 日、5 日、10 日、15 日或 1 个月，具体由主管税务机关根据实际情况核定，不能按固定期限纳税的，可以按次纳税。纳税人以 1 个月为一期纳税的，自期满之日起 10 日内申报缴纳；以 1 日、3 日、5 日、10 日或 15 日为一期纳税的，自期满之日起 5 日内预缴税款，于次月 1 日起 10 日内申报并结清上月税款 |
| 纳税地点 | （1）应税产品的开采地或生产地。<br>（2）跨省开采，并且其下属生产单位与核算单位不在同一省、自治区、直辖市的，对其开采的矿产品一律在开采地纳税 |

## 【典型题例分析】

### 一、纳税人、征税范围与税率

【多项选择题】根据资源税法律制度规定，下列各项中，应缴纳资源税的有（          ）。

A. 固体盐                        B. 玉石原矿

C. 煤矿生产的天然气              D. 原木

【答案】AB

【解析】选项 C，应缴纳资源税的天然气仅限于专门开采或与原油同时开采的天然气，不包括煤矿生产的天然气；选项 D，目前资源税的征税范围仅包括矿产品和盐。

### 二、税额计算

【多项选择题】根据资源税法律制度规定，下列各项中，应计入资源税销售额的有（          ）。

A. 收取的价款                    B. 收取的包装费

C. 收取的增值税销项税额          D. 收取的优质费

【答案】ABD

【解析】资源税的销售额为纳税人销售应税产品向购买方收取的全部价款（选项 A）和价外费用（选项 BD），但不包括收取的增值税销项税额。

### 三、征收管理

【判断题】资源税纳税义务人销售应税产品采取分期收款结算方式的，其纳税义务发生时间为发出应税产品的当天。                                        （      ）

【答案】错

【解析】纳税人采取分期收款结算方式，资源税纳税义务发生时间为销售合同规定的收款日期当天。

## 【职业能力训练】

### 一、单项选择题

1. 下列各项中，不属于资源税纳税人的是（　　　）。（知识点：纳税人）

A. 开采天然原油的中外合资企业　　　　B. 开采石灰石的个体经营者

C. 开采原煤的国有企业　　　　　　　　D. 进口铁矿石的私营企业

2. 根据资源税法律制度规定，下列各项中，不属于资源税征税范围的是（　　　）。（知识点：征税范围）

A. 原油　　　　　　　　　　　　　　　B. 与原油同时开采的天然气

C. 有色金属矿原矿　　　　　　　　　　D. 人造石油

3. 纳税人开采铁矿石销售的，其资源税的计税依据为（　　　）。（知识点：计税依据）

A. 开采数量　　　　　　　　　　　　　B. 实际产量

C. 计划产量　　　　　　　　　　　　　D. 销售额

4. 纳税人开采原油销售，征收资源税应以（　　　）为计税依据。（知识点：计税依据）

A. 销售数量　　　　　　　　　　　　　B. 含增值税的销售额

C. 不含增值税的销售额　　　　　　　　D. 开采数量

5. 根据资源税规定，扣缴义务人代扣代缴资源税的纳税地点是（　　　）。（知识点：征收管理）

A. 资源收购地　　　　　　　　　　　　B. 资源加工地

C. 资源开采地　　　　　　　　　　　　D. 扣缴义务人所在地

### 二、多项选择题

1. 下列各项中，属于资源税纳税义务人的有（　　　　　）。（知识点：纳税人）

A. 进口盐的外贸企业　　　　　　　　　B. 生产盐的外商投资企业

C. 开采原煤的私营企业　　　　　　　　D. 中外合作开采石油的企业

2. 根据资源税法律制度规定，下列单位和个人的生产经营行为中，应缴纳资源税的有（　　　　）。（知识点：纳税人）

A. 冶炼企业进口铁矿石　　　　　　　　B. 个体经营者开采原煤

C. 军事单位开采石油　　　　　　　　　D. 中外合作开采天然气

3. 下列各项中，应征收资源税的有（　　　）。（知识点：征税范围）

A. 进口的天然气　　　　　　　　　　　B. 专门开采的天然气

C. 煤矸石　　　　　　　　　　　　　　D. 生产出口的卤水

4. 下列各项中，不征资源税的有（　　　）。（知识点：征税范围）

A. 卤水

B. 用于加工洗选煤的自采原煤

C. 开采原煤过程中用于加热、修井的原油

D. 与原油同时开采的天然气

5. 根据资源税法律制度规定，下列各项中，应计入资源税销售额的有（　　　　）。

（知识点：计税依据）

    A. 收取的价款

    B. 收取的包装费

    C. 收取的增值税销项税额

    D. 应税产品从坑口或洗选地到车站、码头或购买方指定地点的运杂费

    6. 根据资源税法律制度规定，下列各项中，资源税按从价征收的有（             ）。（知识点：税额计算）

    A. 原油          B. 天然气          C. 煤炭          D. 有色金属矿原矿

    7. 根据资源税法律制度规定，关于资源税纳税义务发生时间的下列表述中，正确的有（             ）。（知识点：纳税义务发生时间）

    A. 采用分期收款结算方式销售应税产品的，为发出应税产品的当天

    B. 采用预收货款结算方式销售应税产品的，为收到货款的当天

    C. 自产自用应税产品的，为移送使用应税产品的当天

    D. 扣缴义务人代扣代缴税款的，为支付首笔货款或者首次开具支付货款凭据的当天

### 三、判断题

    1. 独立矿山、联合企业收购未税应税产品的，按照本单位应税产品税额（率）标准，依据收购的数量（金额）代扣代缴资源税。（知识点：税率）    （    ）

    2. 纳税人开采或者生产不同税目应税产品，未分别核算或者不能准确提供不同税目应税产品的销售额或者销售数量的，从高适用税率。（知识点：税率）    （    ）

    3. 纳税人将其开采的应税产品直接出口的，按其离岸价格（不含增值税）计算销售额征收资源税。（知识点：计税依据）    （    ）

    4. 纳税人开采应税产品由其关联单位对外销售的，按其关联单位的销售额征收资源税。（知识点：计税依据）    （    ）

    5. 纳税人开采或者生产应税产品，自用于连续生产应税产品的，不缴纳资源税，用于其他方面的，视同销售缴纳资源税。（知识点：计税依据）    （    ）

### 四、计算题

    1. 某油田 2020 年 2 月销售原油 60 000 吨，实现销售收入 9 880 万元；销售与原油同时开采的天然气 1 700 万立方米，实现销售收入 3 450 万元；开采过程中修井用原油 4 吨。假定该油田原油适用税率为 6%，天然气适用税率为 6%。该油田 2 月份应纳资源税为（      ）万元。（知识点：税额计算）

    A. 592.8          B. 207          C. 683.59          D. 799.8

    2. 2020 年 5 月，甲煤矿开采原煤 8 000 吨，其中：2 000 吨直接对外销售，取得含增值税销售额 50 万元；2 000 吨无偿赠送给乙公司；4 000 吨继续加工为洗煤。加工完成的洗煤，有 50% 对外销售，取得不含增值税销售额 80 万元，另 50% 洗煤自用于职工食堂。已知，原煤适用的资源税税率为 10%、增值税税率为 13%；该煤矿将开采的原煤加工为洗选煤后销售时，当地省级财税部门确定的折算率为 50%。回答下列问题。（知识点：税额计算）

（1）甲煤矿直接对外销售的 2 000 吨原煤应缴纳的资源税税额为（　　　）万元。

A. 4.42 　　　　　　　B. 5 　　　　　　　C. 6.02 　　　　　　　D. 8.5

（2）甲煤矿无偿赠送 2 000 吨原煤相关资源税的下列处理正确的有（　　　）。

A. 应视同销售计征资源税

B. 没有实现真实的销售不需计征资源税

C. 可按纳税人最近时期同类产品平均销售价格确定销售额

D. 无偿赠送原煤应缴纳的资源税为 4.42 万元

（3）甲煤矿 4 000 吨继续加工为洗煤的原煤资源税下列处理正确的有（　　　）。

A. 甲煤矿将原煤自用于连续生产洗选煤的，在原煤移送使用环节不缴纳资源税

B. 原煤加工为洗选煤后销售的，以洗选煤销售额乘以折算率后的金额为应税煤炭的销售额

C. 原煤加工为洗选煤后自用的，视同销售洗选煤，以洗选煤销售额乘以折算率后的金额为应税煤炭的销售额

D. 甲煤矿用于继续生产的 4 000 吨原煤加工后的洗选煤应缴纳的资源税为 8 万元

## 郑重声明

高等教育出版社依法对本书享有专有出版权。任何未经许可的复制、销售行为均违反《中华人民共和国著作权法》，其行为人将承担相应的民事责任和行政责任；构成犯罪的，将被依法追究刑事责任。为了维护市场秩序，保护读者的合法权益，避免读者误用盗版书造成不良后果，我社将配合行政执法部门和司法机关对违法犯罪的单位和个人进行严厉打击。社会各界人士如发现上述侵权行为，希望及时举报，本社将奖励举报有功人员。

反盗版举报电话 （010）58581999　58582371　58582488

反盗版举报传真 （010）82086060

反盗版举报邮箱 dd@hep.com.cn

通信地址 北京市西城区德外大街4号
　　　　 高等教育出版社法律事务与版权管理部

邮政编码 100120

### 防伪查询说明

用户购书后刮开封底防伪涂层，利用手机微信等软件扫描二维码，会跳转至防伪查询网页，获得所购图书详细信息。用户也可将防伪二维码下的20位密码按从左到右、从上到下的顺序发送短信至106695881280，免费查询所购图书真伪。

### 反盗版短信举报

编辑短信"JB,图书名称,出版社,购买地点"发送至10669588128

### 防伪客服电话

（010）58582300

### 资源服务提示

方式一：智慧职教

欢迎访问职业教育数字化学习中心——"智慧职教"（http://www.icve.com.cn），以前未在本网站注册的用户，请先注册。用户登录后，在首页或"课程"频道搜索本书对应课程"税务会计"进行在线学习。

方式二：共享课

访问国家精品开放课程共享平台——爱课程网（http://www.icourses.cn），以前未在本网站注册的用户，请先注册。用户登录后，在"资源共享课"频道搜索本书对应课程"税务会计"进行在线学习。

方式三：产品信息检索系统

授课教师如需获取本书配套教辅资源，请登录"高等教育出版社产品信息检索系统"（http://xuanshu.hep.com.cn/），搜索本书并下载资源。首次使用本系统的用户，请先注册并进行教师资格认证。

资源服务支持电话：010-58581854　邮箱：songchen@hep.com.cn

高教社高职会计教师交流及资源服务QQ群：675544928

"十三五"职业教育
国家规划教材

国家精品在线
开放课程配套教材

国家级精品资源
共享课配套教材

扫一扫　辨真伪
获取增值服务

ISBN 978-7-04-055514-1

9 787040 555141 >

定价 34.80 元